三民叢刊 146

# 永恆與現在

劉述先著

三民書局印行

# 自序

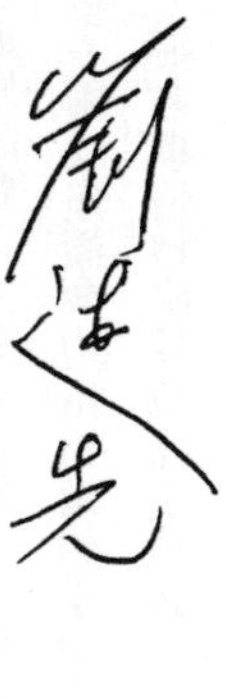

近年來應報章雜誌之請，不覺也寫了不少文字。或者由於某種無形的心理抗拒罷，從來沒有想到把它們結集。這次暑假外遊計畫擱淺，聊檢舊作，敝帚自珍，發覺裡面不只包括一些可看的東西，還有一些出乎自己意表的東西。令我驟然驚覺的是，以往經常約我撰稿的一些雜誌如：《法言》、《潮流》、《百姓》、《中國論壇》等已一家一家關閉，要不留下一些痕跡的話，很快就復歸烏有之鄉！這幾年較多為《開放》寫稿，很欣賞這一份雜誌的勁力，但九七將臨，它在香港還能繼續生存下去嗎？不免留下一個巨大的問號。

內容方面不外我平時關心的那些論題如「儒學與未來世界」，「傳統的再闡釋」之類。除了九五年又多為《香港聯合報》寫的二十篇短論之外，還有一些訪談記錄。這本書最大的特色是收錄了我的一些時文。向來我寫「時事論析」，從不收入文集，意謂世事如轉蓬，隨過隨化，很快就失去時效，不宜印成書籍。然而這幾年我寫香港、海峽兩岸形勢，具體情況雖不斷變化，根本癥結則依然存在，一點也沒有過時；終於使我改變態度，把這些時文也編成兩輯，收在這個集子裡。❶文章大體照時間排列，偶而也依內容性質略加調整。

其實在這裡的確牽涉到一個極為深刻的問題，即哲學與現實之間究竟有怎樣的關係？從一方面看，哲學與現實毫無疑問是兩層。黑格爾看拿破崙遊行嘆說世界精神騎在馬背上被千古傳為笑談。由此可見哲學家對現實的判斷未必正確，但這樣的判斷不正確並不表示其哲學理念也不正確，那需要另一個層次的反省與判斷。但從另一方面看，哲學也不能高蹈世外，完全與現

---

❶ 我應邀參加了不少座談會，記錄所載不只是我一個人的言論，故未便收錄。其中最重要的一次是：五學者座談會：「一個國家兩種制度」，由《七十年代》主辦，時間在一九八二年十二月六日，參與座談者還有勞思光、翁松燃、宋恩榮、謝劍等幾位學者，是對「一國兩制」的構想初初提出來最迅速而全面的反應。兩年以後，《七十年代》已改組為《九十年代》，又主辦座談會：五學者再談「一國兩制」，時間在一九八四年十月十二日，對問題有進一步的追蹤與分析。兩次座談會均由總編輯李怡主持，記錄、整理由牧夫、方蘇二位負責。九七倒數已不過一年時間，很多事情轉眼便成歷史陳跡。讀者有興趣的話不妨可以把兩次座談記錄找出來一看，比較觀念的討論與實際的發展應該是一件很有意思的事情。

實脫節。尤其中國哲學的傳統，知識分子必須針對現實立言，不可曲學阿世。由這些時文，讀者至少可以看到，我是如何通過自己的哲學理念去面對當前政治社會的現實。我寫時文，筆鋒銳利，風格與寫學術論文不類。而我始終是在「永恆」與「現在」兩行之間漫步。是為序。

一九九六・六・二六

# 永恆與現在

## 目次

## 輯二：傳統的再闡釋



## 輯三：報紙短論

## 輯四：體會與訪談

## 輯五・中國問題與海峽兩岸情勢

## 輯六：香港的政治、教育與文化

# 輯一

# 儒學與世界的未來

# 走向二十一世紀

一年以前，美國的福山寫了一篇文章論「歷史之終結」。他的意思是，自由民主已經戰勝共產極權，意理上既無爭議，則歷史乃告終結；人類沒有了大的問題，不免會感到無聊，一直要到有新的意理爭議起來，才會有新的歷史發生。我當時對於這種論調的直接反應是，福山把問題看得過分簡單了，世界上只要有利比亞的格達費這一類的狂人存在，就難有安枕之日。那知冷戰剛剛結束，就有波斯灣危機發生，冒出了海珊這樣的狂人，把整個世界捲入了漩渦之中。歷史的發展根本沒法子預卜，何言終結！乃是抱著這樣的心情，我們走向二十一世紀。我們只能就我們現在看得到的水平線，進行一些反思。

十分奇怪的是，現在竟然有兩個表面上看來完全相反的潮流正在席捲著世界。一方面由於交通與資訊的發達，人類逐漸生活在一個全球的村落之中，第一、第二與第三世界的命運緊密地糾纏在一起。最富於象徵意義的一件事是，英法海底隧道已經接通，可望於三年之後通車。

島國的孤立自外的形勢，柴契爾夫人的負隅頑抗，終將成為歷史的陳跡。遲早英國終必納入歐洲共同市場的體系之中，北歐與瑞士也有可能加入，將來歐洲可能使用同一貨幣。這明顯地是一種不可抗拒的統一的趨勢在發生作用。但在另一方面，蘇聯的鐵一樣的控制已經不再存在，各加盟共和國紛紛要求獨立自主，觀察家推論，不出數年之間，蘇聯的中央集權便要瓦解。同時世界上各民族、各宗教都普遍要求肯定自己的傳統，有時不免陷於劇烈的矛盾衝突之中。南非的種族隔離，愛爾蘭新舊教派的衝突，是老問題。而海灣危機，無可諱言地，背後隱伏著回教徒與白人所支持的以色列的猶太人之間的深仇大恨以及無可避免的爭鬥。印度最近則爆發印、回之間的糾紛。中國則有西藏的問題。很明顯地，這是一種難以抑制的分離的趨勢在發生作用。一個外星人驟然降臨到地球之上，想必會被這種奇特的景觀弄得莫名其妙，很難把握到其間極端錯綜複雜的關係。

由思想的角度來觀察，過去的正統或大一統的觀念是無可避免地過時了，白人中心或男性中心的意理受到強烈的批評。啟蒙時代的理性是淺薄的，今天我們所需要的是一種多元的解放的心態。然而在另一方面，難道我們竟需要無保留地去接受相對主義的思想麼？價值要是沒有相當定準的話，那麼我們竟然會找不到充分的理由去反抗納粹，「權力即正義」會變成唯一的選擇！人們固然應該珍惜自己的傳統，但要是完全廢棄「古典」的觀念，把《湯姆叔叔的小屋》與莎士比亞同列，把流行漫畫與熱門音樂和梵谷、貝多芬放在一起，只怕最激進的人撫心自問，也會感覺有點不倫不類吧！各色各樣的人種、不同宗教的信徒要生活在同一個星球上，仍然必須尋求一種寬鬆而低限度的「共識」，這才可以讓大家和平共處，發揮自己的創造力，開創一個互相爭奇鬥艷的局面。中國的文化傳統的經驗雖不能直接搬到現在應用，但中國人的天下意識、王道精神、「理一而分殊」、「生生而和諧」的理念，如果加以適當的重新解釋與改造的話，仍可以有豐富的現代的意義。

現在科技文明無論多麼進步，仍然得面對人與自然、人與人、人與自己的基本問題。過去不用錢買的空氣和水日益受到汙染，將來可能會變成貴重的商品。家庭的紐帶鬆開，人與人的關係變得日益淡薄，將來要怎樣找到感情上的依託呢？而生物遺傳的技術日進，試管嬰兒、借胎生育一類的倫理、法律的問題究竟要怎樣解決？同時人的壽限越來越長，卻越來越感覺到空虛無聊，人要怎樣建立自己內在終極的關懷呢？這些都是我們走向二十一世紀必須面對的嚴重的問題。我們只能希望人類不至於走上自毀的道路，而必須依靠我們的智慧與毅力，開創出一個美麗的新世界。

——原刊於《二十一世紀》第三期，一九九一・二

# 東亞為何無須重蹈西方覆轍

## ——儒家與世界的未來

### 一、引言

儒學既是一個舊題目，也是新的題目。晚近由於日本與亞洲四小龍等受到儒家文化影響的區域在經濟上的表現甲於全球，於是引起了對於這個題目的熾熱的討論。到目前為止學者還未能建立儒家文化與當前亞洲國家經濟發展之間的確定因果關係，但也沒有人會否認二者之間有某種關聯性(Correlation)。一百年前，韋伯想要解決的問題是，找出合理的解釋，為何在儒家文化的籠罩之下，無法產生西方式的資本主義？現在的問題完全倒轉了過來，學者想要明白的就是亞洲究竟怎樣走上它自己的現代化的道路無須重蹈西方的覆轍？在本文之中，首先我想利用前些時《時代》雜誌的封面主題討論，檢討「儒家式的民主」相關的一些問題。其次，我想通過一位著名西方學者狄百瑞教授(Wm. Theodore de Bary)的研究與反省，討論為己之學的現代意義。最後我還想作出簡單的結語，對將要形成的世界新秩序，提出一些我個人的見解。

## 二、有關所謂「儒家式的民主」的檢討

九三年的《時代》雜誌有好幾期用中國作封面討論主題，其中的一期（九三年六月十四日）又用孔夫子作封面，主題討論亞洲的民主方式。照《時代》的觀察，受到儒家影響的社會變得越來越富裕，也越來越自信，他們不贊成西方式的自由主義，對於民主有他們的理解方式。文章引述了《歷史的終結》的作者、日裔美人福山(Francis Fukuyama)的見解，他說：「我們檢視共產主義崩潰以後世界意理的水平線，很明顯的是，對於西方式的自由民主，只有一個有潛力的競爭者，其力量與合法性不斷與日俱增。這個選擇不是伊斯蘭的原教旨主義，而是據云存在於日本、新加坡以及這個地區其他經濟有活力的國家的所謂柔性的權威主義。」(自譯)

《時代》這篇文章雖有些摭拾之辭，寫得並不很理想。然而文章的確觸及了一些重要的問題，需要我們順著它作進一步的探索與思考。它以一種簡單的二元的方式對比了亞洲的儒家傳統與西方的自由主義傳統。這種想法不免趨於過分簡單化，但在某種限度以內仍然是適用的。

文章指出，一般來說，受到中國文化傳統陶冶較深的人，比較容易接受社群的標準：敬老，尊重權威，把責任比權利看得更重。西方的傳統則強調個人主義。不同的是，現在的亞洲人不再把西方當作榜樣來學。他們認為美式的個人主義已經走過了頭，以致把自我信賴轉成了自我陷溺，常常作出一些自毀的行為，其徵象是：政治上的惰性、享樂主義、法律訴訟以及罪行氾濫等等。反過來儒家式的社會凝聚力比較大，群策群力，表現了更大的活力，而避免了西方那種只知爭權奪利、不要負責任的態度。

確定無疑的是，二次大戰以後的亞洲政治是有其特色。成功的例如日本、韓國、新加坡、臺灣，所實行的「民主」莫不是某種「柔性的權威主義」(Soft Authoritarianism) 的方式。緊跟在後面的是馬來西亞與泰國，它們多少也受到中國文化傳統的影響，再略落後的是印尼。甚至中國大陸的表現也比解體後的俄國的表現強得多。唯一的反例是菲律賓，它受西化的影響最深，表現也最差。文章指出，它的憲法一味抄襲美國憲法，文化則受西班牙、拉丁美洲的影響。這樣的現象不是令人深思嗎？

對於這樣的亞洲式的民主，過去一般的說法是，它還不夠民主，這顯然是預設了西方民主為標準所作出的判斷。現在新的說法像福山所提出來的那樣，認為它根本是走上了一條與西方不同的道路，其效果究竟如何也不是我們目前所能夠理解的。如今逐漸流行的一種看法是，如果非洲一些第三世界國家也能夠採取這種亞洲的方式，或者會產生比較好的效果。這種方式當然不是沒有它的問題，白魯恂(Lucian Pye)就指出，如果這些國家的經濟不能維持高增長率，和諧失去了，危機立刻就會到來，因為它始終缺少了一套治權和平轉移機制，說不定又要搞鬥爭、革命，造成動盪與不安。

其實亞洲國家也不能一概而論。新加坡與馬來西亞對於種族間的糾紛就採取高壓政策，現在政府的合法性完全依靠卓越的表現，因為沒有人會要終止如此有效能的政府的主政。但臺灣就走上了一條完全不同的道路：真正想要建立一個開放多元的社會。李光耀反對西化的法律過分縱容，讓罪犯到處橫行，又譴責西方的政府被各種利益集團宰割，根本不能做事，不能不說是有他的理由的。但臺灣的學者則批評李光耀純粹是站在統治者的立場上說話，缺少充分的信服力。臺灣已經沒法接受李光耀式的威權主義統治了，它正在竭力探索一條嶄新的道路。但即使是反對黨的姚嘉文，曾經為政治持異議的行為而坐過牢，在《時代》發言都說他絕不會像美國人那樣爭取那麼多的權利，因為我們的社會重視和諧，並沒有像西方國家那樣強調平等與個體自由的價值。質言之，一個社會要發展民主必須符合那個社會的實際情況，這不失為一種合理的態度。

## 三、「為己之學」的現代意義

那麼儒學的本質或核心究竟是什麼呢？有趣的是，「內聖外王」一詞雖源出莊子，倒是的確可以表達一個儒者的終極關懷之所在❶。孔子曾宣稱，「夫仁者己欲立而立人，己欲達而達人。」（《論語》雍也第六）《大學》則講修、齊、治、平之道，而進一步指出：「自天子以至於庶人，壹是皆以修身為本。」這也就是說，內聖的修養工夫先於外王的客觀事業。而內聖的修養工夫所作的正是「為己之學」。在《論語》之中，孔子曾經明白昭示，「為己之學」才是為學的重點所在。孔子要復古，正是因為他認為：「古之學者為己，今之學者為人」（憲問第十四），也就是說，從他的觀點看來，古人做的是自己受用的學問，現在的人做的卻是專事外表做給別人看的學問。讀《論語》的學而第一開宗明義的那幾句話：「學而時習之，不亦說乎。有朋自遠方來，不亦樂乎。人不知，而不慍，不亦君子乎。」以前乃是糊裡糊塗地唸過去，看不出這幾句話的重要性。現在才明白，孔子所謂學是可以實踐，令自己心中愉悅的受用的學問，有志同道合的朋友由遠方來切磋自然是一種樂趣，但要是沒有人知道自己的名聲，也不會慍怒，這才是君子的行為啊！孔子所說的仁，恰正是由自己心中流露出來的道理，所以在做了嚴格的修養工夫如非禮勿視、勿聽、勿言、勿動之後，才會有「為仁由己，而由人乎哉！」（顏淵第十二）的體會。總結來說，孔子乃下斷語說：「君子求諸己，小人求諸人。」（衛靈公第十五）自

❶ 參拙著作：《論儒家「內聖外王」的理想》，原刊於我編的《儒家倫理研討會論文集》，新加坡東亞哲學研究所，一九八七。現收入文集：《理想與現實的糾結》，臺北，學生書局，一九九三。

己立住了腳，然後才能去做「修己以安人」以及「修己以安百姓」（憲問第十四）一類在外王方面的努力，從而嚮往所謂堯舜事業與境界。

這些本來都是明白曉暢不難理解的道理，然而到了現代，受到大陸意識形態的干擾，乃根本否認有所謂超階級的人性，而硬把儒家倫理講成統治階級用來壓迫老百姓的工具。當代新儒家所要反駁的恰恰正是這樣的觀點❷。他們強調宋明儒家所謂的心性之學，正是為了闡明「為己之學」為儒學的基礎的道理，不想這樣的思想竟在哥倫比亞的狄百瑞教授那裡得到了回響。數十年來他在美國推動新儒家的研究，可謂不遺餘力，近年來更出版了《為己之學》一書❸，並撰文論述自己學思的過程❹，給予了我們重大的啟發，故本文即擬通過他所開啟出來的思路，

---

❷ 當代新儒家究竟包括那些人，學界並無定論。狹義的當代新儒家指唐君毅、牟宗三、徐復觀、張君勱等幾位學者。他們簽署了〈為中國文化敬告世界人士宣言〉一文，於一九五八年元旦發表於《民主評論》雜誌，及收入唐君毅：《中華人文與當今世界》下冊，臺北，學生書局，一九七五，頁八六五－九二九。

❸ Wm. Theodore de Bary, Learning for One's Self:Essays on the Individual in Neo-Confucian Thought, New York: Columbia University Press, 1991.

❹ 〈與斯人之徒——狄百瑞思想自述〉，朱榮貴譯，《中國文哲研究通訊》第二卷第四期，一九九二，頁三七－六六。

來討論為己之學的現代意義。狄百瑞的書以「為己之學」的線索研究由南宋朱熹以來經歷元明以迄清初的新儒學思想。開宗明義他就指出，儒家倫理的本質絕不只是意在告訴人在世界之內怎樣扮演一個為社會所接受的角色，更不是一種只講外表而不建築在羞辱感上面的社會倫理。他十分清楚地認識到，儒學即使在倫理層面發揮了巨大的社會功能，其中心的終極關懷根本是建築在對於自己的理解之上並通過不斷的修養工夫而培養出負責任的個人，同時能夠和諧地與他人相處，安頓自己的生活。

狄百瑞對於朱熹有十分同情的了解。朱熹相信性即理，終極地說，天地萬物的性理並沒有差別，但他又相信每一個個體的表現都很不一樣。他最喜歡講「理一而分殊」，這一層道理可以用「月印萬川」的比喻表達出來。理學發展到元代，在異族的統治之下，每一位儒者都得要選擇自己特別的方式來行道。譬如許衡決定出仕想要轉化蠻夷來接受中國的文化，劉因卻決定隱遁，堅決拒絕同流合汙，分別顯示了完全不同的風格。

進入明代，陳白沙喜歡講自得，明儒對於道有更為活潑生動的體證。王陽明充分發揮出心的能動性，把握自己的良知，做聖賢的功夫，強調個性的發揚，達到前所未有的盛況。狄百瑞說，由分析的觀點看，王陽明的哲學比較弱。我覺得這樣的說法值得討論，因為大多數中國哲學由分析觀點看都是比較弱。如果採取解釋學相應的世界觀的視域，就會發現王陽明在四百年前已經提出了一些現代哲學流行的睿識，絕對不可以把他的思想誤解成為主觀唯心論的見解看待❺，在和我通信討論之後，狄百瑞答應會改正他的表述的方式，因為他本不認為哲學一定要用分析的方式來講。但我同意他說王陽明的思想留下了一些不清楚的地方，這才造成了日後王門分化的現象。王龍溪倡四無之教，主張三教和會之說。泰州派的王艮則提倡平等的個人主義，最近似西方的觀念，道平等地落實在每一個個體之內，人人都可以做聖賢。照黃梨洲的說法，泰州派發展到顏山農、何心隱輩竟可以赤手搏龍蛇，不再是名教所可以束縛得住的了。

正是在這樣的背景之下，才出了李卓吾這樣的怪人，他強調個性的發揚，擇脫外在的障礙，可惜他過分地走到了時代的前面，結果不免要付出沈重的代價而死於獄中。但狄百瑞完全不同意一般把李卓吾看成徹底反傳統的叛逆者的見解。他指出李卓吾其實並沒有提倡革命一類激進的主張，他的思想還是活躍在宋明儒學的範圍以內，他只是把明儒者一貫的批判精神發展成為了一種極端形態罷了！狄百瑞用九十頁的篇幅處理了呂留良的個案。由思想上說呂是保守派，但在政治上他卻是反清的激進派，這構成了一個極端奇怪的綜合。

在這部書中，狄百瑞花費了許多精力，引用了大量的材料，證明在新儒學的共同規模之下，竟可以包涵了這麼多特立獨行的個人，這反駁了新儒學壓制個性強迫合模的見解。很顯然，狄百瑞並無意要證明在中國也有西方式的個人主義，中西文化畢竟有著十分不同的性格。他只是

❺ 如讀者對這個問題有興趣，可以參看拙文：Shu-hsien Liu, "How Idealistic Is Wang Yang Ming?" Journal of Chinese Philosophy, Vol.10, No. 2 June, 1983, pp.147–168.

要指出中國儒家式的人格主義(Confucian Personalism)，至少它有許多特徵與西方式的個人主義並不一定那樣的南轅北轍，彼此之間可以找到一些共同的性向。

其實狄百瑞比論中西，完全沒有意思把西方當作價值的準繩，儘量把中國的東西扭曲過去迎合西方人的趣味。他早年決定研讀黃宗羲的《明夷待訪錄》，其主要動機正是因為他想從中國的歷史來了解中國的問題，擺脫西方的界定與偏見來分析與評估中國的政治制度。他根本反對中國事事盲從西方，而這正是基於多年來他對於西方文化的自省與批評所得到的結果。以他從小就了解的美國式的資本主義來看，全面的工業化的好處實在很值得懷疑，他認為機械化將導致對社會不可收拾的破壞。他親身觀察到農業的商業化和工業化對美國的農場和農村造成很大的破壞，而破壞的程度絕不下於工業社會所帶來的環境汙染與社會瓦解對城市的打擊。因此他反對全盤西化，而主張中國除了逐漸推進科學與技術之外，必須在固有的地理與人口的限制下，在自己的傳統之中，找出一條生路。當時的史達林主義者盲目崇拜機器，逼使農民脫離土地，轉成工業勞工，從事機械化工作，比農人的生活更無人性化。而這帶有對勞力神聖的輕視的涵義在內，也表示不珍視手工及手工所創作出來的東西，中國不可重複同樣的錯誤。既然如此，則我們必須了解中國的傳統有什麼限制，過去的歷史如何向中國人挑戰，以及中國求生存的奮鬥有什麼值得我們學習的地方。

狄百瑞越來越感受到這些問題的迫切性，因為西方在窮盡其土地與資源之後，都不得不面臨中國所遭遇的資源有限問題，而必須主要依賴人力資源來維持文明的生活方式，來解決人口密集等困境。狄百瑞認為人類的希望將寄託在對道德與精神資源的栽培，而不在於對地球的資源進一步去挖掘、探索。西方式的教育一直沒有圓滿地解決如何培養個人之道德性的問題。此所以狄百瑞在哥大任副校長及教務長的時期（七一至七六年）特別注重道德教育的問題，認為它與研究院的專業訓練同樣地重要。他認識到新儒學間接地在個人道德修養這方面向「西化」提出的挑戰。

狄百瑞的許多看法自非人皆可同意者，他對中國的傳統不免有溢美之詞，但是中國要擺脫貧窮和落後的命運也不能不適度吸收西方的科技與制度。但狄百瑞提出來的問題是深刻的，將來我們要面對的是在資源有限而人口眾多的世界，不能不嚴肅地重新考慮儒家所留下來的經驗與睿識。

## 四、結語

我寫這一篇文章，完全沒有意思要說，只有儒家才能夠提得出解決世界未來問題的方案，更沒有意思要說別的文化也必須採取儒家的方式來面對未來。每個文化傳統都有它的特色，儒家思想與經驗一樣有它的局限性，但此處不必備論。我只是要說，儒家的傳統之中的確有一些資源，可以讓我們來利用，以面向世界的未來。

儒家的理想是「和而不同」，用朱熹最喜愛的表達來說是「理一而分殊」❻。超越的理是同一的，具體的表現卻是有分別的。我們各種各樣不同的人要活在同一個地球上，就得被容許來保存我們不同的特色，建立起某種低限度的共識。也只有這樣我們才能夠嚮往一個美好的未來世界的新秩序。

——本文宣讀於韓國主辦的第五屆儒教思想國際學術會議，一九九三・一〇
後刊於《文化中國》第一卷第二期，一九九四・九

❻ 參拙作：〈「理一分殊」的現代解釋〉，原刊於《法言》二卷四、五期，一九九〇，現收入《儒家思想與現代化》，頁五二一—五五三，參❶。

# 文化中國的內涵與定位

「中國」在古代本來是個文化觀念，沒有近代國家的意涵。楚子熊通還說不與中國同，但到後世，誰不把荊楚文化當作中國文化的內容看待！事實是，文化在不斷生長與發展的過程中，在長時期的積累之中，一方面獲致了某種特色，使它與其他不同的文化分別開來，另一方面卻又不斷在自我擴大，向其他文化吸取養分，蓋上了自己的印記，使之也轉化成為自己的內容。最顯著的一個例子是中國對佛教文化的吸收。佛教無疑是印度文化的產物，但它在本土逐漸式微，傳入中國後反而得到了進一步的發展。華嚴、天台與禪有明顯的中國的特色，到了今天，誰不把儒、釋、道三教當作中國文化傳統的內容看待！而傳統中國文化最富有包容性，中國之為一個大熔爐其實還遠超過美國，在彼邦兩百年來黑白並未融和。在今日，誰還能看出滿漢的差別？苗族也漢化得可以，少數的崑崙奴與開封的猶太人則早已不見蹤影。現在中國文化正面臨西方文化的挑戰，如何吸收西方文化以擴大、轉化中國文化的內容，正是我們必須面對的一個大問題。質言之，我們必須由發展的觀點來討論文化的問題。

正是因為受到西方的衝擊，「中國」現在不僅有文化意涵，同時也有近代國家的意涵。晚近有關兩個中國、一中一臺、一國兩制的爭論，都是有關政治層面的爭論，而政治與文化顯然是兩個不同層次的問題。一九七二年中共進聯合國，我寫了一篇文章論「海外中華知識分子的文化認同與再造」❶開宗明義就把文化認同與政治認同的問題分別了開來。關聯到我們當前的主題來說，政治認同所關心的是現實政權像中華民國、中華人民共和國一類的問題，文化認同所關心的卻是「文化中國」的問題。正如前文所指出的，海外中華知識分子可以不必與任何現實的政權認同，卻仍然可以深切關注文化認同以及文化中國的問題。更深入一層分析，現在有許多中國人，無疑是中國文化的產物，卻可以在意識層面上否定中國文化，拒絕與之認同，乃至以剷除傳統中國文化的影響為其職志。反過來，有些洋人，因為景慕中國文化，儘管不可能做中國人，卻是文化中國的擁護者，乃至在精神上自認為文化中國的成員。這兩種人分據光譜的兩極端，中間還分佈著種種不同的中介形態，由全盤西化、馬克思主義中國化、西體中用，以至於傳統的創造性值得我們仔細認取，作出自己的存在的抉擇。

總之，文化既有連續性，又有創新性。一個文化的理念往往由少數秀異人物提出，以後卻廣被四海。同時文化有哲學藝術的大傳統與風俗習慣的小傳統的分別。由這些不同的視域，我

---

❶ 此文原刊於《明報月刊》第七卷第十期，一九七二年十月，後收入文集《生命情調的抉擇》之內，新版由學生書局出版，臺北，一九八五。

們都可以檢視文化中國的意涵與定位。很明顯，要講文化中國自不能脫離中國文化的傳統，它的內容豐富複雜，不能夠作簡單化的處理。但為了方便起見，我們仍可以說，它是以儒家思想為主導所發展的一種文化形態。我這樣的說法並不排斥在儒家形成一個學派以前的中國文化，因為孔孟明言自己是繼承三代以至遠古聖王的理想，也不排斥非儒家思想如道佛對於中國文化的發展有重大的貢獻。但文化中國在長期發展的過程中的確形成了一些與其他文化不同的特色，它的意涵與定位究竟如何？恰正是我們現在所要討論的主題。

大抵受到中國文化傳統深切的影響的範圍就是文化中國的內容。這個文化的特色最容易與其他文化的對比而反顯出來。與西方不同，這一傳統從來未發展出超越的上帝觀念，也缺少機械唯物論的觀念，更沒有極端個人主義的思想。質言之，這個文化完全缺乏二元對立的觀點，而服膺於中庸的理想。人生下來即是有價值的存在，上通於天，下及於物，而彰顯一種廣義的人文主義的精神。最重要的是，人生活在一個複雜的社會網絡之中，家庭是一個中心的關注點。受中國文化浸潤深的人大都樂天安命，勤勞節儉，而表現出一種極強的韌勁。近兩百年來因為受到西方文化的衝擊而被迫改變了許多傳統的方式，由一個商業社會轉變成為一個現代的工商業社會，現正面臨著種種複雜問題的挑戰。

文化中國的影響廣被所謂的亞洲四小龍，當然也影響到泰越以及日本。這些地區各有不同的特色，究竟儒家倫理發生了怎樣的正面或負面的作用？還有待學者的研究，難以遽下定論。

我們最關心的當然是海峽兩岸三邊的情況。在這裡我們不可能對牽涉到的複雜問題作細緻的分析，但可以略為指點一些顯而易見的理論效果。香港在英國殖民地的統治之下，有比較健全的法制，實行自由經濟，成為這個地區最重要的金融中心，人民的風俗習慣則一仍其舊，不加干涉，形成一個華洋雜處、傳統與現代平行的社會。臺灣繼承國民黨的統治，有比較強的政府主導的性格，但資訊開放，也鼓勵人民開創自己的事業，國民黨在口頭上還秉承傳統仁義的理想，民生主義也有社會主義的成分，如今正在摸索走向民主的道路。大陸的主導原則是馬列毛思想，提倡階級鬥爭，徹底反對傳統的和諧的理念，是在共產黨的一黨專制之下攪出文革，肆意破壞傳統，但弔詭的是，如今卻是最貧窮落後非現代化的社會，現在正走經濟開放、政治保守的道路，許多傳統因素如權威主義、人際關係還在發生巨大的作用。我們對文化中國影響下的各種變型所產生的正面與負面的效果，都應有所照察，作出有深度的分析與反思。

最後，文化中國的大傳統曾經提出一些有普遍性的理念，以儒家傳統為例，肯定人是一個有內在價值的存在（仁），我們的宇宙根源於生生不已的天道（生），而我們的人間社會應該是一個以禮義相待的社會（禮）。這些理念自不必能在現實世界中實現，但卻是一些有意義的規約原則與理想。我們必須採取發展的觀點作多維度的省察，才能夠對於文化中國覓得它確定的意涵以及應有的定位。

——原刊於《文訊》總九十期，一九九三・四

# 民主與中國文化

傳統中國文化並沒有產生民主的理念，這是不容諱言的。孟子在兩千年前宣稱：「民為貴，社稷次之，君為輕」，這是了不起的見識。但孟子的思想仍是民本的思想，並非民主的思想，二者不可混為一談。孟子斥楊墨之無父無君，認為君之位應當由有德者居之，但「治於人者食人，治人者食於人」，社會上長幼尊卑的秩序仍然必須要維持，在政治上肯定了階層的秩序，這是不容辯駁的。但孟子心目中的聖王與專制的君王是沒有什麼關聯的，所謂民之所好好之，民之所惡惡之，套句毛語錄來說，他是為人民服務的。儒者所嚮往的聖王如堯舜恰正是桀紂一類的暴君的對立面，而時流不察，一定要把桀紂之所為硬算在儒家的頭上，這是慒語，頗不足為訓。至於儒家不能設置一套有效的權力制衡機構，這是儒家思想的限制，無須我們來矯辭加以掩飾的。

## 對傳統文化要作創造的轉化

民主，無論是直議制（如雅典），或者是代議制（如美國），都必有一套選舉的機制，而這是對中國傳統完全陌生的東西。〈禮運大同〉篇所謂「選賢與能」指的是堯選拔舜、舜選拔禹一類的故事，與民主的選舉制度完全拉不上關係。而明末清初黃宗羲《明夷待訪錄》的〈原君〉、〈原法〉篇雖有一些對於君主制的深刻的反省，但仍不脫傳統三代之治的規模，與現代西方的民主法治根本是兩碼事，不必勉強牽合在一起。總之，我們必須承認民主制度正和科學、產業革命一樣都是西方的產物，完全不必要說我們古已有之那種無聊的話。問題是我們是不是能夠作出創造的轉化，突破傳統的窠臼，成功地吸納現代西方科學民主的成就。

晚近我們聽到一些有關中國文化能否開出科學民主的辯論，我覺得問題的關鍵在如何了解「開出」這兩個字的意義。如果開出的意思是指中國文化傳統無須受西方文化的影響，就能夠自己開創出科學民主的成就，那麼這種說法顯然是不可以支持的——不只它完全違背歷史發展的事實，也提不出任何證據來支持這樣的玄想。當代新儒家的代表人物如牟宗三先生顯然不採取這樣的說法，他明白指出我們必須向西方學習，以曲通的方式，吸取西方科學民主的成就。當代新儒家的想法是，既然君主制往往會變質成為專制，傳統儒家的理想每每為法家的設施變壞，而西方的民主法治反而更能夠保障百姓的人權和萬民的福利，那麼以儒家為終極理想的人自然而然會選取民主的道路，儘管在過去中國歷史上並沒有民主的構想與實施。孔子「己立立人、己達達人」的理想不只不與現代民主互相違背，反而是要在這樣的制度之下才能夠真正完成實現。這樣以「生生」之「仁」為終極關懷的新儒家必定會擁抱民主法治的理想而轉出一條新的道路，這才是他們講「開出」的真正的涵義。至於牟先生講「無限心之自我坎陷」，那牽涉到複雜的哲學問題，不是本文可以處理的題目。

當然開出的說法惹起爭議還有一個原因，就是「應然」與「實然」兩個層次沒有清楚地劃分開來，乃容易引致誤解，所以我自己寧可避免這樣的講法，不如直接講創造的轉化比較不容易在概念上引起不必要的混淆。當然正如友人林毓生所指出的，這種說法也一樣可以流為口號而失去意義，所以重要的還是要說出這樣的轉化的實質的內容究竟是什麼，才不至於變成一個空洞、不切實際的浮辭。

## 實行民主的歷史和現實條件

要談民主，不能不了解民主得以實行的歷史與現實的條件。在古代，只有在雅典才可以找到民主實施的實例，而雅典的民主還不免受到柏拉圖的辛辣的批評，亞里士多德也不以民主為理想的政治形式。更何況雅典僅只是一個小小的城邦，所以才能夠實行直議制的民主政治，它並不是到處可以轉移的經驗。以後民主在西方歷史上差不多是絕跡了，由中世紀到近代，君主制乃是普遍的規範。以後由於種種因素，英國率先走上虛君的民主道路，但一直要到十八世紀，美法相繼爆發革命，民主才漸漸變成世人尊崇的楷模。而民主實行得卓著成效畢竟是在英美，法德都有嚴重的問題。而馬克思一路的思想對於議會政治乃提出了強烈的質疑與批評，連孫中山都承認馬克思對於社會的病理有相當深刻的認識。馬克思主義者認為資產階級的民主終不過只是一個過渡的階段而已，一定要到實行社會主義以至於共產主義，人的異化問題才能夠真正克服，國家萎去，人才能夠自由自在生活在一個不受剝削的人性天國之內。

不幸的是，這純粹是一個烏托邦的幻想。由馬克思到列寧，由史達林到毛澤東，革命的實踐只是造成一個一個極權的國家，不單樂土的理想遙不可及，反而攪出了像古拉格群島那樣的人間地獄。吉拉斯的《新階級》可謂道破了此中癥結所在。無產階級專政最後必然歸結到獨夫的專制，而廢除私產，不只破壞了人權的基礎，而且造成了經濟的呆滯。到了今日，連蘇聯和東歐都發生了根本的變化。戈巴契夫把我們帶進了一個新的時代：現在不單波蘭的團結工會參政，匈牙利的共產黨改變成為了社會黨，連東德的死硬派賀尼克也鞠躬下臺，只剩下最反動的羅馬尼亞的紹錫斯古還在負隅頑抗。全世界都在往民主、自由的方向走，鄧小平卻在這個時候發表聲明，要抵制國際的大氣候，改變中國的小氣候，企圖徹底鉗制知識分子之口，難道這和我們的中國文化真有一定的關聯麼？

由前面的簡短的歷史回敘，我們就可以知道，中國傳統在過去沒有產生民主，這並不是什麼非常、可怪之事，民主本來就是人類一項晚近的成就。而西方能夠孕育民主當然是有許多因素促成的。但中國哲學的理念在本質上並沒有理由排斥民主，而且經過現代的再闡釋之後更必須吸納民主，才能夠進一步完成實現其理想。但西方由君主制轉化到民主，由中世紀的社會轉化成為現代社會，也必須經過劇烈的陣痛，才能夠誕生出新的生命來。古老的中國文明要現代化，更必須要經歷脫胎換骨的過程。政治化以後的儒家結合了法家的實踐，已經形成了一套根深蒂固的意識形態，而變成了現代化的障礙。民主的觀念只浮現在知識分子的心靈之中，老百姓還是習慣於權威主義的領導。於是儘管王朝已經過去了大半個世紀，老蔣之後有老毛，老毛之後又有老鄧，實行的仍然是垂簾聽政的一套。《河殤》的反省誠然失之於片面，但傳統的積澱有一些不利於現代化的因素，這卻是一個不可以否認的事實。要對症下藥，我們固然不可以忽視文化的因素，但卻必須同時注重傳統資源的利用，以及傳統負擔的解除。而在另一方面，要真正吸收西方的成就，我們就不能不正視制度的因素。《河殤》的作者之一蘇曉康逃亡到海外之後，最近為《百姓》撰稿，就深切地憬悟到，光注重文化的因素是不足的，必須要像海外的學者那樣重視制度的因素才行。而臺灣在近年來有一些根本的變革，它的發展值得我們注視：或者可能在它混亂的表面下，打開一條嶄新的出路來。中產階級大量增加與民智高張乃是有利於實行民主的條件，而這將徹底粉碎中國人不能行民主的神話。

## 未來有賴傳統與科學民主的結合

現代人越來越明白，民主並不是烏托邦的幻想，更不是能夠解決所有問題的萬靈藥。《開放社會及其敵人》一書的作者卡爾・包普(Karl Popper)重新反省民主的問題，他指出民主並不是真的事事由人民作主，事實上它只是一種避免極權的機制。畢竟民主的精粹是在它的程序，不在它的內容。故此他認為按比例分票是一種錯誤的想法，小黨林立會造成完全不能運作的問題。他斷定兩黨政治還是最好的辦法。包普的說法很明顯地使得民主的理想性減弱了很多，因為他並不認為民主是最好的政治制度，而只認定民主是防止最大的惡的制度。而政黨政治不免會對現實作出許多妥協，使得許多知識分子不得不游離在現實政治以外，因為只有如此，才能夠保住自己的良心，以及獨立的見解。但民主的信念在，不時興的東西將來會變成主流，民主是在一種不斷自我修正的過程中慢慢解決問題；在自由的競爭之中，人們終必會作出理性的抉擇。

再由民主的實踐來看，以美國為例，問題也是多如山積，離開一個真正理想的世界，實在相差得太遠了。由此而可以使我們了解到，政治畢竟只能夠局部性地解決政治層面的問題，並不能夠解決所有的問題。美國的社會風氣整個向錢看，性的解放、毒品流行，再加上崇尚暴力，實在令人不敢恭維。過去宗教信仰還有某種拘束力發生了一定的作用，現在則變得簡直肆無忌憚，難怪有識之士發出警告，如果美國人再一味只貪圖享樂，不講勤儉努力，不重視教育，很快就會墜落到日本之後；不消幾代，日本就會變成美國最大的債主。而日本之所以成功，四小龍之所以興起，文化不能不說是一個相干的因素。至少當中國走上現代化的道路的時候，我們的目標是要努力學人家的長處，卻並沒有必要去學人家的短處。我曾經指出，我們必須學習用兩隻腳走路：政治制度上吸收西方的民主，卻不可以輕易放棄我們自己傳統的倫理道德以及價值意識。科學與民主畢竟不能解決我們終極關懷的問題而必須把它們放在適當的地位之上。

總之，大陸結合傳統的權威主義與蘇俄的極權主義，這是最不幸的一種發展；而我們相信這種違背世界潮流的東西，絕不會永遠維持下去。中國未來的康莊大道畢竟有賴於我們保住我們自己的優良傳統，與西方的科學民主結合，開創出一個前所未有的新局面。

——原刊於《法言》總第一二期，一九八九・一一

# 當代新儒家思想拓展的方向

## 新儒學的發展須要接棒人

去年（九〇）年底在臺北開了一次當代新儒家的研討會，雖然大陸學者一個也不能來參加是個遺憾，仍然獲得了意外的成功。十二月二十九日開幕，由碩果僅存的長老牟宗三先生作主題演講，中央圖書館的會議廳座無虛席，許多年輕人在後面站了兩個小時聽講，三天的會議始終維持了相當數量的聽眾。現代新儒家並不是一個熱門的題目，報紙傳媒只間歇性地發表與會議有關的消息與文章，結果居然可以吸引到這麼多年輕朋友來參加，的確是超乎主辦單位的意料以外。在會議之中，好多位青年學者對牟先生的一些說法，如內容真理、智的直覺、圓善論等提出質疑。無論這樣的論辯是否可以成立，至少證明了一點，會議凸顯出來的主調是開放的，各種不同的觀點都可以在會上發表，各種不同的聲音都可以聽得到，我在會議最後一天的全體會議中明白地肯定了這一點。其實牟先生自己就說，翻譯了康德的《第三批判》之後，再寫一部討論美的書，他能做的事都做了，工作不能由他一個人來做。事實上一個人無論如何也不可能做所有的工作，還有許多工作要不同世代的人積極參與來做，這樣才有可能慧命不絕。當代新儒家在未來是否有前途，正要看後來的人能不能接過先輩交下來的棒子，向前邁進，打開未來的新局面！

上期《法言》霍韜晦兄有一篇文章：〈第三代新儒家能做些什麼?〉❶，提及大陸學者方克立教授謂，第三代新儒家尚未有重要的學術理論建樹，超克前輩理論的局限❷，並試圖給予回應。韜晦兄指出，第三代新儒家的目標並不一定要建構新的理論體系，而應該有所改變，從事不一樣的工作。我也順著這一條線索提出我自己的一些想法，對問題作進一步的回應。事實上在去年，當方克立教授通知我，他們正計畫要出現代新儒家的論著輯要，總共十四冊，也包括我的一本的時候，我即回信給他，說明我自己的思想雖還沒有到達發展完成的階段，但還是歡迎他們出我的論著輯要。原因是這樣可以造成一個機會，讓大陸的讀者得以直接看到我的文

❶ 霍韜晦：〈第三代新儒家能做些什麼?〉，《法言》第三卷第一期（一九九一年二月號），頁四一－四五。

❷ 方克立：〈現代新儒學的發展歷程〉，《南開學報》，一九九〇年第六期，頁四二。

章，對於我的思想會有進一層的了解。而方教授指出所以要包括第三代的新儒家的選輯的緣故是，這些人受到西方更大的影響，表達也更現代化，更容易與現代人的心靈溝通；由此也可以看出，現代新儒家的運動並不停止在唐、牟、徐的一輩，也還有進一步的發展。我現在正要接下來，討論一下當代新儒家思想要往怎樣的方向繼續去拓展的問題。

## 過去的路沒有走錯

一九八五年夏我到紐約去開會，順便到聯合國去訪友，見到了郭松棻。他說牟先生的《政道與治道》十分深刻，可惜以後沒有往這一個方向發展下去，思想走上了錯誤的道路。郭松棻由馬克思翻出來，重新鑽研黑格爾，所關心的是理念如何落實的問題，重點放在政治上面，有這樣的感想是不足為奇的。但他的批評顯然是過當的，因為他採取的不是新儒家的內在批評的角度，而是非儒家的外在批評的角度。傳統儒家思想有內聖和外王兩個方面，無疑內聖之學是本根，也是其精髓所在，牟先生窮一生之力，在概念上面借助於康德哲學的對反，徹底加以釐清，在這方面的造詣可謂登峰造極，豈曰小補。但外王之學在帝王制度的框架之下卻得不到充量的發展，有所虛歉，故主張改造傳統，提倡新外王，以曲通的方式，接上西方的自由民主，轉出一條新的道路。牟先生的學力不在這一方面，精力也不貫注在這裡，故只能指出一個吾人應該努力的方向，實際能成就的十分有限，豈不是一件很自然的事，又如何可以過分加以苛責！他僅只是努力做了他的本務，怎麼可以說他是走了錯誤的方向呢？但後來的人不可以停滯在牟先生那裡，那又是另一回事，兩方面的問題不可以混為一談，必須分開處理，其理自明。

看古今中外的哲學潮流，就其大者言之，思考的方向不外二途：一是反身的，探求形而上的基礎，一是順趨的，找尋理念落實的途徑。古希臘柏拉圖是走第一條路的代表，但現代西方哲學則幾乎都走上第二條路，在價值哲學的領域之內也是如此，著名的例子如洛爾斯之講分配正義與哈柏瑪斯之講溝通理性。「順之則生天生地，逆之則成聖成賢」，中國的內聖之學走的正是第一條路，外王之學走的則是第二條路。上一代新儒家在形上學的重新建構之上有超特的成就，他們所建起的不是希臘式的實有形而上學，而是中國式的境界形而上學。但新外王的探索可以說是剛剛起步，還談不上有什麼很大的成就，這正是我們在未來需要拓展的方向。有些大陸學者喜歡批評當代新儒家的影響只及於少數精英分子，未能散布到學院的門牆以外。這不是很好的批評。西方人又有多少人能夠讀得懂康德，或者關心洛爾斯、哈柏瑪斯的理論呢？事實上馬克思的《資本論》也是很艱深的學術著作，但他的思想影響到列寧、史達林、毛澤東，就產生了驚天動地的變化。有趣的是，臺灣開了書禁之後，馬克思竟成為最暢銷書，這不是一個很有趣的現象麼！在今日，自由主義在西方，馬克思主義在蘇聯、東歐與中國大陸早已變成了意識形態，新儒家則正如上次在臺灣開會時陳癸淼所強調的那樣，完全是一個發自民間的學術文化運動。正因為它與現實權力沾不上邊，它的影響力當然不能與已經建立的意識形態相比。但它也有它的好處，它可以對自由主義、對馬克思主義作雙向的批評。問題是當代新儒家能不能做得出一套東西，抓得住現代人的心靈，創造新契機，轉出一個新的方向！

## 下一步是如何實踐的問題

如果要做到這一點，停留在牟先生那裡當然是很不足夠的。牟先生所做的就其實質來說，甚至不是成聖成賢的修養工夫，他是以一個現代哲學家的身分做理論建構的工作。在《心體與性體》的序言之中，他就明言他所做的是「辯以示之」的工作。在《圓善論》之中，他又指出，講儒家的內聖之學必定要講到王龍溪的四無才算透徹，但這絕不是說，王龍溪的修養要比孔子還要高。要那樣說便是「不知類」，也就是說不明白問題層次的分際之所在。牟先生是要在「道統」之外，建立「學統」——這已經超出了傳統的窠臼——更要在傳統的「治統」之外，開出「政統」，與西方的民主、自由、法治的傳統接頭，開出一個新局面。當然這只是指出了一個方向，真正要做到這一點，路途還十分遙遠艱難。無可諱言，高遠的理想與低沈的現實經常是互相對反的。同時新一代的新儒家是不相信思想決定論的：未來的希望要依靠多方面的因素的泊湊，理論的建構只是其中一個重要的環節而已！

## 並非成聖才算道德實踐

以上我這樣說並不是意謂，當代新儒家可以只講理論，不講實踐，那樣就與儒家的精神完全相反了。問題是實踐有各種不同的層次。當代新儒家與過去最大不同的地方在，我們不能把內聖外王一貫下來講，而要講曲通。我們仍然要根據仁義的終極關懷來行事，這是有普遍性的。但現代世界需要科學家、政治家、企業家，我們就不能要求人人去希聖希賢。道德是人人必須要的低限度的信守，而不是每個人必須去追隨的高限度的理想。一個社會只能有少數的聖者，而政教是分離的，甚至哲學家所成就的也只是學者，並不是聖賢。但聖賢的境界對於每一個人的生命都可以有啟發、有影響，變成自己生命的一部分。它使我變成一個不同的人，這就有實踐，而不是說，一定要成聖成賢才算有實踐，或者在外王方面推拓得開去才算有實踐。每個人忠於自己內在的生命，對社會有積極的貢獻，這就是有實踐。

故此，作為哲學家而言，我們所作的是智慧的追求與理論的開拓的工作，我們所要追求的是現代的表達，才能夠爆發出現代的火花。牟先生一輩已經做出了他們那一代的表達，下一代又要尋求下一代的表達。正如我在前面所指出的，牟先生對於反身的形而上的探索，已經到達了圓熟的境界，今後需要努力的是如何使高遠的理想落實下來，與現實接頭，同時不可避免的是與現代西方作進一步的交流，這就是我們未來拓展的方向。

## 理一與分殊皆需兼顧

很顯然，我不可以代別人說話，所以我只說一說我自己在近來所做的工作當作一個例證，對當前提出的問題作一回應。八九年夏我到夏威夷參加第六屆東西哲學家會議，提出〈「理一分殊」的現代解釋〉的論文❸。在這篇文章裡面，我一方面感覺到傳統過分偏重在「理一」方面，故必須在「分殊」方面給予全新的解釋，才能與現代的科學民主接通，但另一方面我也批評現代西方完全看不到理一，以至有陷落在相對主義的危險。李延平教朱熹時曾說：「理不患其不一，所難者分殊耳。」我現在要把它改為：「理不能不患其不一，尤難者分殊耳。」凸顯理一，乃可以建立我們的終極關懷，重視分殊，則可以和現代的問題接頭。上一輩已經對儒家的終極關懷作了很好的創造性的闡釋，我們這一輩則有必要更重視與現實發生關聯的問題。這兩年我主要的精力就花費在處理「理想與現實的糾結」的問題上面。

在紀念中華書局八十周年的論文中❹，我回應了大陸學者對新儒家提出的批評，指出他們

❸ 劉述先：〈「理一分殊」的現代解釋〉，《法言》第二卷第四期（一九九〇年八月號），頁三七—四二，第二卷第五期（一九九〇年十月號），頁二三—二八。

並沒有因為適應時勢而放棄了儒學的核心部分，因為生生的仁心仍是他們的終極關懷（理一），同時他們也沒有囿於傳統之內而受到限制，因為仁心的具體表現，包括孔孟在內，都必受到時代的限制而被後代所超越，現代人必須有所依傍，找到生生的仁心在現代的具體表現（分殊）。在去年底當代新儒家的會議中，我宣讀了〈論儒家理想與中國現實的互動關係〉的論文。在這篇文章之中我提出了一個新的視域。我指出超越的儒家理想從來沒有在中國的現實之中充分實現，二者不可以混為一談。孔孟、程朱，乃至當代新儒家都不是現實的當權派。儒家的理想是超越的規約原則，他們最大的特色是批判的精神，雖然政治化的儒家一貫被統治者利用來作支持政權的意識形態，而俗儒則只知奉迎上旨作為升官發財之道。最有趣的現象是清初程朱被奉為正統，理學反而式微；當代新儒家在現實上根本沒有立足點，反而變成一個不可忽視的思想潮流——對傳統與西方作出雙向的批評，而這恰正是他們最大的吸引力之所在。

## 良知如何於現實發用

今年五月臺北漢學研究中心將召開「中國人的價值觀國際研討會」，我將提交論文：〈論中

❹ 劉述先：〈有關儒家的理想與實踐的一些反省〉，《中華文化的過去、現在和未來學術論文集》，一九九二年在大陸、臺灣、香港、新加坡同時出版。

國人的價值觀在現代的重建〉。在文中我指出在現代化的過程中，一方面我們要避免陷入相對主義的迴流，另一方面在建立了存在與價值的超越根源之後，我們又必須正視與現實接頭的問題。王陽明說：「良知不由見聞而有，而見聞莫非良知之用。」（《傳習錄》中，答歐陽崇一）我們一向把重點放在第一句話上面，堅決反對道德的他律，以及形形色色的化約主義。但是現在我們要往前再走一步，把重點也放在第二句話上面，這是因為即使建立起良知為價值的超越的根源，實際的價值問題仍並未因此得到妥善的解決。我們知道，科技的研究是守價值中立的原則的，但任何科技的成果則都可以有道德的意涵，譬如人類造了原子彈，發展了人工受孕的技巧，那一樣沒有嚴重的道德後果呢？我們當然是以良知為出發點並以之為道德判斷的最後的根據，但我們如果不作經驗探究，焉能對於這些問題作出最好的判斷呢？無疑這是屬於分殊的領域，我們的判斷並不是最後的，故必須保持開放的心靈，不斷與時推移，但我們絕不能說這個層次的問題是不重要的。過去，康德的道德理論為人詬病最烈之處，就在它的形式主義，似乎沒有充分正視經驗研究的相干性。誠然我們不可能通過經驗研究去建立良知，但良知要發用就不能不依靠見聞，這恰正像王陽明所說的：「良知不滯於見聞，也不離於見聞。」（同上引）如果我們能在同時強調下面這一句話，就可以與經驗研究接頭，承認現實裡的問題、障礙、乃至魔性化的趨向都是與我們作具體的道德判斷十分相干的因素。這樣我們才可以找到契機，與當代西方的實用主義，洛爾斯的分配正義、哈柏瑪斯的溝通理性接頭，將傳統以現代化的方式作創造性的轉化。我還打算寫一篇：〈兩行之理的現代解釋〉的文章。「兩行」的說法本出於莊子〈齊物論〉，但我給予它全新的解釋乃不再囿於它原來的意涵。簡單地說，我認為超越是一行，內在是一行，兩行都必須兼顧。由超越的一行看，過化存神，宋儒所謂，雖堯舜事業不過如一點浮雲過太空，乃不會過分沾滯於現實，另一方面則與時推移，當下即是，人人依據自己的稟賦與環境，發揮自己的創造力，燕雀無須羨慕大鵬，現代人無須緬懷遠古，而必須努力找到適合於現代人的表達。由以上的例證可以看到，我近來的努力是在建立了生生的仁心為終極關懷之後，還要進一步去關懷，正視理想與現實的糾結的問題。我所希望的是在二者之間建造一道橋梁。如果上一代的重點是在貞定於理一，我們這一代的重點則轉移到具現於分殊，故所強調的是多元開放的心靈，所鼓勵的是多方參與的實際，所追求的是適應現代的表現。❺

最後仍回到文章一開始提到的本題，我是響應韜晦兄的說法，我們今日的重點並不在造理論的體系，事實上整個時代的潮流即不在造理論的體系。但這不是說，現在人就缺少條貫的思想，或者所做的只是次要的工作。每一代必須要找尋自己的表達，而後之視今，也猶今之視昔。坦白地說，我年輕時雖然早就有我自己的文字風格以及思路，但是基本上是受到方東美先生的文化哲學與牟先生的中國哲學的重構的啟發。一直到近十年來才慢慢形成一些專屬於自己的思

❺ 拙作有關「理一分殊」、「兩行之理」、「理想與現實的互動」諸文，均已收入文集：《理想與現實的糾結》，臺北，學生書局，一九九三。

想，並在近一兩年間把自己特別的視域逐漸發表出來。而這些並不是刻意經營的結果。要緊的是，必須鍥而不捨，努力不懈，才能開出自己的一片天地。而新儒家在未來是否有前途？正要看未來是否有更多的人才來參與，開墾出更寬廣的天地，蔚為一個更有活力的潮流！

——原刊於《法言》總第二一期，一九九一・四

# 論中國的倫理傳統

## ——野蠻國家還是禮義之邦？

新近大陸流亡作家鄭義發表了廣西人吃人的報導，引起巨大的震盪。劉賓雁與余英時兩位先生都認為這是事實，我也相信這是事實。劉先生還特別提到中國文化中的復仇意識，民間只怕是的確有這樣的傳統罷！少年時讀平江不肖生的《江湖奇俠傳》，故事的序幕就是由兩地的械鬥所引發的。

我的小兒子八一年由美國回香港來讀中學，最初由電視節目上學到的兩句廣東話就是慷慨激昂地大聲呼叫：「我要報仇」，「我要將你碎屍萬段」。現在一晃眼十多年過去，香港的影視界還是流行動作片，打打殺殺，依然是報仇雪恨那一套。這些雖然是虛構的東西，依然在發生無形的影響。

## 中國文化互相矛盾的現象

無可否認，中國歷代曾經做過許多野蠻的事情，但我們可否以此斷定中國是個野蠻國家？另一方面，傳統中國一向又有禮義之邦的美名，難道這又是全然的虛構？中國人不是一向實行中庸之道，凡事不可以走極端，得饒人處且饒人，不要趕盡殺絕嗎？佛家也勸誡人，應該明白所謂冤冤相報、何時得了的道理，籲人千萬不要被復仇意識所繫縛，而要廣結善緣；禪宗更相信放下屠刀，立地成佛。中國那麼多人口，卻大多數是順民，這又是完全偶然的結果嗎？中國文化好像顯示給我們一些互相矛盾的面相，我們究竟要怎樣來解釋這樣的現象呢？

## 大傳統難以貫注到小傳統中

我想人類學家對於大傳統與小傳統的分別或者會有一些幫助。簡單來說，大傳統指的是哲學的思想與理念，小傳統指的是民間的風俗與習慣。兩者之間有千絲萬縷的關聯，但也有巨大的差別。

關於復仇一事，中國的大傳統是反對的，余先生就說：「儒家的反復仇論，經過幾千年已法制化，不准復仇，否則繩之以法。」（《開放》八月號）但中國的小傳統，特別是黑社會，是肯定復仇的。由此可見，大傳統的理念，像儒釋道的思想，雖然發生了廣大的教化作用，畢竟沒法貫注到小傳統的現實來。

中國民間，有些地方民風強悍，勇於私鬥，世代為仇，連官府也莫可奈何。而中國哲學的理念，真正能夠有深刻理解而且付諸身體力行的，那就如鳳毛麟角一般地稀有，難怪孔子生時就有道不行的感喟了。

最近《亞洲研究學報》(*Journal of Asian Studies*) 邀請我為狄百瑞教授的新著：《為己之學》(Wm. Theodore de Bary, *Learning for One's Self: Essays on the Individual in Neo-Confucian Thought*, New York, Columbia University Press, 1991)寫一篇書評。讀完全書，不覺感慨系之。對於我們傳統的理念的內涵，一位西方學者竟然比我們中國人有更相應的了解，這真是教我不知從何說起！

## 儒家修己先於治人的精神

由這書的書名就可以看到狄百瑞把握到了儒家思想的最根本的要點。在序言裡開宗明義他就駁斥兩種西方流行的對儒家思想的誤解：一種認為儒家倫理只講社會角色的扮演，根本缺乏道德責任的自我觀念；另一種認為儒家倫理是一種羞感的倫理學，不是一種罪感的倫理學，所以凡事只講面子，而造成了不可測的東方人的形象。

狄百瑞指出，儒家的個體雖不離開社會，也一樣可以擔負道德責任，儒家的中心關注乃是己立立人，己達達人。修己既先於治人，故儒家雖缺乏西方式的個人主義觀念，卻不能說它不著重個體，而將之化約成為社會角色或面子關係，是對於儒家思想的根本誤解。

「為己之學」的觀念是直接來自孔子。孔子曰：「古之學者為己，今之學者為人。」《論語》憲問第十四）意思是說，古代的人為學是為了自得，現在的人為學卻是為了邀名於世。孔子回答顏淵的問題說：「克己復禮為仁。……為仁由己，而由人乎哉！」（顏淵第十二）這就更清楚地表明了他的態度。

## 外國學者善解克己復禮

狄百瑞有專節討論克己復禮的問題。他指出，所謂復禮，孔子當然是有意要恢復古代的周禮。但更重要的是，孔子認為禮有內在的根源，而將之與仁關聯在一起。正因為孔子明白禮的內容不斷隨著時代而變化，所以絕不能只把它當作既定的儀規來遵行，而要掌握它的精神，當作德行來修養。近時何炳棣教授批評杜維明的說法不妥，他認為「克己」只能作消極的解釋，不可以作修身解，「復禮」則只能解釋作恢復周代的古禮，這種對《論語》的解釋不免失之於拘執而皮相，遠不如狄百瑞的解釋深刻而全面。

狄百瑞又指出，孟子分別天爵（仁義）與人爵（祿位）（見告子上），正是繼承孔子為己之學的精神；連荀子在〈勸學篇〉之中也引述孔子「古之學者為己」的說法，可見光就這一點來說，孟荀兩系並沒有根本的分別。先秦儒肯定獨立自主的道德人格，教育的目的絕不是為社會合模而服務。

## 朱熹肯定人向善的稟賦

宋明儒學正是繼承了這一條為己之學的線索而有進一步的發展，狄百瑞寫這部書的一個主要目的，就是用他自己的研究成果證明，中國思想由南宋的朱熹（十二世紀）到清初的呂留良（十七世紀）有很大的變化，來適應新的社會、經濟、文化、科技條件的改變，以駁斥西方流行的中國歷史、思想停滯不前的錯誤的偏見。

狄百瑞對朱熹有十分同情的了解。他指出朱子青年時從學於李延平，中心的關注就在為己之學，以後更繼承程伊川的思想而以道統自任。他與陸象山的不同絕不在他不尊德性，而在他兼顧道問學，用一種漸進的方式來體道。他雖然看到人的氣質之雜，仍然肯定性善，相信人人一太極，而用「理一分殊」的方式來了解人與世界的關係。

## 王陽明推崇人內在的良知

到了王陽明的時代，教育已經相當普及。陽明雖然對朱子十分尊崇，但他不滿意朱子以心與理為二。後來貶居龍場，在極孤獨的環境之下體悟到吾人內在的良知，對大學的格物致知作出全新的解釋，只要將良知推擴出去，就可達到天地萬物一體的境界。他又主張知行合一，與當時讀書為了進科場爭取功名利祿的俗儒大異其趣。

受到泰州派影響極大的李贄（卓吾）乃是明代最為獨立特行的一位奇人。他認為孔孟是孔孟時代的產物，不會明白當前的處境，而主張徹底個性的解放。他的觀念太前進了，以致不容於世，後來繫獄，自殺身亡。

最後狄百瑞用了超過九十頁的篇幅討論呂留良，這又是一個十分奇特的案例。呂留良在康熙的時代提倡回歸程朱的正統，在思想上是個保守派，但他在同時又激烈反清，是個激進分子。他的學生曾靜異想天開，想鼓動岳鍾琪造反，後來被雍正逮捕，發現他思想的禍胎係來自呂留良，竟發棺戮呂之屍，以示儆戒。

## 宋明儒家主張推己及人

由狄百瑞的書我們可以看到，宋明儒多是有血有肉的人物，講求的是自得之學，有的甚至不惜以身殉道，他們所嚮往的禮教也絕不是禁錮人心的僵固外在的規範。狄百瑞並不是想證明中國也有西方式的個人主義者。其實，兩方面仍然存在著根本的差別。

狄百瑞也沒有否認統治者可以利用儒家鞏固他們的政權。譬如清代比明朝更嚴厲地禁李卓吾的作品，但終無法杜絕其在私下的流通。由此可見，後世所反對的，乃是政治化的儒家所提倡的禮教，並不是真正儒者誠於中、形於外、建築在推己及人的原則上的禮教。

## 牟宗三揚棄報仇心態

回到復仇問題，儒家所採取的正是一種最理性的態度，孔子說：「以直報怨，以德報德。」（憲問第十四）孔子並沒有唱高調要人以德報怨，當然也不會要人以怨報怨，陷落在復仇主義的窠臼之中。

有一次，內人坦率地問牟宗三先生，你做不做修養工夫？牟先生的答語很有意思，他說，我原來的氣質是很不好的，屬於「睚眥必報」那種形態，後來走上儒家的道路，這才超越了有仇必報的心態。

由此可見，中國思想的大傳統的確想把中國建造成為一個禮義之邦，這是毫無疑問的。可惜的是，理想的規約原則沒法貫注下去，民間還留下許多野蠻的心習，士大夫則專做外表功夫，習於偽善。

更不幸的是，權威提倡的禮教變成了外在禁錮人的力量，而這恰正是與為己之學相反的東西。清初戴震已經反對以理（禮）殺人，五四乃全面反對吃人的禮教，這不是一個很深的弔詭麼！

## 傳統思想也有局限性

傳統的思想當然是有巨大的限制，它過分強調個人的道德修養，以致對於知識的重視不足，同時也忽視制度性的問題，以致未能開出近代西方式的科學與民主，中國文化必須自我擴大，吸收西方的長處，才能有光明的遠景。但這絕不是說傳統就一無是處。事實上任何一個社會都不能沒有禮的節制，否則人們必難長久和平相處，維持一個穩定的秩序。今日世界已逐漸發展成為一個地球村，儒家的典範是有它重要的參考價值的。

同時，儒家絕非無條件地擁護不合理現狀的延續，它經常以道德原則批評時政，並籲請統治者也要做正心誠意的功夫。而且儒家還有對於大同社會的嚮往，只不過他們一向採取理性、現實的態度，不會被烏托邦的熱狂所驅策，輕易破壞當前享有的小康的局面。只有到事不可為的情況，這才訴之於激烈的手段，尋求新秩序的建立。

## 激進主義導致共產政權建立

不幸的是，進入現代，中國飽受內憂外患的煎熬，不耐煩於漸進的改革，乃訴之於越來越激烈的手段，最後終於導致共產政權在大陸的建立。論者每指出，中國人有集體主義、汎道德主義的傾向，所以接受共產主義絕不是完全偶然的結果；同時現政權有許多運作的方式與專制王朝時代並沒有很大的差別，而強調與過去歷史的延續性。這樣的說法，自有一定的根據，但我們也不可以忽視現在與過去的斷裂性。

毛澤東利用農民暴動、藉鼓吹階級鬥爭而取得政權，對於傳統思想採取完全否定的態度。文革時的瘋狂、反理性的破壞，絕不是訴之於傳統可以解釋的現象。而共產黨建立嚴密的黨組織，搞全國性的計畫經濟，這是師承於史達林的極權主義的措施，與傳統的天高皇帝遠，藏富於民的思想更是大相逕庭，不可混為一談。

## 希望恢復傳統中的理性與智慧

共產黨的實驗之所以終歸失敗在於它完全扼死了民間的生力，以致不免走上崩潰的命運。而大陸在鄧的開放政策之下所以能夠取得文革十年後的成效，並不是因為共產黨策略的成功，而是因為中共還沒能像蘇共那樣，徹底摧毀了人民的主動性，而在地方層次上，讓我們看到了一點復甦的希望的根苗。

但是迄今為止，仍不免令人感到憂心忡忡，這是因為，共產黨的指導原則依然是非理性的階級鬥爭。現在雖說是在農村已經鼓動不起來，但搞一次運動，就有一批受害者，此上彼下，冤冤相報，循環往復，這些仍然是生活裡的真實。而共產黨的理想徹底喪失，遂墮落成為赤裸裸的權力鬥爭。

同時，每一個階層都肆無忌憚地向錢看，人慾橫流，深圳最近的騷亂正是一個具體的徵象。等到八老相繼過去，中國會出現一個怎樣的局面，不是我們當前所可以逆料的。

我們只能希望，中國傳統的智慧與理性的態度多少能夠復甦，並吸收西方的成就，包括馬克思主義裡面的一些合理的成分，曲曲折折地走出一條道路來，重新建造起合乎「理一分殊」原則的新秩序，這就是中國人民的福分了。

——原刊於《開放》第六九期，一九九二・九

# 自由・公義・效率

## ——談私有化的趨勢

未來的世界要往怎樣的方向走？

現在的世界潮流是儘量減少政府的控制，而走向常識與自由。私有化正是這個潮流的一部分，對於貨品的製造與分配，要依賴私營的誘因來產生更大的效能，以滿足民生的需要。

一九八七年，雷根總統指派了一個委員會研究私有化的問題，主席是現在已由伊利諾大學退休的林諾維士教授。這個委員會的報告——「私有化，走向更有效能的政府」已經在一九八八年呈交上去，以後又濃縮成為一篇文章——〈私有化的未來〉，刊載在Phi Kappa Phi 榮譽會學報——《國家論壇》一九九〇春季討論私有化問題的專號上。

### 私有化才能解決問題

林諾維士指出，委員會一致的結論是，只有私有化才能解決美國社會所要面對的問題，而它包含了三個重要的面向：

第一，由於政府不能網羅各界的人才，所以必須與民間簽訂契約，讓他們發揮創造力，來幫忙解決有關醫療、教育、貧窮、交通等棘手的問題。政府的結構老大，人員冗雜，四分之一在做與民間一樣的業務，而效能遠遜。只有乾脆把這些裁減掉，專心做政府該做的事，才能變成一個更有效能的政府。

第二，必須依賴政府服務的顧客應該給予他們選擇的機會。舉例說，公營的學校、醫療服務，以及公屋計畫，都弄得一塌糊塗，主要就是因為缺少市場競爭的緣故。佛蒙州的辦法是把教育津貼發給中學生，讓他們自己去選學校，結果就好得多。同理，不應該強邀民眾去住廉價公屋，而應該發放房屋津貼，讓他們自己去找合適的住所。

第三，政府不該做營利的事業。舉例說，政府不該直接借錢給老百姓去買屋、辦農場、交學費、做生意，而變成二千五百億的大債主，這些業務應該交給銀行去做；政府也不應該擁有油田，做生產石油的生意；公家既浪費且無效率，沒有理由插手應由民間去做的業務。

然而，除了以上這些指導性的原則之外，卻不能不同時注意到，政府必須盡到自己應盡的職責。首先，政府要負責制定政策，維持標準。譬如說，導航可能交給民營去做，但聯邦航空行政卻仍然必須繼續制定政策與維持標準。

其次，政府必須照顧到人民不斷變化的需要，而不能只是局限於缺少彈性的意理之內。變化可以採取漸進的方式，先從必要的做起，然後做可能做的，最後連不可能的都做得到了。

以美國當前的情況來說，像郵遞服務有許多方面就亟需私營的參與。一九七九年快遞函的限制取消了，好多家快遞郵件服務公司立即有戲劇化的成長率，現在公營郵局在這方面只有百分之十二的生意，而服務的質素提高了，郵資反而減低了。這就是因為有了競爭的緣故。

其實私有化絕不只是美國的趨勢，英國、法國、意大利、日本、智利、烏拉圭，乃至一些非洲國家都在把國營的事業轉讓給私營，這是個世界化的趨勢。國有化和過多的管制都收不到效果，應該讓商業起帶頭的作用，而這樣做反而促進了國家的利益，注入新的活力，改善社會的服務。

## 促成私有化運動的因素

沙瓦士進一步分析私有化做為架構改革的策略的問題。他認為世界私有化運動是由多方面的壓力輻湊起來造成的，大致可以歸納成為四個方面：

一、實用的——目的是追求更強、更健康的經濟。政府的花費愈來愈大，公眾對於高稅率的抗拒也愈來愈大，那就得謀求對策來解脫困境。一種常用的手法是簿記的方式，使得收入和支出看起來差距並不是那麼大；另一種方法是借更多的錢來彌補開支；但這樣的手法，遲早不免碰壁，剩下來的選擇不外二途，減少政府的活動，或者提高政府的效能或創造力。

很自然地，受益人會反對政府削減服務，表面上看來，增加政府的效能是政治上比較容易接受的出路。於是政府採取了各種改組的措施，然而實際上卻收效甚微。

二、意理的——目的則在於限權。大的政府對於民主形成威脅。政府支配的錢愈來愈多，離開民眾的實際需要反而愈來愈遠，卻又無所不在，這會導致自由與人權的喪失，即使在所謂民主的社會也在所不免；而且能夠得到多數支持者就可以利用政府機構來壓制少數派，使得公義與平等也受到威脅。

同時，政府變得愈來愈龐大，也就會變得愈來愈沒有效率。自由、公義、效率三者都是重要的，政府的作用是在三方面覓取平衡，而太多的政府干預卻對它們都造成危害。同時現代人並不那麼信任政府，要是犧牲了自己的權益卻什麼都拿不到，只換來一個大而不當、浪費無能的政府，信心危機乃可以造成極為惡劣的後果。

三、商業的——目的是在經濟上得到更大的分潤。他們的想法其實十分單純。政府花很多錢，用來付雇員的薪水。而他們做的事其實都是例行的商務活動，諸如建築物、車、船的維修；打字、蒐集資料；處理保險事宜、通知付款；收垃圾、修道路之類。這些都與管治無關，故應立法不許政府與民爭利。事實上私營的商業做得更好，還向政府交稅。

除了這些以外，還有政府的大額投資計畫，如造路、橋、監獄、汙水處理廠、轉廢料為能源的工廠等，都可以交給民營來做。尤其在政府財政拮据的時候，民間籌款舉辦實業乃變成了一個很有吸引力的可能性。有些國家把國營事業賣給私營，背後的理由是一樣的——賠錢的事業可以改進變成賺錢的生意。其實所有國營事業，像工廠、礦、油田、交通、訊息系統、銀行、林地、空地，都可以考慮轉交私營。

四、悅民的——目的是分權給民眾。他們反對大政府、大企業，而主張把權交給地方，交給民眾。舉凡大機構，不論是政府或私營，都無可避免地會變得體制化、官僚化、專業化，罔顧老百姓的利益。

現在的公營服務事業根本就不給人們任何選擇，地方社團則不應該讓遙遠的官僚機構來決定其需要。我們的家庭、鄰居、教會、種族性與職業性的社團必須發揮更大的作用，才能產生健康的社團意識。大的政府機構像教育部、住宅部等變成了專橫的官僚機構，而特殊利益集團可以利用這些政府機構把他們的價值強加之於眾人之上。

只有不把多元化的小團體組合扼殺，各種利益互相均衡，才能讓自由、公義、效率得到一個適當的比例。權力必須分散，選擇必須增多，才能形成一個更好的社會。

## 放棄、委託、轉移

至於私有化要怎樣進行呢？大體上有三種技巧，所謂三個D，即Divestment（放棄）、Delegation（委託），與Displacement（轉移）。

首先，政府可以主動地放棄一些活動。譬如說，政府可以把運輸鐵路賣出去，不論是賣給一家公司，或者是發行股票賣給公眾。政府也可以把一些公營事業送出去，譬如英國鐵路把英倫海峽的飛翼船服務完全送給員工自行經營，就免得老要用公款去貼補這項服務。最後，太不賺錢的事業也可以破產，把資產變賣，無須死撐下去。

其次，政府也可以把一些活動委託給私營去做，而只保留監管的責任。政府可以招標，與民間簽約，讓他們做某一種的服務。政府也可以通過招標，把特許權給予某些機構，讓他們做巴士、計程車、電氣、煤氣、水、電信一類的服務。

政府當然還可以把辦公室租賃出去，這其實是特許權的另一種方式而已！政府有時可以發憑單給顧客到市場去選購食物、住所、教育、保健、交通一類的服務。政府還有一種辦法，就是提供補助，讓私人來做一些活動，其實這也是提高政治影響力的一種手法，所以常常被政客所利用。

最後，政府可以採取消極的手段，讓民間逐漸取代政府的服務。舉例說，公家的網球場維修得不好，就會漸漸被私家的網球場所取代。甚至警察也可以雇私家的，部分地取代了警察部門的業務。另外就像道路、橋梁、下水道等都可以讓民間集資來經營，取代政府的差勁的管理。

有時政府部門管不了那麼多事務，就可以與私營合作，讓他們提供服務。譬如像無家可歸者的庇護所的安全問題，一般警察不願過問，就可以請私營的護衛來照管。這樣政府機構就無須因過分擴張而腫脹。

同時政府常常有一種獨佔壟斷的傾向，故此取消管制也變成了私有化的一種方法，這樣民間就可以挑戰政府的壟斷行為。譬如開放快郵，不再禁止私營公司把信放入收信人的郵箱，快郵公司就如雨後春筍一樣地生長，搶去郵政局的生意。

## 模糊的管制界線

基本上我是贊許私有化的趨勢的，否則我就無須花許多時間和精力來介紹這一個專號的內容。

少年時我也相信過社會主義的理想，各盡所能，各取所需。但隨著歲齒的增加，這才逐漸體悟到，崇高的理想缺乏制衡的機括只能夠產生新階級的現象，而私產的擁有恰正是人權的最佳保障，法治的施行才能使得我們享有自由，它與胡作非為的失序狀況並沒有任何關聯。人生活在一起就必須自我限制，做出某種犧牲，才能夠換取憲法上所規定的那些自由。

米勒認為政府的功能是主管國防，立法管制暴力、欺詐以及其他罪行，執行法律，並救濟社會上有需要以及傷殘的人士；但不應該涉足商務，與民爭利。由這個角度來看，並不是不需要所有的管制，只是不需要不必要的管制罷了！在應該私有化的範圍之內，就應該儘量取消管制。但是某些範圍之內卻是需要管制的，然而在公私之間要怎樣劃分界限，卻並不是那麼清楚明白的。

世界如今正在走進一個全新的時代。蘇聯與東歐已坦承集體主義的經濟是行不通的，但如何轉注市場經濟仍是一個極端複雜並可以產生嚴峻的後果的問題。

部分的原因在，所須面對的並不單純是經濟問題，同時還牽涉到政治制度的改革、思想方式的改變，以及生活習慣的轉變。長期接受上面指令行事的人，是很難一下子變成樣樣爭取主動的人的，而既得利益者也是很難樂意放棄自己一向享有的特權的。

但世界的轉變的巨輪是不可能叫它停止的，我們得仔細認取未來的大趨勢，根據自己的情勢，找尋因應之道，而不能盲目引進外來的東西，未蒙其利，先受其害。我們自必須參照先進工業國成功的經驗，但最重要的仍是先要找到自己的問題，然後對症下藥，才可以收到真正的成效。

——原刊於《遠見》第八三期，一九九三・四・一五

# 新儒家與威權體制何關?

## 有關新儒家的混亂概念

外電報導總部設在紐約的人權團體「自由之家」，本年度調查報告特別提到以「新加坡為本」的反動潮流，是威脅全球民主政治及自由的一股勢力。而這種潮流「可以被稱為新儒家主義」，鼓吹威權式的市場轉型的意識形態，這在東亞地區大為盛行。另兩股不利民主發展的障礙是極端民族主義和回教基本教義。

外電這樣報導新儒家並不足為異，但我們也跟著這樣報導卻不免引起思想概念與觀感上的混亂，不可不加以辨正。大陸與港臺所謂「新儒家」，狹義指由熊十力先生啟發，由唐君毅、牟宗三、徐復觀諸先生發揚光大的哲學潮流，廣義則加上思想家如梁漱溟，政治學者如張君勱、史家如錢穆，文化哲學家如方東美，以及抗戰時期提倡新儒學的馮友蘭、賀麟等人。狹義的新儒家夥同張君勱先生在一九五八年元旦發表著名的「中國文化與世界」的宣言，一方面要恢復中國文化的精神，另一方面鼓吹向西方吸收科學與民主，這是我所謂「精神的儒家」，怎會變成「反民主大敵」？但由漢代以來就有所謂「政治的儒家」，由孔孟的「正名」思想滑落了下來，提倡三綱五常，建立權威主義，成為帝王專制後面的意識形態。我們的文化的確由之繼承了一些負面的因素。故我嘗論傳統的資源與負擔一根而發，必須仔細加以照察，始可以儘量避免為傳統心習所誤，阻礙了我們現代化的進程。

## 亨廷頓的誤解受西方中心論影響

我並不很清楚「自由之家」的背景是怎麼樣。但它作調查背後的理論根據卻和亨廷頓的文明衝突論是血脈貫通的。亨廷頓認為，世界的問題根源於文明的衝突。主張自由民主的西方只有與東歐合作，才能對抗儒家文明與伊斯蘭文明的可能的結合。亨廷頓謂世界問題不能不追溯到文明的因素，這是不錯的。但他推論太過，以致缺乏說服力。他把四小龍與大陸歸之於儒家文明，卻又把日本撇在外面，這就不成話說。後來他自己也不得不承認大陸與臺灣有巨大的差別。如果大陸真的放棄共產鬥爭哲學，改宗儒家德化仁愛和平的理想，只怕是世界之福，而不是禍患的來源。又把儒教與回教扯在一起更是莫名其妙。大陸的回民性格比較溫和，如果內蒙古與新疆的回民也像波士尼亞那樣要求獨立的話，那就會成為大陸心腹之患，不知大陸所謂的儒家文明與伊斯蘭文明結盟的根據是在那裡？如果說大陸賣武器給伊朗的話，試問那一個先進西方國家不賣武器給回教國家？美國更是武器輸出國之冠，出售武器遠超出世界其他各國出售武器之總和。難道這說明了美國的意識形態與回教國的意識形態有什麼結盟的本質關聯性嗎？亨廷頓對於世界局勢的誤解反映了他的傳統西方中心論的觀點，這種思想有一定的影響力。「自由之家」的調查報告背後所根據的是同一樣的觀點，而這種觀點日益受到各方面的挑戰。這份報告所反映出來的，恰正是西方沒法子忍受新加坡對它的挑戰的心態，於是才會給予它如此負面的評價。

## 新加坡對西方的挑戰

我並無意說新加坡的一切都是好的，但我卻要說新加坡對西方的挑戰是有它的理由的。李光耀年輕時受的是完全西方式的教育，他現在絕不願意提，他原來還有個洋名叫做亨利。照他的自傳資料看，他接的第一宗大案子是替一個謀殺犯當辯護律師。由於他辯才無礙，居然為之脫罪，但半夜睡醒卻出了一身冷汗，這樣的謀殺犯居然在大街上自由行走，怎能叫人安枕。由此可見，李光耀對西方的不滿種因在他年輕時的經歷，絕不是突然間爆發出來的東西，從某一方面看，我們不能不佩服李光耀。新加坡這樣的彈丸之地，居然能夠擺脫殖民地的命運，成為一個獨立的國家，走出了自己的特別的道路：既不倒向社會主義，又不倒向自由主義，在二次大戰後短短數十年間創造了經濟的奇蹟。而美國經歷韓戰越戰之後，自信銳減，社會上各種問題暴露出來，不足以成為別人的楷模。有美國人謂，一輩子最大的嚮往是：自己能夠買得起自己的住所，有新鮮的空氣可以呼吸，晚上出去走不必怕打劫。試問這不恰恰好是新加坡的寫照嗎？而美國社會近年來徹底失序，故美國的少年在新加坡挨鞭撻，美國的民意調查竟然大多數贊許這樣的懲罰。當然新加坡的人權狀況絕對不是理想的，在新加坡做反對黨或者批評政府，就不免要付出沈重的代價，受到慘痛的經驗。但新加坡的政府的確是民選出來的，也不阻止自由移民。新加坡政府要求國民提高道德為什麼一定不對？有人不喜歡生活在這樣的社會之下，這是另一回事，當然新加坡的人權狀況也大有可以改進的餘地，必須加以檢討與批判。但調查報告只依單一的標準給予它完全負面的評價，顯然是偏見的結果。

## 大陸情況與新加坡的差距

調查報告給予新加坡的一個大罪名是，它被當作亞洲乃至其他地區的典範。其實各個地方情況有異，難以一概而論，我在這裡只想討論一下大陸的情況，就可以看出這種說法的籠統與缺乏根據。不錯，大陸的確羨慕新加坡式的威權體制，似乎適合亞洲的文化及歷史，並對亞洲快速經濟發展多所幫助。但質之實際，就明白完全不是這麼回事。一句話，新加坡的經驗根本無法轉移到大陸。略微比較兩方面的情況，便可知其原委：新加坡小，大陸大；新加坡人教育素質高，大陸人教育素質低；新加坡是個現代城市，大陸大部分是農村；新加坡人效率高，大陸人效率低；新加坡人廉潔，大陸盛行貪汙官僚；最根本的是，新加坡是自由經濟，應變神速，大陸是計畫經濟，尾大不掉；新加坡是全民投票，大陸連差額選舉都做不到。試問在這樣的情形之下，即使它口口聲聲說學新加坡的經驗，又有什麼實質意義呢？

如果大陸與新加坡法家式的政治化儒家都拉不上關係，更何況海外港臺新儒家那樣的精神的儒家呢？新儒家認為，傳統中國未能發展出民主的體制，這是我們傳統的缺陷。故此經過深切的反省之後，新儒家主張，必須放棄傳統內聖外王直貫的方式，採取西方民主制度那樣曲通的方式。同時新儒家也主張，傳統光主張責任是不夠的，也要肯定人權。但徒法不足以自行，故此學習了西方式的科學民主之餘，也不可以忘記自己傳統的寶貴資源；人必須要在自己的生命內在找到源頭活水，積極方面要己立立人，己達達人，消極方面也不容許當政者網民於罪或殘民以逞。秉持儒家理想的政府決不會以莫須有的罪名來禁錮魏京生。由此可以清楚地看見，侵害人權與「新儒家」絕對無關，這正是本文所要辯明的論旨。

——原刊於《中國時報》，一九九五・一二・二三

# 文化層面的民族主義

## ——三十年國事追憶

轉眼不覺已是文革三十周年，處處都在舉行研討。特別是余英時教授在普林斯頓「提防文革借民族主義還魂」的發言在新亞雲起軒的午餐桌上引起了熱烈的討論，我也忍不住要來湊一份熱鬧，發表一些感想。

### 七十年代的激情

英時兄的談話頗勾起了一些當時的回憶。海外華人對於文革本不甚了了，但受到美國年輕人強烈反越戰、擁抱毛主義情緒的衝擊也不免有所激盪。大體上在知識分子圈內，保釣的立場是一致的，背後當然隱涵了對國民黨政府的不滿，多少有左傾的指向；但到安那堡國是會議之後就明顯地分裂。我任教於哲學系，不屬漢學界，毋須吃毛澤東飯，態度比較獨立。

一九七一年秋我剛好由南伊大休假到中大新亞書院執教一年，正好英時兄來新亞作短期訪問。新亞招待我們兩家到落馬洲參觀，隔著稻田眺望神州大陸，可望而不可即，禁不住情緒激動，英時兄當時就說：「我們的心永遠在那一邊。」這句話道盡了海外華人知識分子的心聲與辛酸。誰沒有強烈的民族情懷，卻難以得到適當的宣洩！

七二年春我還在香港，不想這一機緣竟然決定了我下半生的命運。這年中共入聯合國，香港情緒的不穩定到了極點，年輕學生心裡有許多困惑，我在農圃道新亞圓亭的草地上，把自己流隅海外八年，經過深思熟慮的一些想法發表出來。後來寫成長文在《明報月刊》刊出，廣泛為海外華文報紙所轉載，發生了相當影響。

我的論點簡單說，即認同中國文化，但不認同任何現實政權。我參加了多次座談，毫不閃避地回應了各方對我的論點所提出的攻擊與質疑，很得到一批學生的擁戴。左派恨得牙癢癢，給我戴上了「反共、反華、反人民」等三頂大帽子。七四年老一輩的唐君毅、牟宗三教授由中大退休，徵召我回來接掌哲學系教務，我終於下決心承擔了這一任務，後來引發不少事故。讀者有興趣可看我為正中書局「當代學人學思歷程」系列所撰寫的《傳統與現代的探索》一書。

## 文革後的戲劇性變化

然而文革過後，中國卻發生了戲劇性的大變化。七八年我由美返滬拜謁慈親，順便去了北京。那時大學還沒正式開門，連絡不上，只得扮啞書童，跟在親戚後面混進北大，看到了未名湖景以及譴責翦伯贊的大字報。到九五年暑我第二次晉京，由北大哲學系、孔教聯合會與民族大學三個單位邀請我講當代新儒家，不覺感慨繫之。由此可見，近二十年間的變化有多麼大！文革時期海外新儒家被看作反華的反動力量，如今卻主動出我們的選集，公然在天子腳下討論我們的觀點，還邀請我們與大陸學者作坦誠的學術交流，這究竟是怎麼一回事呢？

原來今日的大陸已清楚地體認到，中國未來要有前途，必須走開放改革的道路。當然迄今為止，大陸還不能夠公開研討文革。但一種流行的見解頗譴責文革背後預設的民族文化虛無主義。而現代新儒學之所以受到重視，恰正是因為它尊重傳統，率先面對現代化的問題，又排拒全盤西化，故而有向它學習的參考價值。但新儒家明言，要回歸的只是儒家的精神，不是漢代以來政治化儒家的威權體制，中國未來必須走民主、法治的道路，但也在同時指出，不必事事抄襲西方，可以針對國情作適當的改易。

我在北京時恰好碰到一場有關「國學熱」的辯論。當時社科院院長胡繩竟然支持一種說法：譴責國學熱背後的一套復古主義，與海外的文化保守主義相呼應，以取代馬列為職志。但迅即有十多位學者在《孔子研究》（九五年第二期）組織專輯對這種扣帽子的辦法提出反擊。由這一案例使我在感覺上不像英時兄那樣悲觀：好像儘管不時有一些非理性的因素冒出來，但只要學術文化界能夠多少得以保留開放多元的空間，那麼真理總會越辯越明，不至於為一種片面的看法所宰制，造成令人遺憾的後果。

對於民族主義思想，我一向認為如果給予適當的解釋，是應該保留一席之地的。在理想上我們可以嚮往世界大同，但在國際政治的實際上卻永遠是以強凌弱的局面，故此百年來中國知識分子富國強兵的追求始終是一個不可放棄的目標。而且我們不生活在真空以內，同時繼承著傳統的資源，以及擔承著傳統的負擔。正如詮釋學家所謂，傳統的「成見」不是那麼容易擺脫的。

我們不需要也不可能斬絕我們的傳統。所需要的是了解自己的優點與缺點，面向世界，吸收異文化的成就，以獲致「視域的交融」。同時我們既不迷信西方，也明白馬克思乃是十九世紀的產物，不是一成不變的教條。由傳統、西化、馬列三邊的繼承互動，與時推移，才有可能尋覓到適合國情解決實際問題的方案，對於維護世界和平也作出一份重要的貢獻。

## 從傳統、西化、馬列尋求出路

但令人憂心的是，在事實上占主導地位的並不是對民族主義的理性的態度，而是自鴉片戰爭以來長期積累的民族屈辱感，一有機會便會驟然爆炸開來。在這次海峽兩岸的緊張情勢中我們就已經可以看到一些類似義和團的心態流露出來的跡象。由大陸的觀點看，臺灣無疑是中國的領土，李登輝之所以敢如此猖狂，顯然是受到外國勢力的鼓動並加以撐腰所致。但大陸忘了，臺灣一向是一個分裂分治的政治實體，「中華民國」的稱號還老於「中華人民共和國」。李登輝是有一些言論令大陸乃至在臺灣的外省人反感，但的確多少反映了臺灣人的心聲。而臺灣人所感到的屈辱又不是大陸所可以理解的。正由於雙方之缺乏理解，在最近的一次演講之中洪清田君認為五年之後海峽兩岸終不免於一戰，他相信大陸少壯軍人當道，早就躍躍欲試，等到估計自己的國家強盛，可以在臺海一戰，就會鋌而走險，造成災難性的後果。我在回應時只簡單說兩岸形勢的發展變數太多，難以預料。我只希望兩岸不至於愚蠢到兵戎相見，愛爾蘭、波士尼亞、錫蘭的情況可以為鑑。

很坦白地說，對於文革之缺乏真正深刻的反省是令我失望的。典型的反應是：過去的已經過去了，還提它做什麼；那時情況特殊，何必怪罪某個人；文革也有它正面的貢獻。當然文革戳破了毛澤東的神話不無好處，但當時舉國若狂，全世界只中國人有這樣的現象，不應該作深人的檢討嗎？令人靦顏的是，現在的東方人普遍比西方人缺少反省。日本人迄今還不能真正面對二次大戰的歷史，老在那裡文過飾非，最近對於慰安婦事件的處理即是一例。而德國人則深切反省為何產生康德、貝多芬、歌德的文化會出納粹這樣的怪胎的問題。

無論海峽兩岸多麼不同，正如老友謝劍所說「一根藤條兩個瓜」，兩邊繼承了類似的傳統文化的資源與負擔，如今必須面對貪汙腐敗、威權體制轉往民主法治的大問題，何如減少內耗，對自己的靈魂作真正坦白的照察，以邁向一個新的世紀！

——原刊於《開放》總一一五期，一九九六・七

# 輯二

# 傳統的再闡釋

# 漢學觀念的再省思

漢學一詞不見於古籍，是清代以後才流行的說法，指的是考據的學問，與宋學之側重義理互相對比。其實龔自珍早就指出，清代的學問與漢代的學問是不同的。簡單來說，漢代流行陰陽五行的思想，通經以致用，並不全是清客的學問，又常常為了解一個字，就寫一大篇東西來發抒自己的意思，典型的像闡釋《春秋》所隱涵的微言大義，並不像清儒那樣做餖飣考據的工夫。而我們現在所用漢學一詞，也不是指清儒所謂的漢學，而是翻譯Sinology 一字。正如傅海博教授 (Gauting Herbert Franke) 九二年四月為臺北舉行的歐洲漢學史國際學術會議準備的開場演講詞中所指出的，這個字意謂著「對於中國事物的研究」，在一八八二年才正式出爐（見《漢學研究通訊》第十一卷，第二期，一九九二，六，頁八九）。

由此可見，這個字是相當晚出的。但西方做這樣的研究早就由傳教士開始，只不過他們的動機是為了傳播信仰，研究中國的東西是為了達到傳教目的的工具，並不自認為漢學家。漢學之作為一種學術研究的主題在歐洲是十九世紀的產物，在時間上略遲於印度學而出現。到二十世紀，由於實用動機，美國流行漢學研究，以後越來越有專業化的傾向，而且倒流回來影響中國人對於自己的學術文化的研究。

一九五八年元旦，當代新儒家四位學者：張君勱、唐君毅、牟宗三、徐復觀，在《民主評論》上發表了一篇宣言：〈中國文化與世界——我們對中國學術研究及中國文化與世界文化前途之共同認識〉，對於西方式的中國研究之偏頗與膚淺深致不滿之情，提出了批評與檢討。在西方流行三種研究中國的態度：傳教士的態度，好奇的態度，以及實用的態度。他們這類的研究只看到一些浮表的外在文化現象，不能深入地探測中國文化內在的精神，其關鍵在於不了解中國的心性之學，即不了解中國文化的本質。

〈宣言〉發表至今已經三十多年，我們有必要重新來檢討其間所涉及的理論效果。近二百年來國人震懾於西方文明之先進，莫不以西方之馬首是瞻，乃至包括研究中國的漢學在內，一面倒地往中國傾銷移植過來，這是可以接受的態度麼？當代新儒家的批判與檢討是有理的。就上面羅列的三種態度來說，莫不有它們分別的嚴重的問題。去年國際中國哲學會在慕尼黑開會，就有歐洲學者宣讀論文，找到事實的證據肯定傳教士的記載確受到教會的檢查，對於傳教不利的資料即加以壓制，不許發表出來，這樣怎麼能夠得到事實的真相呢。不錯，好奇的學者表面上是從事客觀的學術研究。但這樣的態度預設了一種主客分裂的狀態，學者研究的文物與他自己的生命沒有休戚相干的關聯，所謂的敦煌學就是這樣一門典型的學問，這樣的研究怎麼可能進入到另一文化的生命之內呢？至於實用的態度更是短視，只見眼前的實利，不問文化的深遠的根源。尤其十九世紀以後，許多與中國打交道的人採取鄙視中國文化中國人的態度，怎麼可能產生相應的了解呢？中國人對自己學術文化的研究竟要以此等研究為楷模，這豈不是笑話！當然這絕不是說，西方的漢學就沒有做出重要的研究來，所謂他山之石，可以攻玉，譬如李約瑟做中國的科技文明史就有超特的成就。但這又不是說他們做的研究就可以照單全收。像李約瑟大著的第二卷討論中國的哲學思想，採取了許多唯物論的觀點，對於傳統的思想有許多不相應的理解，是他寫得問題最大的一卷書，不可輕易加以放過。至於實用一派，費正清以研究中美關係起家，他把魏源以夷制夷的想法加以普遍化，來討論中國人對付世界的策略，推出許多奇奇怪怪的理論效果，實在沒法令人恭維！然而這並不否定他在美國推動漢學研究的功績，以及在中國研究方面執牛耳的地位。

當代新儒家說，不了解中國的心性之學，就不了解中國文化，這種說法或者不免過當。但不嘗試去了解中國的心性之學，至少對於中國人的思想乃至行為的許多面相，無法取得相應的理解，這卻是不刊之論。近年來，在哥倫比亞狄百瑞與陳榮捷的倡導之下，對於宋明儒學，包括心性之學，展開了前所未有的研究工作。現在西方很多學者對於孔子以來所謂為己之學，也能有相應的了解與體認。由此可見，對於西方的觀念不能只是單向的接收，而必須不斷加以批評檢討，才能收到彼此交流之效。而當代新儒家絕非抱殘守缺之輩，他們雖肯定中國文化對於世界文化有所貢獻，同時也肯定中國文化要向西方吸收科學民主的成就，而採取了一種開放的態度。

美國在晚近頗流行一種多文化主義的觀點，對東西方的正統都提出挑戰的態度，當代新儒家的看法是否過時了呢？這又未必盡然。一方面對於啟蒙理性的確是需要作更深刻的批判與檢討，同時，對於儒家正統思想也需要作更深切的反省，但這絕不是說人類就可以不要理性，不要仁義的規約理想(Regulative Idea)，只是我們需要給予它們更新的內容，使得它們更有彈性，更適合今日的情況，也更合乎人性罷了！但在另一方面我們必須反對徹底的價值相對主義，否則價值完全失去了規範，一切可為，最後不能不落入價值虛無主義的窠臼。毫無疑問，我們需要不斷受到西方觀念的刺激與挑戰，但我們不能照搬實證主義，陷入偽似的客觀普遍性而不自知，也不可以照搬解構主義，馴至落入一徹底分崩離析的局面而懵然無所覺。我們的一條可能的出路是給予「理一分殊」的規約原則以嶄新的解釋，在一元與多元之間覓取平衡，開創出走向未來的希望。

——原刊於《西方社會科學理論的移植與應用》，香港中文大學，一九九三・八

# 「非禮勿」的再反思

猴年伊始，畫家黃永玉先生為《九十年代》（二月號）封面繪「三非禮圖」，畫了三隻猴子作為象徵，特別標明要「敢看，敢聽，敢罵」，十分生動。總編輯李怡兄說，這畫「既包含有對隨意性的『禮』的譴責，也包含有對《九十年代》的期許，也是對海內外華人、特別是香港華人的期許」，是十分正確的。我自己就最不喜歡俗禮，常常被內人譏為野人，尤其反對由上面壓下來的那一套，可說多少年來一直維持著由少年以來就保持的逆反心理。但是這種對於禮的態度顯然是有偏向的，必須進行進一層的再反思，才能得到更全面更深刻的了解。

## 仁是禮的精神

「非禮勿」的原文出於《論語》，茲徵引如下：

顏淵問仁。子曰：「克己復禮為仁。一日克己復禮，天下歸仁焉。為仁由己，而由人乎哉？」顏淵曰：「請問其目。」子曰：「非禮勿視，非禮勿聽，非禮勿言，非禮勿動。」顏淵曰：「回雖不敏，請事斯語矣。」（顏淵第十二）

孔子提倡「克己復禮」，顯然有他的根據。他最欣賞《周禮》，故曰：「郁郁乎文哉，吾從周。」但我們不要把孔子誤解成為一個毫無創新的保守派，他是在舊瓶之中注入了新酒。他第一個指出，仁是禮的精神，而禮是仁的表現。在他與顏淵的對話中，說出了一句最具關鍵性的話：「為仁由己，而由人乎哉？」徐復觀先生一生精研儒學，卻要到臨終之前不久才憬悟到孔子思想的中心原來是「為己之學」。仁是由每個人的內心自然流露出來的，故孔子雖然注重喪禮，卻反對奢華，而更注重那份悲戚的心意。

## 「非禮勿」是起點不是終點

《論語》裡面還有一段生動活潑的對話值得我們徵引：

子夏問曰：「巧笑倩兮，美目盼兮，素以為絢兮。何謂也？」子曰：「繪事後素。」曰：「禮後乎？」子曰：「起予者商也！始可與言詩已矣。」（八佾第三）

畫畫著色必須在素描之後，子夏讀詩引發聯想，而悟到禮是表現在外面的後來的東西，孔子大加讚賞。由此可見孔子一點也不拘泥於古典的原義，而十分鼓勵有創造啟發性的思想。禮是基於內在自發性的表現，故必須通過身教，才能夠得到廣泛的效果，絕不是用來壓迫人的工具。顏淵的目的是要通過自己的努力去實踐仁道，孔子乃告訴他，修養的功夫步驟要由外在的「非禮勿」做起，然而這畢竟是起點，並不是終點。孔子一生為學，到老才能體現到一種內外合一的境界，故曰：「七十而從心所欲，不踰矩。」（為政第二）我們讀《論語》，就可以看到孔子是一個活潑潑的人，己立立人，己達達人，他反對用嚴厲的刑法去壓迫老百姓，而主張用溫和的禮儀來教化老百姓。

## 克己復禮是要制衡統治者

由這一條線索看，孟子主張仁義內在，性由心顯，又主張革命的權利，正是孔子思想進一步的發展，在精神上是徹底一貫的。而孔孟都只有正名思想，並沒有綱常思想，這樣的思想係源出於法家韓非的思想。到了漢武帝所謂「獨崇儒術，罷黜百家」，其實是雜揉了道家、陰陽家、法家的思想。漢宣帝更明白說出漢家的統治要訣是王霸雜之，基本上是一種陽儒陰法的局面。由此可見，要到漢代以後，政治化的儒家當令，三綱五常受到統治者的提倡，才逐漸變得深入人心，根深蒂固；日久乃發生了僵化的現象，而產生了禁錮性的作用。

魏晉時代道德淪喪，到宋代乃振興新儒家，學者是通過了自己的自覺要恢復孔孟的精神，而貶抑漢唐。他們又把「禮」與「理」關聯了起來，所謂「存天理，滅人欲」，絕沒有要人絕欲的意思，只是要人不要過分自私，應該去除不正當的貪欲，而正當的欲望恰正就是天理，沒有理由加以壓抑。而儒者一貫主張責己嚴，待人寬，這些話首要是對自己說的。克己復禮是要做修養功夫，克制自己不正當的欲望，恢復自己本心固有的禮節。而《大學》所謂修、齊、治、平，又特別是對統治者說的，因為儒家的信念是要上行下效，故絕不是像文革時期批林批孔時所譴責的，克己復禮是上層階級用來壓迫統治下層階級的工具。在朝廷的日子，對統治者說克己復禮，恰正是儒者用來制衡統治者的一種方法。

## 只反對「非禮勿」仍不足夠

當然禮教實行了兩千年之久，不可能沒有嚴重的積澱，清初的戴震已經發出了反對「以理殺人」的呼號。到了現代西風東漸，傳統的弊病暴露無遺，五四時代乃大家一窩蜂地反對吃人的禮教。一九四九以後，共產黨統治大陸已經將近半個世紀，主導的思想一貫是反對傳統的所謂封建思想，到文革時期的破四舊更是推到了一個新的高峰，對於傳統的一切都濫加破壞，肆無忌憚。

黃永玉先生反對「非禮勿言，非禮勿視，非禮勿聽」，提倡「敢看，敢聽，敢罵」，是有他的深意的。李怡兄加以發揮，讓我們不要受當權派的禁錮，而要敢於反抗，也是完全正確的。然而弔詭的是，毛澤東、江青不是一樣反對「非禮勿」嗎?當前大陸的領導階層有那一個在口頭上不是反對「非禮勿」呢?由此可見，這個樣子反對「非禮勿」仍然擺脫不了「打著紅旗反紅旗」的方式，顯然是不足夠的。在外表上大家用的詞語是一樣的，只不過你往這邊解釋，我往那邊解釋，在客觀上缺乏了一定的準繩，而變得魚目混珠，是非混淆。故此作為一個學者，我一向主張討論學術問題一定要通過解釋學的技巧，建立比較客觀的規範，而不可以單為了實用的目的隨意折曲，以適應一時的需要。我很可以了解在某種情勢之下有必要作某種折曲，這是無可厚非的。但卻不可以把變態當作常態，一旦形成了隨意折曲的心習，再要去校正，就戛戛乎其難了。對「禮」的問題，我們也要作如是觀。不合「理」的我們當然要反，合「理」的我們就不能為反而反。這樣才把我們的視域提升到了一個較高的層次。

## 世上沒有完全缺乏禮的社會

首先我們要問，世界上有沒有一個完全缺乏禮的社會或文化？答案是沒有。人既不能離群索居，生活在一個社團之中，就不能不接受某種禮的儀規的約制。由此可見，禮的約制本身並不是問題，問題在約制的內涵是否合理。而品德與文化程度較高的人就一定會更主動自覺地做約身的功夫。這恰正是《論語》克己復禮章所要處理的問題，孔子教顏淵非禮勿視、勿聽、勿言、勿動，顯然這些並不是我們要反對的對象。李怡兄所說的那種「禮」，僅只是「人治」社會裡隨意性的規範，那才是我們要致力去除的桎梏。

有了這樣的分際，我們才會明白，為什麼兩千年前孔子的思想到現代還有它的吸引力。當代分析哲學家芬格雷(H. Fingarette) 好多次讀《論語》，最初完全看不出孔子的吸引力何在，覺得羅馬的西賽羅比他的思想內容還豐富得多。但是他鍥而不舍，後來才恍然大悟，孔子的禮外表看來平淡無奇，其實卻發生了像古代的魔術儀式一樣的作用：有了禮儀，人和人之間才能和諧相處，許多問題與磨擦在無形中被化解了。芬格雷對孔子的了解自不一定正確，但他的書出版之後在西方引起了廣泛的注意和討論。而無獨有偶，不多久之前，日本著名作家井上靖寫了一部關於孔子的書，竟然變成一本銷數達到數十萬冊的暢銷書。兩個最先進的工商業國家如此，我們中國人是否也該對孔子留給我們的遺產作進一步的反思呢？大陸近年來忽然流行研究當代新儒學的熱潮，至少在研究中國哲學的學者中，或者多少已經醒覺到光反對傳統之不足，也需要對傳統留下的睿識作再反思罷！

## 必有禮才有和諧

當然孔子的思想絕不是萬靈藥，而且受到他的時代的巨大的限制。孔子的根本睿識是，必有禮才有和諧，而禮的根源是由內在流露出來的。但他從來沒有說過禮的內容是一成不變的，事實上他採取了一種十分開放的態度，《論語》記載他說：「殷因於夏禮，所損益可知也；周因於殷禮，所損益可知也。其或繼周者，雖百世可知也。」（為政第二）這也就是說，他認為禮背後的精神雖是萬古常新的，禮的實際內容卻是可以不斷損益而與時推移的。在孔子的時代講上下尊卑之序與禮儀是十分合理而有必要的。我們不能用民主時代的觀念去批評古人，因為民主的普遍推行即使在西方也是近代的產物，在工業革命改變了我們的生活方式之前，開明君主制是能夠想得出來的最好的制度。然而不幸的是，後世卻把孔子所說的絕對化了。漢儒董仲舒說：「天不變，道亦不變」，綱常之類變成了天經地義，在當時或者也有其時代需要，到後來經過長期的積澱之後乃形成了禁錮人心的桎梏。五四時代乃要「打倒孔家店」。孔子要復生，看到禮教的僵化與反人性，大概也會要打倒這樣的「孔家店」罷！

然而哪一個時代能夠不要禮呢？現代有許多紛爭是沒有必要的，難怪當代的西方分析哲學家也看到了孔子思想的吸引力了。將來要真正建立世界新秩序，這一個環節是不可加以漠視的。

## 正因當權大人無理（禮）

放眼世界，情況也是一樣。西方十八世紀啟蒙時代提倡以理性的慧光掃除迷信，但今日的激進分子卻攻擊啟蒙的「理性」是西方白人男性中心宰制的，必須加以打倒。最近並引起了有關哥倫布的大爭論，究竟他對人類文化有功呢還是有過呢？我覺得傳統的理性的確是過分狹窄缺乏彈性，今日我們的文明要往前面走，就要把它變得更為寬廣、合乎人性。但這絕不是要我們墮入相對主義、虛無主義，為反對而反對。故此我主張給予「理一分殊」以嶄新的解釋。古今對理的超越的嚮往是一致的，但要落實下來就要看不同的時代環境的需要。正是因為當權的大人先生無理（禮），我們才要反，要「敢看、敢聽、敢罵」。這就是我在看了黃永玉先生的畫與李怡兄的解說所作的一些再反思與補充。

——原刊於《九十年代》總二六六期，一九九二・三

# 對於《易》的理解與定位

近年來偽科學泛濫，「易經熱」也成為其中的一環。有記者訪問我，追問造成這種現象的成因。據我所知，有大陸來香港的知識分子，由於衣食奔忙，閱讀的時間不多，唯一的精神食糧就是易理命相一類的東西，大陸本土的情況也是一樣。原因可能是因為感覺到根本沒法子用理性解釋近時發生的事情，自己的命運也不掌握在自己的手裡，於是相信易理命相，顯然是牽涉到很強烈的非理性的因素在內。可就在同時，基督教中國宗教文化研究社在十一月底召開一次探研智慧的國際會議，有各不同信仰的宗教領袖與會，特別邀請我做一次報告，通過《易經》來講中國傳統的智慧。我突然感覺到，現在的中國人對於我們自己的典籍委實有太深的隔閡，所以決定寫一篇短文，談一談對於《易》應有的理解，並給予適當的定位。

## 「易」是長時間發展而成

先由「易」的名義說起，現在我們所知道的「易」乃是「周易」，不是「夏易」（連山），也不是「商易」（歸藏），而「周易」也有易道周普的意思。照傳統的說法，易有三義：變易、不易與易簡。現在坊間流行的《易經》，其實包含「經」、「傳」兩個部分，它們乃是不同時代的作品。

《易經》包括卦辭與爻辭，大概是由長期積累下來占卜的資料編纂而成的結果。易似乎流行於殷周之際，據傳說文王曾被囚於羑里而演易，似乎是憂患意識之下的產物。《易經》可能是周初編纂完成的。而學術史上的一個奇案是，此後數百年間再沒有人提到易，好像突然之間消失了蹤影。到了周末，《左傳》、《國語》又有了大量關於易卜的記載，思想上也轉趨深刻，強調德性方面的重視。

《易傳》則包括彖上下、象上下、文言、繫辭上下、說卦、序卦與雜卦，也即傳統所謂「十翼」。據說孔子是十翼的作者，這是不足採信的說法。比較穩妥的看法是，十翼是孔子與其追隨者的作品，時間可能延續了好幾個世代。《史記》謂孔子晚而喜易，這解釋了《論語》之內為什麼極少關於易的討論，原因在傳易的是孔子晚年收的弟子像商瞿等人。秦火沒有燒易，太史公記載有關易的傳承的線索應有相當根據。到了後世，經傳才被編纂在一起而變成一本書，這就是我們現在所熟悉的《易經》了。

## 易的思想包括四個層次

正由於易是經過長時間發展完成的東西，諸多異釋，所以有必要採取發展的觀點來研究這一部典籍。我個人認為，易的思想包含四個層次，分別用不同的符示表達出來。最原始的是㈠神祕符示的層面，然後是㈡理性/自然符示的層面，㈢宇宙符示的層面，最上面的是㈣道德/形上符示的層面。它們的發生有先後的次序，但一旦形成，卻互相穿透，以致造成了一種十分錯綜複雜的局面。要把握不到線索，就不免陷入迷宮之中，找不到出路。

易的起源當然是因為上古之時人們感覺到天象與人事之間有一種神祕的關聯，於是訴之於求神問卜，這是普遍於全人類的經驗。但在中國，殷商時代流行龜卜，到周初乃大量使用筮草，兩套東西並行，持續了很長一段時間。近年來大陸考古，對於周易的起源，有了戲劇性的突破。

## 周易起源的突破

學者最初看到周原卜骨上面刻了一些奇怪的符號，根本就不知道是什麼東西。郭沫若以為是族徽，唐蘭以為是與數字有關係的族徽。到近年卜骨大量出土，這才明白原來這些是「數字卦」，極大多數由六個數字構成，也就是後世所謂的「重卦」。

由這樣的發現，我們才清楚地知道，大家所熟悉的陰陽符號，其實是後起的東西，那麼以易起源於男女性器象徵的說法也就不攻自破了。同時根據人類學家的研究，少數民族如彝族至今還流行由遠古傳留下來的數卜的方法，以單雙定吉凶，列出八種可能性，有可能就是八卦的起源。而我們的傳說一向以伏羲畫八卦，正好伏羲就是這些少數民族所崇拜的神，可見彼此之間確有一定的關聯，剝除了神話的外衣，事實的真相幾乎可以說是呼之欲出了。由數卜所積累的豐富資料，那就是《易經》編纂所依據的資料了。

## 神祕符號與理性／自然符示

易的起源雖由於占卜，但一旦《易經》編成，有了卦序、卦位，那就變成一個理性符示的系統了。由兩儀而四象而八卦而重卦，井然有序，儼然是一個二元算術的系統。有趣的是，傳教士把這個系統介紹到西方，大哲學家萊布尼茲（一六四六－一七一六）看到了，大為嘆服，承認伏羲先於他發現了這個系統的奧祕。萊布尼茲是現代符號邏輯的先驅人物，他也首先有計算機的構想。但電腦畢竟是二十世紀的產物，中國人老喜歡說我們古已有之，這是錯誤的。事實是科學是世界的公器，我們老祖宗對文明有貢獻，並不能掩蓋住我們在現代的落後。

易不只有一套數理，又由於每個卦都代表一個自然現象，如乾（天）、坤（地）、震（雷）、巽（風）、坎（水）、離（火）、艮（山）、兌（澤）之類，所以又是一套自然符示系統。古人把卦象組合起來，憑藉想像，或者真能幫助他們發明一些器物，也未可知。但中國始終沒有發展出一套機械唯物的思想。在漢代陰陽五行的思想大盛，發展了成套的象數之學，是介乎神祕符示與理性／自然符示之間的東西。漢人相信天人感應，後來讖緯流行，不免墮入迷信。

## 《易傳》的哲學與迷信無關

然而《易傳》所發展的一套哲學卻與迷信無關。根據高亨的考證，「元亨」原來的意思是大的享祭，而「利貞」的意思則是利於占問。但〈文言〉卻把元亨利貞看作天的四德。〈繫辭〉更標舉出「生生之謂易」，而發展了一套生生不已的創造性的哲學。告子所謂生之謂性，食色性也，只能看出生物的現實性和限定性。但「生生」卻把現實的生點化了，就在冬天的肅殺也可以看到「一陽來復」的生意。而天道的創生以「陰陽無始，動靜無端」的方式表達出來。由變易之中去把握不易，君子而「時中」，所體現的是一種動態的均衡與和諧的境界。而所謂的天人合一的意思是：「天行健，君子以自強不息」，而要人以天為楷模，把自己生命內在的創造性依實際的情況盡量地發揮出來。

最後，易道本來是由天講到人的，所謂「一陰一陽之謂道，繼之者善也；成之者性也」。但人既得其秀而最靈，就應該自立主宰，自覺地去作開創文化的工作。這正是貫徹了孔子所謂「人能弘道，非道弘人」的精神。揚雄曾說：「觀乎天地，以見聖人」，程頤卻倒過來說：「觀乎聖人，以見天地」。天人不隔，中國的傳統強調的是由人到天，這才極成了中國式的人文主義的精義，也正是傳統中國智慧的泉源。

## 四層次同是天人合一理念

正因為易的思想包含不同的層次，所以沒法子將之化成為一個單一的題材，但貫串在四個層次之中同樣是「天人合一」的理念，而可以找到彼此之間功能方面的統一性。到今日我們固然需要破除迷信，但絕對性的解消神話是不可能的，我們仍然得肯定生命與世界根源的神祕性：人的宗教祈嚮是無可壓抑的，只不過要引導它走向一條健康的出路罷了！

科學則在另一種方式之下預設「天人合一」，要不相信人的心智能夠掌握自然世界的規律，那根本就不會有科學的探究了。當然科學的成果必須依據實證，否則就會造成偽科學的泛濫。最後，宇宙論的玄想與道德形上學的體證並不與科學的實證相矛盾，它們的兩迴環是屬於理性的信仰的領域，而科學知識的積累並不能夠決定我們的終極關懷的抉擇。當我們明白了四個層次分別的定位，那我們就知道能夠期待什麼，不能夠期待什麼，而不至於陷入思想的混亂而迷失道路了。

——原刊於《九十年代》總二七五期，一九九二・一二

# 理學殿軍——黃宗義

我的書《黃宗義心學的定位》出版，不覺已經十個年頭了。在書中，我提出了黃宗義（梨洲）是宋明理學殿軍人物的見解。我的看法是由牟宗三先生的看法轉化而來的。牟先生認為劉宗周（蕺山）是宋明理學最後的一位大哲學家。我雖然承認梨洲不是有原創性的哲學家，但他著《明儒學案》、《宋元學案》（由全祖望完成）那樣的皇皇巨著，思想統緒仍屬於蕺山一系，不像陳確、戴震以欲為首出而開始了另一思想的典範，故倡議把他當作宋明理學的殿軍人物看待。這樣的見解十年以來並無任何改變。

正因為梨洲是思想史家，並不是哲學家，歷來對於他的思想並無善解，只有一些朦朧的印象。故我才著力用倒溯的方法將之與蕺山、陽明、朱子的思想對比，加以釐清，為他的「心學」作出了定位。而我之所以能這樣做的一個重要機緣正在《黃宗義全集》第一冊的出版，這才得以大量引用《子劉子學言》（由朱義祿先生在上海圖書館發現）與《孟子師說》中的資料，來證成我的觀點。我曾寫信給朱先生說：「我很同意您的說法，《明儒學案》的《師說》的確是蕺山之說，梨洲自不可能與蕺山完全一樣，不過我的書說明，梨洲其實是緊守師說的，並沒有錢穆先生說的晚年有根本改變的情形。」（引自朱義祿著：《逝去的啟蒙》自序，頁二）

梨洲自承，年輕受業蕺山時，頗喜為氣節斬斬一流，不免牽纏科舉之習，所得尚淺。其實古人從師，往往親炙時日不多，如朱子之於李延平，張南軒之於胡五峰，莫不如此。梨洲也要等到抗清失敗之後，患難之餘，始多深造，由老師遺著中解，得到自己的解悟。但他畢竟比蕺山子劉汋的體證要深得多。照劉汋的說法，蕺山思想變成了一種完全無分疏的一元論。梨洲自也不免受到影響，而有強烈的篤信理在氣中的一元論的傾向。然而他也和蕺山一樣，還維持住超越的心性，並未墮落成為自然主義的形態，這才使他成為這一統緒的最後一位殿軍人物。

牟宗三先生對於劉蕺山一方面極為欣賞，以他與胡五峰思想同屬於「以心著性」的形態，而有宋明儒學（在程朱、陸王以外）三系的說法，另一方面也以蕺山的說法每有滯礙不通之處，而竭力為之疏通。對於梨洲，他乃直加斥責認為解悟力差，評價不高。平心而論，牟先生的不滿是有他的理由的。幾個大的學案寫得都不好，朱子（紫陽）學案講他思想的發展錯誤百出。但我指出，梨洲的毛病其實不在他由蕺山思想脫略了開去，恰正相反，正由於他過分株守蕺山之教，以致誤入歧途。我曾詳引《學案》之中有關四句教的討論，證明情況如此。牟先生從來沒有否認我這樣的說法。

至於錢穆先生認為梨洲思想到晚年有巨大的改變，那是他在舊作《中國近三百年學術史》中提出來的看法。他在那時並未看到《陳確集》，而作出了梨洲受到他的影響思想發生戲劇化的變化的推測。我根據現在能夠掌握到的有關陳確的材料，斷定這樣的推測事屬子虛，站不住腳。然而奇怪的是，近年來海峽兩岸還有一些學者沿續錯說，卻又提不出什麼堅強的證據來支持這種說法。如果說，梨洲晚年對陳確的態度不斷有變化，這是不容否認的，畢竟梨洲對亡友寫了四篇墓誌銘，可見他對自己文字的重視，不容一絲一毫苟且。然最後兩篇墓誌銘，據精擅考據的吳光先生說，以鈔入文集之故，已難確定時日。無論如何，即使梨洲對亡友的思想越來越有同情的理解，他還是認為亡友由先師之處所得甚淺，更談不上由此而改變了自己整個思想的規模。而《孟子師說》之中，即使採入了一些陳確的說法，也仍然以蕺山思想為基準，不存在與之背離的問題。鄭宗義君從余遊，今年甫由香港中文大學獲得博士學位。他勤於搜集有關這一問題的資料，提出一篇論文討論梨洲與陳乾初交往論學牽連到的那些問題，希望能夠作出進一步的澄清。

梨洲一生忠於蕺山之教還有一條重要的佐證，全祖望〈梨洲先生神道碑文〉曰：「蓋公不以少年之功自足也。問學者既多，丁未復舉證人書院之會于越中，以申蕺山之緒。」由此可見，一直到晚歲，他一心念茲在茲者究竟是在什麼地方！據方祖猷先生的研究，在梨洲的號召之下，重開了兩間證人書院，一在紹興，一在寧波。前者以蕺山的理學思想為主，幾致門可羅雀，後者以經學為主，卻匯為一時風尚。由此可見人心之趨向，不亦天乎！故我論梨洲為一悲劇性的人物，他想要昌明蕺山之學於天下，結果缺乏傳人，卻在無意之中，興波助瀾，下開了一個經學昌明的時代！

最後要提一提的是，他有信給貴官為孫子關說之事，此函之發現雖不免為白璧之玷，卻不足以否定他整個的人格。原因在他並不主家天下，明祚既終，康熙為明主，天下大定，他自己不仕，已做到了他該做的。子孫有子孫自己的前途。關說當然不免逾分，而我相信政治上的分歧是他晚年與呂留良交惡的主要原因，全祖望所說買書事只是個爆發點而已！這些乃是一個悲劇性的人物到快落幕時產生的一些漣漪，可以不必太追究了。

——原刊於《浙江學刊（雙月刊）》總第九四期（一九九五，第五期）

# 黃宗羲晚節不保？

## ——「黃宗羲討論會」之後的省思

去年（一九八六）十月我到寧波去參加國際黃宗羲（梨洲，一六一〇～一六九五）學術討論會。我去開這個會的原因是，我剛出版了一部論梨洲哲學的書《黃宗羲心學的定位》，允晨），有必要和同行的學者作學術的討論與交流，時間距離上次到杭州去開宋明理學會議已有五年的光陰。在會上遇見了湯一介、張立文諸友好，他們很詫異會在這裡碰到我。會議的氣氛基本上是開放而友好的。主辦單位主要是由浙江省社會科學院負責，院長沈善洪，副院長王鳳賢，都是杭州的舊識。大會的祕書長是吳光，他是年輕一輩的學者，雖然是初次見面，但因曾彼此通過信，所以不會有陌生的感覺。中國哲學史學會會長張岱年，復旦的前輩學者蔡尚思，也來與會，另外還有來自美國、日本、西德、新加坡的學者，總共一百五十人左右，提交的論文有九十五篇，也算得上是一個有相當規模的會議。

五年以來，大陸的學者做了不少工夫。我了解到最大的一個轉變，是推動力不全來自中央，而是來自地方；譬如浙江做黃宗羲、湖南做王船山、陝西做張載、福建做朱熹，這顯然是一個好的轉變。浙江的下一個目標，是餘姚想舉辦王陽明的會議。照一般官方的說法，陽明既是主觀唯心論者，又曾鎮壓過農民革命，現在似乎都沒有關係了。他們目前強調的是，陽明「心即理」的主張凸出了人的主動性，也有其積極的作用。長此以往，學問的禁區逐漸減少，總是一個可以歡迎的趨勢。提交論文的品質良莠不齊，在哲學的解釋方面缺少根本的突破，我在公開發言時曾經很不客氣地指出，套「唯心」「唯物」的公式所造成的後果，是造成思想上的懶惰。出乎我意外的，在交換意見時，很多學者並不以為忤，並指出劃分唯心、唯物並未幫助他們解決任何具體的學術上的問題。在資料方面，大陸學者辛勤蒐集，有了不少建樹。就黃宗羲來說，浙江正要出版全集，總共十二冊，現在已出了兩卷，附有吳光的「黃宗羲遺著考」，不只考訂了以往的缺失，並且找到了一些新的資料，可能要逼著我們修改過去一般傳統對於黃梨洲持有的形象。其中一個重要的論題是梨洲與清廷的關係，我在會議上學到了很多，在這裡略作批評性的介紹，特別有關梨洲晚節問題，就我自己所了解的，作出一番簡要的綜合與考察。

梨洲的一生可說充滿了傳奇。他父親尊素公是東林黨，為閹黨所害，後來得到機會平反，他袖了大鐵椎去打害死他父親的太監。他的老師劉宗周則絕食而死。他舉兵反清，一度曾在四明山落草。最後事不可為，九死一生之餘，終於回鄉奉母，埋首著述，留下了《明儒學案》、《明夷待訪錄》等對後世有深遠影響的大著。他一生拒絕接受清廷徵召，遺命不用棺槨，可以說是一位獨立特行之士。

梨洲的一生充滿了爭議。《明夷待訪錄》中〈原君〉篇亟言私天下之害，到了清末，梁啟超輩深受此書之影響。但章太炎卻不滿此書，認為梨洲有「箕子見訪」之意，好像要等待清廷的統治者來向他求教。這一種說法是不能成立的，據吳光的考證，此書原名為《待訪錄》，「明夷」二字是後來加上去的。此書始作於康熙元年（一六六二），完成於康熙二年，這時梨洲約五十歲出頭，絕沒有與清廷妥協的跡象。事實上此書為清廷所禁，乾隆以後才有私家刊刻本。原來黃百家〈梨洲府君行略〉只言《待訪錄》一卷，但全祖望〈梨洲先生神道碑文〉卻著錄：「《明夷待訪錄》二卷，《留書》一卷」，並在「書《明夷待訪錄》後」又謂：「原本不止於此，以多嫌諱弗盡出。」事實的情況大概是《明夷待訪錄》與《明夷留書》本為一書，後因其內容有觸犯清廷忌諱處，故選出刊刻的部分叫做《明夷待訪錄》，未刊刻的部分則稱《留書》，意謂留存未刻之書。《留書》的原稿和抄本，至今下落不明。但寧波天一閣藏馮貞群撰《伏跗室書目》，謂《留書》分〈文質〉、〈封建〉、〈衛所〉、〈朋黨〉、〈□史〉五篇，想必有些根據。後來在北京中國科學院圖書館藏的《南雷文鈔》傳鈔本中，居然有〈文質〉、〈封建〉二篇，注明「未刻」，當即《留書》之佚文。這兩篇現在《全集》第一冊印了出來，從內容來看，這兩篇短文並沒有什麼特別之處，大概只因行文中用了「戎狄」、「夷狄」一類的字眼，刊刻者為了免禍，遂沒有採用。《留書》佚文的再發現，完全不會影響到我們對於《明夷待訪錄》一書的了解與評價。

但這次在會議上討論得最熾熱的，是新找到的《南雷雜著》手稿裡的一封信，經查無疑為梨洲真跡。信的內容是寫給在清朝出仕的一位居宰相位大官，函內頗多譽揚之詞，對於當時的統治者竟稱「聖主」，而且為孫兒黃蜀應考加以關說，明言：「舐犢之情，實為可愧。」這一封信所給予我們的印象，和我們平時所熟悉的梨洲拒仕清朝，表現出民族氣節的剛烈形象，實在是差之甚遠了，難道我們竟要對梨洲的學問與人格，作完全不同的估價？

經過仔細的考察之後，我認為，過去對於梨洲的形象，的確不免過分地理想化了。但我們在把梨洲還原成為一個真實的人之後，也就不宜過分誇大他的缺點和限制，而應該照顧到梨洲晚年客觀情勢的轉移，的確可以容許他在思想上作出某種相應的變化。通過這樣同情的了解，對於整個情況，才能夠有一平情的判斷。

據吳光的考證，這封未刊書稿是梨洲在康熙二十五年丙寅（一六八六，時年七十六歲）寫給徐乾學的。正因為內容有些幾近諂媚之詞，所以作者不願將之收入《南雷文定》或《文約》之內，而後人可能為親者或賢者諱，也都不願提到這封信，所以大家均不知道有這一封信存在。客觀來說，梨洲竟然寫出這樣語氣的信，不免令人遺憾，但信內除溢美之辭外，是否全是違心之論？則又未必盡然。據我推測，梨洲早年從事反清活動，根本沒有時間坐下來細想，滿腦子是夷夏之防一類的思想。但到晚年，反清的事業大勢已去，不可能有成功的機會。康熙無論如何是一位明主，他的表現遠勝過明朝的那些統治者。梨洲既在《明夷待訪錄》痛斥「私天下」的弊害，他本人在觀念意識上並不必忠於一家一姓，而清廷又極力籠絡知識分子，那麼梨洲會對未來抱有新的希望，在態度上有所改變，該是一件很自然的事了。

有一件趣事不妨一記。梨洲在《明夷待訪錄》的「題辭」中說：

> 余常疑孟子一治一亂之言，何三代而下之有亂無治也？乃觀胡翰所謂十二運者，起周敬王甲子以至於今，皆在一亂之運。向後二十年交入「大壯」，始得一治，則三代之盛猶未絕望也。……然亂運未終，亦何能為「大壯」之交。吾雖老矣，如箕子之見訪，或庶幾焉。豈因「夷之初旦，明而未融」，遂祕其言也！

此題辭成於癸卯（康熙二年），那時梨洲還充滿了希望。但現實則黑暗異常，他曾於南明弘光朝被緝捕，以為弘光帝之荒淫無道可比於商紂，因以箕子自況。辛丑（康熙、順治交替之時）他曾有詩曰：

> 一生甜苦歷中邊，治亂循環豈偶然？
> 曾向曉山推卦運，時從拾得哭蒼天。

自注謂：「胡翰言十二運得之秦曉山。」梨洲為人本不算迷信，然而當國家淪亡之際，不免存有萬一之想。但他的希望終於完全破滅。康熙三十年（一六九一），他作〈破邪論〉，題辭有曰：

> 余嘗為待訪錄，思復三代之治。崑山顧寧人（炎武）見之，不以為迂。今計作此時，已三十餘年。秦曉山十二運之言，無乃欺人。方飾巾待盡，因念天人之際，先儒有所未盡者，稍拈一二，名曰破邪。

梨洲此時已八十二歲，從前依十二運之推算，二十年交大壯之運，如今已三十年過去，並沒有梨洲想像中「思復」之跡象，故謂「秦曉山十二運之言，無乃欺人」。但由此也可得一旁證，梨洲並沒有把真正的希望寄放在清廷的統治者身上，他當時所謂「如箕子之見訪」，決非指清廷而言，此一公案應可得一了斷。

就梨洲個人的出處來說，他的態度表現得十分明確，他絕不接受徵召，否則等於逼他走上死路。但他等於讓他的兒子百家替代了他，也同意讓他的得意弟子萬斯同以布衣的身分編修《明史》，事實上有關《明史》的編纂，大體上是出於他的規劃與指導。我想他到晚年的態度的確有了改變，他是接受了清廷統治的事實。此所以他並不反對子弟門人去覓取他們自己的前途。然而梨洲以及他的後學，包括全祖望在內，保留了大量晚明反清的史料，這樣的事實是不容抹煞的。他是為了文化生命的延續而放棄了政治現實的鬥爭，全祖望幾乎譽之為完人，不免是溢美之詞，但他在學問、人格方面，基本上可以站得住腳，應該是沒有疑問的。而且我懷疑他主觀的心情上，終不免有一種歉疚的感覺。或者正是因為這樣的原因，他竟自營生壙，中置石床，不用棺槨，不許厚葬，正如全祖望所說的，「身遭國變，期於速朽」，而選擇要用這麼一種特殊的方式了結他的一生！

當然人活得太老，就不免有些閃失處，像前面提及的〈與徐乾學書〉，不能不說是白璧之玷。梨洲晚年有些作為，顯然不能為死硬派的遺民所贊許，有人就譏刺他攀附權貴，也不能不說是有那麼一點影子為根據。但梨洲的思想本來就與忠於一家一姓的遺民心態有距離，而且事實上，畢竟他在大節方面沒有什麼殞越之處，那又何必對他過分苛責呢？

與這相關的一個問題是，他和呂留良（晚村）的關係。他們起初訂交，關係十分良好，後來卻完全絕裂，乃至後人互相齟齬，積不相容，這又是怎麼一回事呢？彼此翻臉的近因，照全祖望的說法，是由於兩人合資向山陰祁氏澹生堂購買藏書，發生不愉快的事件；留良使人竊取兩本書，以致二人反目。但這種說法未必可靠。也有人認為二人的不和，是種因於彼此學術立場的差異，梨洲思想近陽明，而晚村思想近朱子，但這即使是個遠因，也不足以解釋後來彼此間形同敵對的態度。而且有一點應該指出的，晚村年齡雖比梨洲小得多，但從未稱弟子，二人之間始終只是朋友的關係。比較合理的解釋，可能是彼此的政治立場距離越來越遠。晚村雖曾一度應考，但對於清廷的態度卻越來越仇視，很容易想像他對梨洲晚年妥協的行為會越來越不滿意。由於這種根本取向的差異，漸漸波及到其他細故，終於到了不可收拾的地步。晚村死後，由於曾靜事件，還不免剖棺受辱，其學派在當時雖有些影響力，以後受到清廷迫害，終於煙消雲散，不免令人為之太息！

還有一件趣事值得一提，梁任公的再傳弟子復旦大學的朱維錚教授在會上發言指出，任公曾經不止一次提到，在光緒時，他曾將《明夷待訪錄》印了好多份，到處分發，作為宣傳民主主義的工具。但一直到目前為止，我們還沒有找到一份這樣的宣傳品。故朱維錚認為，要不是任公記憶失誤，就是他故意編造出來的故事，事實上並沒有這麼一回事。許多學者並不同意朱維錚這樣的論斷，因為任公既不止一次提到該事，就不可能是記憶失誤，而他也並沒有什麼必要來編造這樣的故事。粗印出來的宣傳品，又是禁書，一般人自不會願意保留，極大多數失散了是一件很自然的事，一份都找不到，也不必一定完全悖理。但還是希望有心人繼續蒐求，如果能找到一份樣本，也就可以為任公洗刷了他造謠的惡名。

在開會討論時，《明夷待訪錄》是一個重要的焦點所在。與會的學者並不完全同意《明夷待訪錄》所說的即是現代西方民主的思想，我自己就不同意這種說法。梨洲是要「思復三代之治」，他所說的「無法之法」絕非現代西方法治的思想，不必彼此強加比附。但與會學者都一致同意學術要獨立於現實政治，肯定民主、自由、人權的重要性，而無疑地推崇了梨洲對於啟蒙思想的貢獻。但這一切都發生在當前官方頒布「反對資產階級自由化」的統治思想的綱領以前。我願意在此強調，追求學術獨立與思想自由，絕不是資產階級的特權。我希望大陸的政治鬥爭有一定的約束與限度，如果胡耀邦的下臺就是大陸追求學術獨立與思想自由的終結，那麼當政者所謂「尊重知識分子」也就流為一句空言。如果政治的力量依然無孔不入，非學術的考慮被用來宰制學術思想的發展，這樣的趨勢越演越烈，也就是中華民族在文革之後，必定又要面臨另一次巨大的災難。我們應該清楚地體認到，開放的潮流是不容阻抑的，人對真理的追求不是幾條僵固的教條或原則所可禁錮的。我希望那些抓尚方寶劍的人，在用自己所掌握的權力時，應有必要的警惕與戒懼。

——原刊於《文星》第一〇六期，一九八七・四

# 與楊振寧教授談科學在中國的發展

楊振寧教授與中文大學有密切的關係，每年他都要來中大一段時間，推動中大在科學方面進一步的發展。我聽過他好幾次演講與座談，私下裡也有請益與交流的機會。楊教授在理論物理上的成就不是我這樣的外行人可以置喙的。我所要做的只是以一個人文工作者的身分，略記楊教授談科學的印象。

## 深信大陸科學發展前途光明

楊教授最難能的是，十分抽象的題目他也能講得讓外行人感到娓娓動聽。有時他準備了大量的圖片，他的演講條理分明，引人入勝。他曾經對我埋怨，有些人文社會科學的東西他根本看不懂。我承認現在的專業隔行如隔山，但學者的確有一種傾向，不必要地用太多艱深的術語。

此所以我願意每週寫一篇專欄，用大眾能夠明白的語言報導一些學界的信息。就這一點來說，我與楊教授是同道。但與公眾交通，並不一定要媚俗。我深深感覺到楊教授仍然是希臘畢德哥拉斯的門徒。他常常感嘆物理世界所展示的規律性的美妙。依畢氏，只有把握到數學的鑰匙，才能夠聆聽宇宙間的天籟。而楊教授經常把他在物理上的成就歸功於他的數學的背景。他曾經問過陳省身教授，為什麼數學家憑空想出來的東西能夠應用到物理世界上？陳教授的答覆是，數學的規律絕不只是憑空想出來的東西。

楊教授還有一個特點，他對西方科學史的故事可謂瞭如指掌，這樣他清楚地知道各種科學成就的定位，這絕不同於一個只專精一事的眼光狹窄的科學家。他也清楚地體證到，科學家也有風格的不同，譬如海森堡與薛定諤的不同，他能夠欣賞後者探討波動力學的研究方法，卻不欣賞前者的方法。而他在芝加哥讀研究院，從學於泰勒，知道學者之間討論交流的重要性。這些都是我這樣的人文工作者感到共鳴以及莫逆於心的。

他深信中國未來科學發展前途是光明的。我擔心現在一切向錢看的風氣會影響學術的研究，他卻不那麼擔心，認為中國總會有一批學者獻身給學術研究。但人文學者的憂慮或者深於科學家。我介紹他看何博傳的《山坳上的中國》，中國的眾多問題絕不是發展科學所可以解決的。

## 對近代中國科學發展的看法

去年（九三）楊振寧教授在港大作了一次演講，中譯文：「近代科學進入中國的回顧與前瞻」，在《明報月刊》十月號刊出。我上學期休假，這個學期返港，獲贈該文，有許多感想，擬站在一個人文工作者的立場加以回應與辨正。我寫了一篇文章，在《明報月刊》三月號刊出，相關論點將在本文加以申述。

楊教授現在轉而注意中國科學史的研究，他指出現代許多重要發明都起源於中國，可是，到一六〇〇年中國科技知識卻已遠遜於歐洲。由一四〇〇到一六〇〇這兩個世紀，歐洲各方面都有長足的進展，他列舉了一些偉大思想家的名字：達芬奇、哥白尼、馬丁・路德、達爾文、納皮爾、培根、伽利略、開普勒、哈維、笛卡兒。相反地在中國卻是一段知識停滯的時期，最著名的哲學家王陽明，依他看來，也缺少深遠的影響，相形之下，黯然失色。他選擇一六八七，即牛頓發表他的〈自然哲學的數學原理〉的一年，為近代科學誕生的日期。牛頓提出了一種革命性的新世界觀：宇宙具有極準確的基本規律，而人類可以了解這些規律。楊教授以一六〇〇至一九〇〇為中國抗拒引入西方思想的時期。楊教授指出，清初有楊光先那樣排拒西曆的腐儒，傳教士的目的則在傳教，不在傳播西方的科學知識，而很多傑出的中國學者也都相信西學中源說。由此可見，文化衝突時，要轉移觀點而接受外來文化中的優點，是多麼困難的事。

文藝復興以後，中國文化逐漸落後於西方，這是不爭之事。但中國文化包括科技是否完全停滯不前呢？楊教授在文初即引用的李約瑟在其大著：《科學與文明在中國》文中，並不完全同意停滯的說法，他認為中國一直有穩定的進步，但缺少近代西方的突飛猛進。楊教授講十七世紀以來中國抗拒西方思想，確然是有相當根據，但我認為這些都不是使中國落後的致命因素。楊教授遺漏的一個最具關鍵性的因素是，教廷的禮儀之爭判定中國的天不是上帝，不許中國人祭天逼使清廷與之斷絕關係，而教士捲入宮廷鬥爭使得中國採取閉關政策。這樣才導致中國在科技方面徹底落後，委實令人痛心。

楊教授文章最有問題的一部分是他對於王陽明的論斷。他說：「他的學說，我認為沒有對中國思想或中國社會產生什麼真正的長遠影響。比起上面列舉的歐洲大思想家對後世的影響，王守仁（陽明）的影響是望塵莫及的。他的部分思想可以被解釋為反科學的。可是，即使是這一部分，在以後的幾個世紀中並沒有產生多少影響。」

## 王陽明思想沒有長遠影響？

楊教授從科學的觀點說王陽明的思想對後世沒有長遠的影響是可以理解的。但他說陽明沒有對中國思想或中國社會產生什麼真正的長遠影響，卻不免逾越了範圍。陽明的學說如心即理、知行合一、致良知對於中國人的思維方式，無論就好的方面或壞的方面來說，都產生了十分長遠的影響。這裡面牽涉到事實與評價兩個層次的問題，我們就順著這個次序來檢討相關的理論效果。

陽明學說在他生時就已產生巨大的影響。他的思想產生的背景是，仕人對當時作為考試基礎的官學：朱學表示不滿。陽明攻擊朱子的說法是析心與理為二，而強調心的能動性。表面上看來，朱子提倡格物窮理，似乎更有利於科學的發展，但作為官學的朱學卻只是考試做官的晉身之階，根本扼殺了學者的創造性。王學者卻樂於作新的嘗試。對西方科學知識有興趣的學者由徐光啟到黃宗羲多有王學的淵源，可見王學不足成為吸收西學的障礙。而陽明倡導「四民異業而同道」，他是個很特別的能把精英思想普及化影響到一般民眾的學者。當然王學末流有索書不觀、游談無根的反智傾向，馴至滿街皆聖人，也的確產生了十分負面的效果。顧亭林把明亡的責任歸之於陽明不免過分誇大其詞，但恰好可以反證陽明思想影響的巨大。而且他的影響絕不止於明代，在現代操生殺大權的政治領袖如蔣介石自承為陽明之徒；毛澤東發動文革，所謂「六億神州盡舜堯」簡直是拾王學末流的餘唾，試問如何可以低估陽明的影響！

在評價方面現代新儒家指出，陽明看到見聞（經驗知識）與良知之間的辯證關係，尤為千古卓識，絕不能由科學的一管之見貶低陽明思想的價值。

## 科學與人文之間有無形屏障

自從八七年與丁肇中教授討論格物致知以後，我就感受到科學與人文之間似乎存在著一層無形的障礙。人文學者不明白科學的專業，絕不敢隨便發言，以免貽笑大方。但歷史文化似乎是大家共有的，人人都有權發言，這當然沒有問題。然而基於深入研究的立論還是有差別的，否則就不需要專業的人文研究了。科學家最喜歡把王陽明當練習靶子用，陽明格竹子的故事通常被引作笑話來談，卻不想這個故事是陽明本人故意保存下來的。他的微意是要人了解，見聞之知，即現在所謂經驗科學的知識，與良知不是屬於同一個層次。在《傳習錄》中，他答歐陽崇一，就明白說：「良知不由見聞而有，而見聞莫非良知之用，故良知不滯於見聞，而亦不離於見聞。」用現在的話來說，也就是通過科學我們無法建立良知，但良知的實踐卻離不開科學知識。這樣的看法當然不能幫忙發展科學，但卻可以幫助我們看到科學知識的限制，以及科學與人文之間的辯證關係。這樣的睿識，對於人類來說，絕不下於培根提倡歸納以及笛卡兒提倡演繹的貢獻。

我們很高興聽到楊振寧教授說，到了現代，經過了一段艱苦的奮鬥之後，科學在中國已經有了長足的發展，在下一個世紀有一個光明的遠景——發展科學已經成為中國人的全民共識，而中國文化有一些條件有利於未來科學在中國的發展。我可以承認，過去中國的傳統過重人文，有泛道德主義的傾向，以致阻抑了科學的發展。但這些困難已經克服，往未來看，新的時代有新的問題，新的危機。而未來的危機恰正是過去的倒轉，要不提高警覺的話，將來泛科學主義與向錢看的態度瀰漫，人文式微，一樣可以把國家民族乃至人類帶向危殆的境地。

今日人文工作者的苦衷是，加速度地淪為二等公民的命運。科學要設備、材料、工作人員，人文充其量只需要一些電腦設備，分配不到多少資源，卻又內部充滿了紛爭，做不出客觀共許的結果，以致被推到邊緣的地位。然而，價值的失墜畢竟是現代人無法不面對的危機，而這不是科學單獨能夠解決的問題。故我呼籲科學與人文之間的交流對話攜手共同來探索未來的出路。

——原刊於《香港聯合報》，一九九四・二・二二

# 盧山會議的悲劇

毛澤東取得政權以後，聲望驟增，許多人對他佩服得五體投地。毛澤東的神話不斷在形成中。文革期間，我在南伊大的一位洋同事訪華，見到了毛，還與他握了手。回到美國，他要所有見到他的人都握他的手，因為這是被世界上最偉大的人握過的手。由此可見，毛的神話不只流傳在海內，還廣播到海外。全世界所有的造反派都變成了毛派。

毛的神話當然不是一朝一夕形成的。最初黨外還有批評的聲音。但五七年毛的陽謀、反右，徹底扼殺了全國的輿論。但黨內的民主，通過坦誠的辯論以決定國家的政策，多少還存在，五九年的廬山會議卻連這也徹底摧毀了。這一個會議對於造成毛的個人崇拜有關鍵性的重要性，值得我們好好注意。

《廬山會議實錄》是由李銳執筆。李當時是毛的祕書之一，負責做會議記錄，卻不意因取了與毛不同的立場而獲罪，資料經過多年，像是奇蹟似地保存了下來。雖然李銳是當事人之一，不免帶上有色眼鏡看事情，但仍提供了十分寶貴的資料，讓我們對這次會議的經緯有相當深入的了解。依李銳所言，在廬山會議以前，中共大體還能實行黨內民主；高幹每隔一段時間就聚集在一起，各抒所見，互相辯難，最後作出集體的決定，交下去執行，又隔一段時間再根據實施的情況加以適當的調整。毛在建國之後，意見逐漸與負責實際工作的幹部相左。八大會議上，劉少奇、周恩來、陳雲、李先念等都對克服急躁、冒進做了工作。只毛認為反冒進反錯了，是屬於方針路線性的錯誤，實際上否定了八大制定的正確路線。一九五八年八月北戴河會議，八大二次會議，竟把指標由「七年追英，十五年趕美」改成了「三年追英，十年趕美」。由於毛說人民公社好，全國轉瞬之間就公社化了。在建國之前的二十八年間，毛從不輕視敵人，堅持所謂馬克思主義「實事求是」的精神。此時卻高舉三面紅旗（總路線、大躍進、人民公社），高指標風、浮誇風、強迫命令風、共產風就這樣颳起來了。毛的幾個祕書在私底下交換意見，對這樣的情況表示了憂慮。五八年田家英透露，毛曾經拍桌子，說為什麼只有陳雲能管經濟，我就不能管！剛到廬山，田還說毛「任性」，這已觸及了危險的話題，但大家還缺乏警覺性。

事實上在七月上旬開的廬山會議是「神仙會」，遊山玩水，吟詩遣懷，完全沒有劍拔弩張的氣氛，後來才變質成為護神會，絕非預料所及。開始時還頗有一些人肯說真話，指出幹部反映與社會輿論都否定「大躍進」、「人民公社」與「土法煉鋼」，黨外人士也有批評。只上海幫的柯慶施、張春橋善於迎合上意。毛初時還很有風度，雖批評「否定一切」的觀點錯誤，但卻稱讚幹部像李雲仲敢於直言的態度。他以三句話作為總結：「成績很大，問題不少，前進光明。」劉少奇也以三句話作為回應：「成績講夠，缺點講透，鼓足幹勁」，相信這樣可以解決問題。

但彭德懷給毛澤東的萬言書印發，情況立即急轉直下。七月中通知彭德懷上山。彭在火車上看到處處災民，衣衫襤褸，蓬首垢面，簡直食不下咽。他由匈牙利考察回來，感覺到敵人不可怕，最可怕的是黨路線不正確，黨的作風脫離群眾。他痛切陳詞，指出公社發展得太快，全民辦鋼鐵工業，陷於口號，應即糾左，並反對第一書記獨裁。會議之中，只有張聞天作尖銳發言，支持彭的論調。但毛逼大家表態，有些人只是偶然與彭相值，也都被羅織入罪，事情很快升級變成了打擊彭黃反黨集團。結果多數人迅即表態，反對小資產階級狂熱的說法，肯定大躍進。而彭也自承，信件倉卒寫成，的確有缺點，要求撤回。毛卻窮追猛打，絕不放鬆。

事實上彭所提出來的問題都是真實的，致命傷在，這些問題是否適合於由彭這樣一個人以這樣一種方式提出來！彭一向大權在握，剛愎自用，欠缺人緣。而他與毛之間一向有芥蒂，幾次訪毛未遇，感到被毛冷落而大發脾氣。彭與毛素無良好溝通，從不寫信，這次忽然上萬言書，乃被懷疑居心叵測。而彭說話不很檢點，結果被抓到小辮子。他被人檢舉在火車上說，要不是中國工人好，農民好，可能要請紅軍來。毛乃給予激烈的針鋒相對的回應說，解放軍要不跟我走，就找紅軍去。彭提到史達林晚年的昏亂，毛倒打一耙，指斥這是彭為了奪權所作的不實的人身攻擊，而彭漫天蓋地全盤否定的論調，是反對黨的總路線。最後把林彪搬上山，狠批彭是野心家、陰謀家、偽君子。結果人人都急於與彭劃清界線，只鄧小平不在場，沒有發言，但據報也很不滿意彭的個人英雄主義。最妙的是聶榮臻和葉劍英還親自去訪彭總，痛哭流涕地勸他自己作檢討，竟謂毛澤東同志健在時，你就這樣，將來誰還管得了你！彭最後被定性為野心家，偽君子，算歷史總帳，挖根子，與毛主席的關係是三七開，三分合作，七分反對，招兵買馬，組織軍事俱樂部。彭在巨大壓力之下，仍負嵎頑抗。毛批評彭不懂政治掛帥，囿於經驗主義，只懂老套，不會攪大躍進這樣的運動。彭後來承認四點錯誤：經驗主義、個人英雄主義、同主席關係三七開、動搖總路線。但不承認四項罪名：改造黨、改造世界、個人野心家、偽君子，這次的行動是有計畫，有準備，有組織。他並明言，軍委解職下來，可以種地，絕不會自殺，當反革命。

盧山會議的後果只舉一椿可概其餘，平江縣一個大隊，六十三個食堂辦不下去，散伙之後，二十多天又辦起了八十九個食堂。歷史的弔詭是，彭的出發點是反冒進，結果是促成了更瘋狂的冒進。彭的本意是反對個人崇拜，結果是造成了史無前例的個人崇拜。而黨內民主也被破壞無遺，此後對毛只能揣摩心意，希承聖旨。那知日後在盧山會議表態支持毛的人如劉少奇之輩都挨整，乃至死於非命，下場比彭德懷更慘，這豈是當時可以料得到的結果！

我們看毛澤東處理盧山會議的手腕，順著事態的發展，徹底掌握了當時的情勢，發動鬥爭的技巧，簡直可以說是無懈可擊。盧山會議開始的確無意部署成為一場政治鬥爭。黨在推行總路線、大躍進、人民公社一類的政策，明顯地碰到了一些實際的困難。廬山會議的目的，是選一個風光秀麗的地方，讓大家在情緒上發抒一下，也彙報各地所遭逢的實際困難情況。很明顯，這一類的報告總是有正有負的，有人強調政策無法落實推行，有人則強調工作已有成效，前景一片大好。會議開始時李銳等的感覺是，反冒進的力量相當強大，希望能夠說服毛採取比較務實的做法。但彭總全盤否定的批評，卻激怒了毛。有些人雖在心裡同情彭的部分說法，但毛站穩在黨的立場說話，指出彭這樣的東西一出，所有的反動派都歡呼，並強調要說「激進」不對的話，馬克思就是「激進」派。這樣的大帽子扣下來，誰還膽敢站在彭總一邊。連平時敢言務實的黃克誠發言，也不能直接支持彭。而毛批評赫魯雪夫反公社，只講物質條件，不講政治條件。匈牙利的情況完全不同。中國的物質條件就是人：九千萬人鍊鋼，就強過六千萬人鍊鋼。毛又取各個擊破的辦法：他譏嘲溫和的朱德是老右派，洛甫（張聞天）老打擺子，這次李銳也動搖了，田家英則向來偏右，反對雙百方針，是形左實右。毛號召黨一定要「團結」，不容許有組織、有計畫、有準備的反黨活動得逞。最後他還套漢代枚乘的〈七發〉，作出妙文，講道理，使之論天下之精微，理萬物之是非，講躍進之必要，說公社之原因，兼講政治掛帥之極端重要性，馬「覽觀」列「持籌而算」，萬不失一。

毛把彭當機發出來的東西上升成為了有計畫有組織的反黨活動，逼使人人與彭總劃清界限，理完全是在毛那一邊。政教合一，毛是一個極為重視思想的領袖，故延安整風、反胡風、批梁漱溟，都是他親自一手抓。這次鬥倒彭總，還指出他思想的根本錯誤在經驗主義。他每次鬥爭的目的，都要樹立反面的樣板，讓人們學習。由廬山會議的經過，可以看到，毛能夠徹底掌握當時的全盤情勢，他的鬥爭勝利絕不是偶然的。弔詭的是，他對中國整個情勢的判斷卻越來越脫離現實，這才是他晚年昏亂的根源。他在政治鬥爭上的無往不利正好把中國推進災難的深淵。毛澤東要加速中國的現代化，在短期內超英趕美，結果卻把中國推進了中世紀，這是中國在現代所遭逢的悲慘的命運。

——原刊於《中國時報》，一九九三・一一・一六

# 嚮往新時代的來臨

## ——大陸對於現代新儒家的研究

大陸的意理一向反對儒家思想，認為它是封建意識形態的根源、阻礙進步的絆腳石。文革時代批林批孔，更把運動推向了最高潮。然而文革以後，卻有了戲劇性的變化。一九八一年我到杭州去參加了全國性的宋明理學討論會，這也是他們第一次邀請海外的學者來與會。一九八二年在夏威夷舉行國際朱熹會議，破天荒地邀請了來自海峽兩岸的學者共聚一堂切磋討論學術問題。以後海內外的交流漸趨頻密。一直到最近，兩年來臺灣學者掀起了訪問大陸的熱潮，出版方面也互相交叉，顯然已經進入了一個新的階段。今年（九〇）年底大陸的學者雖然還不能如願來參加在臺北舉行的當代新儒家的國際研討會，這卻是他們在當前做研究的一個熱門題目。海峽兩岸學術文化的更進一步交流，乃是一個不可阻抑的趨勢。我在這裡只能簡略地介紹一下當前大陸對於現代新儒家的研究概況。

（八九年）六四以後，大陸的出版品數量銳減，但有關現代新儒家的論著卻陸續出版，怎樣可以解釋這樣奇特的現象呢？有可能政府的政策是要壓制全盤西化的思想，故此刻意提倡民族文化，而他們發現當代新儒家卻可以提供他們習慣的陳腔濫調所無法提供的東西。同時學者們則發現，當代新儒家並不盲目排拒西方，而在這裡可以找到一條通往西方的管道。當然他們仍然必須站在馬列的基礎之上對於新儒家採取批判的立場，但已不像以前那樣，對之採取完全否定或者徹底謾罵的態度。

就是在這樣的氣氛之下，一九八七年九月，在安徽宣州召開了第一次全國性的現代新儒家思潮學術討論會；論文集由南開的方克立與中山的李錦全兩位教授主編——《現代新儒學研究論集》第一卷已於一九八九年四月由中國社會科學出版社出版。對於為什麼要研究當代新儒家的問題，方克立給予了以下的回答：

> 在現代中國的各種思想潮流中，除了馬克思主義之外，比較具有繼往開來意義、在理論上有一定創造性、影響較大而且生命力較長久的，唯有現代新儒家。這是一個很值得研究的現象，其原因恐怕在於它比西化派與頑固守舊派都更好地解決了傳統和現代的關係問題。

他們初步確定以梁漱溟、張君勱、熊十力、馮友蘭、賀麟、錢穆、方東美、唐君毅、牟宗三、徐復觀十人為重點研究對象。較近的消息又加上了四位學者：馬一浮、余英時、杜維明與劉述先，要編他們的論著輯要，每冊三、四十萬字左右，預計在兩年之內出齊。這一套書出來，等於是為國內的讀者打開了一個窗口，可以讀到海外新儒家的一些有代表性的著述。

所謂現代新儒家，他們所採取的顯然是一個十分寬鬆的定義。譬如業師方東美先生一向平章中西，貶抑宋明，未必可以歸入狹義的現代新儒家的範圍之內。但因他極贊原始儒家的精神，所以我在〈現代新儒家的探索〉一文之內首先倡議，把他也包括在當代新儒家的行列之內。這樣的意見竟然得到大陸學者一致支持，倒是當初撰文時未曾料及的。從論集中所收的文章看來，對於當代新儒家的思想與著述還談不上有什麼深刻的研究。但大陸學者也提出了一些有趣的觀點。譬如過去說熊十力、梁漱溟是第一代，唐君毅、牟宗三是第二代，杜維明、蔡仁厚是第三代。現在大陸學者都把馮友蘭與賀麟也加了進去，另有大陸學者提議把熊十力、梁漱溟、馬一浮、張君勱等當作第一代；馮友蘭、賀麟、錢穆、方東美為第二代；唐君毅、牟宗三、徐復觀為第三代；余英時、杜維明、劉述先為第四代。這樣的看法不無它的見地。理由在馮友蘭的年齡雖比梁漱溟小不了幾歲，但卻是學生輩，訓練也與上一代不一樣。他在抗戰時期發表《貞元六書》，在當時發生過相當大的影響，不能像海外新儒家那樣完全對他加以漠視。事實上由海外新儒家的觀點看——主要人物如唐君毅、牟宗三、徐復觀所繼承的純粹是熊十力的線索，當然沒有理由把馮友蘭也包括在內。然而在抗戰時期，馮友蘭提倡新理學——繼承程朱的線索；賀麟則提倡新心學——繼承陸王的線索；在當時這些既是有相當代表性的說法，則也不應完全加以抹殺。然而大陸易手之後，馮友蘭、賀麟早已放棄了他們抗戰時期的思想。因此有趣的是，現在馮氏還有一些朋友和學生反對把他稱作新儒家，認為他在後期已超越過這一階段，過分強調他過去的東西便難以對他作出公平的評價。這種說法不為無見。誰能預料大陸將來政治颱的什麼風，無端端被貼上一個標籤，到時候吃不了兜著走，還要株連到別人，那就太不值得了。

現在大陸學者對於當代新儒家取完全否定態度者，數目已經漸漸減少，但取完全肯定態度者也是絕無僅有。大多數學者同情當代新儒家的用心：一方面要復興民族文化，一方面要促進中國的現代化。然而他們對於當代新儒家提出來的解決問題的方法與方向，則多採取質疑的態度。他們所提出的問題和意見，也有許多是當代新儒家應當考慮與正視的問題和意見。譬如有學者乃尖銳地指出當代新儒家所不能不面對的兩難的情況；要嘛他們將拘限在儒家傳統的藩籬以內，難以真正進到現代化的目標，要嘛他們全心全意追求現代化，所能夠保留的乃僅只能是儒家傳統非核心的部分而已！

我想大陸學者與當代新儒家之間的巨大隔閡是存在的。大陸學者每每把傳統的典章制度、三綱五常的意識形態當作儒家思想的核心，這樣才會產生上述兩難式的質疑。而當代新儒家卻劃分出傳統內部永遠萬古常新以及必須與時推移的部分。仁心與生生不已的精神的表現並不必拘限於古舊的傳統的方式之下，它們儘可以尋求嶄新的現代的表白。這樣說並沒有低估由傳統轉化到現代類似脫胎換骨式的困難。同時當代新儒家並沒有一切要隨順潮流，它對現代也採取一種批判的態度。或者有人會批評說，這是一種一廂情願的態度，其實這正是繼承孔子「知其不可而為」精神的一種新的表現。當代新儒家並沒有聲稱可以解決時代一切的問題——它只是要我們採取一種開放的態度，匯集現代人的創造力，努力作解決我們所必須面對的問題的嘗試。習心與慣性的機括是最難以克服的東西，但我們在理想上仍然要追求中西的作法，傳統與現代的平衡，而嚮往一個新的時代的來臨。

年底國際新儒家的研討會，可惜大陸學者沒法來參加，但他們所提出的許多問題與意見，將會在會議之中得到討論與回應。當然大陸學者與當代新儒家之間的巨大隔閡絕不會在一兩次乃至好多次會議之間解消的。但正如方克立教授在七月間到香港中文大學來參加一次國際學術研討會中所表示的：「道不同，也不必不相為謀」，這恰正是當前海內外與海峽兩岸的學術交流的情況的適切的寫照。只有由這裡開始，才能夠走向下一個階段，更進一步的互相切磋與交流。

——原刊於《中國時報》，一九九〇・一二・二五

# 理一分殊

## ——在歐洲介紹當代新儒家思想

九一年暑在慕尼黑，國際中國哲學會第一次在歐洲開雙年會，我在會上宣讀了一篇有關價值重構的論文，引起了熱烈的討論。巴黎遠東學院院長汪德邁教授也來與會，他本來是研究古代中國哲學的，近年來才對當代新儒家思想發生興趣。他曾經訪問過香港中文大學，收集了一些資料，寫過一篇文章介紹當代新儒學。我向他提到，過去在美國，因為受到移民法例限制，不能自由離境，所以一直沒去歐洲；後來到了香港，也只是到歐洲旅遊或開會，從來沒有作過較長時間的逗留，我倒是希望找到機會在歐洲盤桓一個暑假。汪教授表示可能可以安排，後來我們不斷通信聯絡，終於使構想成為事實。他要我五月中就到巴黎，因為太遲去人都走了，就沒法交流了。我只得提前去歐洲，時間對我來說不是最好，五月底我必須回臺北開國際朱熹會議，來往奔波比較辛苦，但我還是因為得到這一個難得的機會到歐洲講學而感到興奮。

在巴黎待一個月，汪教授安排我們住在國際城。巴黎的地下鐵路四通八達，十分方便。我每一個星期三、四作兩次演講，地點在法蘭西學院的漢學研究所，連續四個禮拜。因為兩天聽講的人不完全一樣，所以我設計了兩個系列。週三講一般性的題目，首先由當代新儒家的觀點講先秦儒學的淵源，然後講宋明儒學的特質，當代新儒學的興起，最後討論當代新儒學在現代以及後現代的意義。週四則講分論，介紹熊十力、唐君毅、牟宗三的思想。中間碰到一天假期，但卻又在六月五日（週五）舉行了一場由我和同時在遠東學院訪問的秦家懿教授的對話，主題是有關「超越」與「內在」問題的反思。

每次聽講的人不多，通常有十幾個人。在遠東學院做研究的學者中文程度很不錯，可以用國語討論問題。他們依自己的興趣選定論文題目，自由參加學院為他們安排的系列演講。由於當代新儒家是新的東西，只有由德國來留學的一位女學者選擇寫熊十力，她曾經到北京留學，是北大哲學系的朋友引起她對這個題目的興趣。但她感覺到的困難是，漢學界的人哲學素養不足，資料上的掌握也還不夠。我答應向汪教授建議多購置這方面的資料，我的演講系列則填補了哲學方面不足的缺漏。我以「為己之學」的線索貫串了先秦、宋明以及當代新儒家的思想，而旁及唯識與康德，回應了現代西方哲學所提出的一些問題。學者們覺得我提供了一條清楚的線索，對於當代新儒學有了一個簡略而全面的概觀。

有趣的是我和秦家懿教授那次對談，她有天主教的背景，所以比較偏重在西方傳統的闡釋，而我則偏重在儒家的終極關懷的闡釋。我們兩個人都同意儒家是一個「內在的超越」的傳統，超越的天道流行在世間，而與人世不隔。基督教卻是「純粹的超越」的傳統，上帝創造世界，卻不是世界的一部分。但汪教授獨持異議，他認為超越的就是超越的，不可能內在。秦家懿批評他囿於西方傳統的思想，以前他只對中國古代的傳統作客觀的研究，近年來才對中國式的思想有比較同情的了解，但轉身而尚未移步。今年約了兩位研究新儒學的專家來訪問，已經是個突破。汪教授自己也說，他提問是為了刺激討論的目的，有許多問題還待細細磋商。後來他告訴我，明年打算退休，最後一次由他邀請訪問學者，他將請南開大學的方克立教授來訪問兩個月。方克立在大陸主持現代新儒學的研究。今年五月北京的中國廣播電視出版社出了由他主編的「現代新儒學輯要叢書」的第一輯，包括牟宗三、唐君毅、方東美、杜維明、余英時、劉述先等六冊，每一本都厚達六百頁，收的文字在四十萬字左右。計畫中還要出梁漱溟、熊十力、馬一浮、馮友蘭、賀麟、錢穆、張君勱、徐復觀、成中英的論著輯要，總共是十五冊。汪教授顯然是請方克立去講大陸對於現代新儒學的研究，由此可見他對這個題目的興趣與重視。

我在六月中離開巴黎，這次決定去東歐一遊。通過德國友人的介紹，我到東德耶拿的席勒大學作校長許慕才教授的佳賓。由於時間倉卒，未能安排演講。但我有機會與哲學系的同人交流。本來系裡有三四十個人搞馬列，都已遭開革。現在只剩下十幾個人，以研究科學哲學為主，並兼及分析哲學，將請一位西德的教授來訪問，擔任系主任的職務。這個地區是歌德的領域，他們帶我去威瑪遊覽參觀。歌德生前的住宅與公園都保持得與舊時一樣。東德共黨統治數十年，與大陸不同在，他們沒有發生文革，儘量保留文化的根源，相對於我們這個號稱文明的古國，實在是個諷刺。他們並強烈表示了願意與港臺作學術交流的願望。

在巴黎時，秦家懿替我與捷克查理士大學漢學系的克拉爾教授連絡。六月廿三日我在布拉格作了一次有關當代新儒學的演講，一個多鐘點，我由先秦、宋明一直講到現代，做了一個十分簡單扼要的報告。大概有十多位漢學者來聽講，我說的對他們來說頗有一點新鮮感。原來他們的主力是在中國文學方面的研究。克拉爾教授曾經把《儒林外史》、《紅樓夢》翻譯成為捷克文，還寫了一本有關莊子的書。但是現在他們也打算做一些儒家的研究。捷克的文風鼎盛，有昆德拉那樣流放在外的名作家，（當時的）總統哈維爾是一位著名的文人，卡夫卡的出生地則就在布拉格的城中心。克拉爾教授說，中國的唐詩對捷克文學的創作有很大的影響，這對我來說是個值得驚喜的意外。由此可見，我們實在應該擴大我們的交流網，否則就會忽略許多可以促成創造的交流的線索。

由布拉格，我到布達佩斯、維也納、薩茲堡去遊覽，最後轉回到海德堡，在那裡盤桓了一個禮拜。海德堡有濃厚的文化氣息，這是韋伯、高德美的大學，可惜自詮釋學大師高德美退休之後，乏人領軍，已有走下坡之勢。我有好幾個德國熟朋友在這裡，每天談哲學、文化、藝術、歐洲的未來，頗不寂寞。七月三日海德堡大學的文學院長兼漢學系系主任華格納教授邀我作一次有關當代新儒學的演講，這次連學生共有幾十個人聽講。作家龍應台也在這裡兼課，可惜講完後她還要上課，匆匆離開，以後也連絡不上，沒法作進一步的交流。但我和其他幾個年輕的德國漢學家討論，發覺他們的中文程度很好，而且哲學的素養不差。他們提出的問題比較有深度，譬如他們指出，中文「理性」一字的涵義與歐洲人的理解可能有差距。我的回應是，翻譯介紹外國的東西無可避免地會多少流失原意，但這不足為患。佛教傳入中國，最初也經過用道家的觀念「格義」的階段，後來卻變成中國文化十分重要的一部分。他們認為，歐洲的經驗是特殊的，不可任意加以推廣，我們應該平等尊重世界的各個傳統。最有意義的一個問題是，傳統宗教對於現代人似乎日益失去吸引力，而精神的需要的問題卻仍然是迫切的，我們應如何回應這樣的新情勢。從這個角度來看，當代新儒家與基督教面臨著類似的問題。余英時兄曾經提出「遊魂」的觀念，這絕不是對於當代新儒家的譏刺，而的確觸及了一個極為嚴肅而且重要的問題：儘管新儒家的理念十分超卓，要是不能夠具體落實的話也是枉然。如何使得「新外王」能夠由理想成為現實，這正是當代新儒家必須面對的一個真實而困難的大問題，不可以用浮辭對付過去。究竟如何才能找到一條健康的出路？這還有待於未來的努力！

這次歐遊之後，我經由美國返港。由華府的機場出來，看到美國的公路洋房，就更感覺到歐洲的特色。歐洲小市鎮的中心，必有一個市政府與教堂，建築各式各樣，彼此爭奇鬥艷，不像美國的一律化。歐洲的歷史還活在歐洲人的生活之中，這是我們不可以忽視的真實情況。

七月底回到香港，這次歐洲的逗留與旅遊確實令我們大開眼界，但卻也更堅定了我離開香港以前的信念：以嶄新的方式重新詮釋「理一分殊」是走向未來的最好可能的出路。未來的世界固然不需要一個單一的霸權，但若它竟像南斯拉夫那樣走向一個分崩離析的局面，則更將是一場災禍。肯定多元的同時也必須肯定有彈性的理性與人道的共識，只有這樣，未來的人類才能和平共處，在同一個地球村，享受一個多采多姿共存共榮的局面。

——原刊於《中國時報》，一九九二・一二・二〇

# 「儒學與現代世界」會議誌感

七月九日至十一日「儒學與現代世界」研討會在臺北中央研究院舉行。本文在此略作背景的介紹、意義的指點與理論的分疏。

一九九三年秋我由中文大學休假一個學期，到臺灣中央研究院文哲所主持一個為期三年的當代儒學研究主題計畫。當時外間流言四起，謂文哲所要大力提倡當代新儒家（狹義）。如所周知，現代新儒家有廣狹二義，狹義指由熊十力開始，及門弟子港臺新儒家唐君毅、牟宗三、徐復觀發揚光大，第三代的杜維明將之廣布於天下的一個思想潮流。大陸則一般取廣義釋，除上述諸人外，還包括史學家錢穆、政治學家張君勱、文化哲學家方東美、滯留大陸的思想家梁漱溟、哲學家馮友蘭、賀麟，以及流隅海外較年輕的余英時、劉述先等人，名單還在繼續不斷擴大之中。

## 客觀研究當代儒學

我們的主題計畫在籌備階段，率先參與籌畫的有文哲所的戴璉璋主任、李明輝與臺大歷史系的黃俊傑。我們立定原則，對當代儒學作比較客觀的跨學科的研究，一家一派只能當作例證看待，絕不為任何人做宣傳。這樣我們邀請了港臺近三十位學者參與計畫。由於牽涉的學科眾多，包括哲學、宗教、歷史、文學、政治、社會，大家的訓練不同，開了兩次預備會議作基本觀念的溝通與方法論上的協調。然後各人選定論文題目，兩年之內舉行了三次小型的論文發表會，彼此切磋論難，絕不容情，論文修改定稿以後，文責自負。只要言之成理、持之有故，即可以發表出來，絕不強求統一。九五年由我主編的兩部論文集：《當代儒學論集：傳統與創新》、《當代儒學論集：挑戰與回應》出版，流言自然粉碎。這兩部論文集已經上網，在臺北學生書局有售，有興趣的讀者可以參看。

這次研討會的目的是進一步擴大範圍，邀請富有代表性的學者針對「儒學與現代世界」的主題發言。三天的會議發表了多篇高質素的論文，展開了熱烈的討論，會議的開放性有目共睹，無須我多贅。令我感到欣慰的是，雖然這個會完全沒有對外宣傳，每天參加的人數不少，特別是各大專的青年教師積極參與更是一件很有意義的事。論文經過修改評估的手續之後，預期可以在九七年出版。

這一次會議的召開無疑是我們主題計畫的高潮，但還有一個重要的原因早就使我覺得開這樣性質的一個會是絕對有其必要的。一九八二年《中國論壇》在韋政通的策劃下舉行了一次討論「當代新儒家與中國的現代化」的座談會。當時的引言人包括余英時、張灝、林毓生、金耀基和我等人。座談會記錄十月十日發表以後被各方廣為引述。

## 當代儒家絕非不相干現象

當時給我留下最深刻印象的是金耀基的發言。他一向對新儒家抱持一種同情的態度。他認為新儒家不怕受到批評，他所擔心的是，會不會有一天新儒家竟變成一個與現代人不相干的東西。這十多年來的發展證明他的擔憂成為過慮。八六年大陸宣布現代新儒學為國家的重點研究項目，主動編印現代新儒家的選集並對他們的思想進行研究。十年來出版了不少東西，使之與西方、馬列思潮鼎足而三，成為當代顯學之一，在知識分子與知青之間發生了重大的影響。

九三年六月十四日，《時代》雜誌以孔子為封面，引述福山(Francis Fukuyama)之說肯定儒學復興的道路——因西方無可湊泊，回教不是出路，亞洲儒家與現代結合在未來可以為天下式。由另一個角度來看同一個現象的是亨廷頓(Samuel Hungtinton)的中國威脅論。他把大陸也歸於儒家文化的影響圈內，如儒家與回教力量結合，則必定會威脅到西方，雙方不免發生激烈衝突。無論這些說法是對是錯，當代新儒家不可能是一個不相干的現象，殆可斷言。同時海峽兩岸三邊以及海外的中國學者在近時對於當代新儒家的定性問題也引發了一些熱烈的爭辯，理論效果亟待澄清，故此這一次會議的召開是十分合時的。

這次我們選擇開會的時間定在中央研究院的院士會議以後是有相當理由的；原因在我們的資源不足，趁著院士齊集中央研究院之際，可以得到許多方便。上次參加《中國論壇》座談的四位引言人：余英時、張灝、林毓生、金耀基現在都是院士，他們都答應重作馮婦，再度作座談的引言人。

## 綜合座談盛況空前

這次會議的一個特別安排是，除了論文發表以外，每天最後一場都是綜合座談，主題分別是：「學科對話中的儒學」、「儒學與宗教之對話」與「儒學與現代世界」，每次有三位引言人，只最後一場的主席張灝也兼任引言人。這次我們又找了專攻經濟的費景漢院士、上次因在海外未能參加座談的傅偉勳與杜維明、現旅居美國的大陸學者李澤厚以及臺大的黃俊傑、輔大的陸達誠神父擔任引言人，陣營空前，成為會議最吸引人的節目之一。同時有好幾位海外學者兼具有多重身分，像余英時、傅偉勳、杜維明，既宣讀論文，還擔任主持人，對於我們的會議支持不遺餘力，令人感念。

上次座談沒有大陸學者參加。這次邀請了八位，只到了四位，用棒球的術語來說，打擊率是百分之五十，可謂差強人意。據說社科院的三位，方克立因要另外主持會議，龐樸與鄭家棟雖提了論文，卻因開會名單上有李澤厚而未獲放行，未能與會，大陸方面也未免太小器了一點罷！上海的羅義俊則因病未來。來開會的三位學者，北京的陳來、山東的顏炳罡、福建的黃克劍，都很有代表性。李澤厚因故遲到，但宣讀了論文，也參加了座談。會議開了三天，十一日座談以後，由我主持了簡單的閉幕式，會議至此圓滿結束。

這次發表的論文有二十多篇，不可能在此一一介紹。我只挑出三篇文章，因其背後預設的指涉架構有一定的特色，在此略為指點其間所涉理論效果：

㈠劉述先：新儒家與新回教
㈡余英時：陳寅恪與儒學實踐
㈢李澤厚：初擬儒學深層結構說

## 新儒家新回教之異同

我的論文在第一天發表，原來是以英文寫成，乃應「現存哲學家圖書館」(Library of Living Philosophers) 之請對於當代傑出回教哲學家納塞 (Seyyed Hossein Nasr) 的吉福特講座 (Gifford Lectures)：〈知識與神聖〉(Knowledge and the Sacred)作出回應。中文由英文改寫而成，是另一篇獨立的文章。要旨肯定納塞所謂「聖智」(gnosis)確與當代新儒家如牟宗三之肯定「智的直覺」有旨意相通之處。但納塞譴責近代西方的俗世文化，要回返中世紀的政教合一模式，卻與當代新儒家之要求在「道統」之外，開闢「學統」與「政統」以吸納西方的科學與民主，不免大相逕庭。我此文所指涉的顯然是狹義的當代新儒家，但我並不主張思想決定論，只是我自己的研究偏重在思想、哲學方面，並不排斥其他儒學研究的進路。

## 儒家如何結合思想與生活

余英時的論文在第二天發表，顯然是因為大陸新出版陸鍵東《陳寅恪的最後二十年》一書提供了新的史料而寫出來的文章。陳寅恪雖沒有一套理論，但他以實際行為抗爭，維繫自己的獨立人格，不讓蘇聯的索忍尼辛專美於前，還是值得大書特書的一件事。作為史學家，余英時注重的是思想觀念與生活方式的具體連繫，這顯然預設了當代儒學研究的另一個不同的指涉架構。

## 儒學深層結構問題

李澤厚的論文在最後一天發表。他用的「深層架構」一詞雖因語意不明受到多方質疑，但他思想的基本走向則是清晰可見。他還是唯物論的底子，認為思想觀念只是很小的一個因素。他所謂「樂感文化」，「實用理性」乃落實在百姓的實際生活之中。他極力頌揚漢代的貢獻。近來他自承也可以被稱為當代新儒家，但與狹義的當代新儒家的進路有很大的距離，顯然又預設了一套十分不同的指涉架構。

由此可見，當代儒學並無一定成說，正可以百花爭艷。而研討會的閉幕並不等於當代儒學研究的閉幕。事實上我們已提出了一個新的三年主題研究計畫，把當代儒學研究的範圍擴大到日韓與東南亞方面。杜維明現在擔任文哲所諮議會的召集人，也加入我們主題研究計畫設計籌畫的陣營。馬來西亞如今正在推動儒家與回教的對話，儒家在當代的開展明白地顯示了一些新的契機，且讓我們拭目以待罷！

——原刊於《明報月刊》，一九九六・八

# 輯三
# 報紙短論

# 漫談電腦時代的倫理問題

有人認為，電腦革命的影響不下於工業革命，這是太誇張了。但電腦對一個現代人的生活的確有深刻、簡直是無孔不入的影響。現代人個個有身分證，在移民局、稅務局有檔案。我們的收入存進銀行，用信用卡提款、購物，外出旅行訂機位，乃至到圖書館借書，沒有一樣不牽涉到電腦。

電腦時代必須發展出一套新的道德倫理。有的頑童以及惡棍挖空心思去破解電腦的密碼，竊取別人甚至國家的機密。有的則散播電腦的病毒，如果沒有辦法有效地抵禦這樣的病毒，就可以發生嚴重的後果。現在通過電腦的網絡，可以幫助我們取得各種各樣的資訊，同時我們可以用電子的方式，用低廉的價格與飛快的速度互相通信。但我們雖然因此得到了許多便利，卻也要在同時付出巨大的代價，其中一項對現代人的生活有重大影響的，就是隱私權的喪失。如果有人可以通過電腦取得有關你的各種資料，你對他來說就像一部敞開的書本，他可以利用這些資訊在和你打交道時取得優勢乃至宰制的地位。任何東西都可以被誤用或濫用，資訊的傳播就是一例。每天我們通過郵遞收到許多我們不需要的廣告，現在這個問題也蔓延到電腦的網路，我們被迫收到許多我們不需要的訊息，而我們並無良策來對付這樣的情況。

最近密西根大學二年級生傑克・貝克寫了三篇性幻想的小說，通過電腦的網路到處傳播。在他的小說裡，女孩被綁架，雞姦，傷殘，甚至被整死，一個女孩的頭髮吊在天花板的風扇上，而幹這種事的男人卻無動於衷，沒有半點後悔。這樣的下流暴力黃色小說本來不會特別引起人注意，但裡面一個女孩的名字正是貝克同班同學的名字。於是人們認為貝克是個危險人物，必須加以嚴懲。但事實上貝克是個品學都不差的學生，連螻蟻都不會隨便加以傷害，這次玩過了火，不免後悔莫及。但這是否還可辯說乃是屬於言論自由的範圍呢？顯然不是，因為下流黃色的文字本身就是暴力，造成性騷擾與侵害隱私權的效果，不可加以輕恕。但這種事情與我們有什麼切身關係呢？殊不知香港也同樣可以收到這種資訊。而最近一位大學講師為了不滿《中大學生報》對他的課程評審的報導，一連發了七封電子函件到寫這篇報導的學生家中，這是否侵害了隱私權呢？我們亟須建立電腦時代的倫理與法律。

——原刊於《香港聯合報》，一九九五・三・一

# 抄襲與知識產權

抄襲(Plagiarism)無疑是個現代西方概念，中國傳統對這方面是缺乏敏感的。原因很簡單，中國自漢代以來即以儒家為正統，嗣後以考試、科舉取士，讀書人莫不頌聖人之言。出口成章，人人都知道原典出處，無須標明來源。而中國文化重踐履，重要在知行合一，並不在乎誰先提出觀念。有時明明自己提出了新觀念，還一定要借聖人的權威以取信於人，連孔子都說自己是「述而不作，信而好古」，原創性並不是中國傳統最重視的價值。清代實行科舉的情況，我們可以由小說如《儒林外史》、《鏡花緣》略知梗概。學做八股文，要追隨「起、承、轉、合」一類的公式，而坊間到處是作八股文的範本。每個人進考場先熟背了幾百篇文章，撞上一個自己熟悉的題目，那就如獲至寶，運筆如飛，一揮而就，增加了自己高中的機會。此所以天下文章一大抄，作詩也是這個樣子，所謂「熟讀唐詩三百首，不會吟詩也會吟」是也。這樣的傳統一直到今天的大陸還並未消除，幾年前回大陸開會，打印出來的文章上百篇都談「範疇」，篇篇大同小異。原因也很簡單，出去開會要向單位拿錢，必須要提論文，事實上那有那麼多富原創性的文章，於是重點放在觀念的正確性上面。在這樣的背景之下，要人明白知識產權的概念和重要性，當然是要費大勁，絕非一件容易的事！

然而時代在變化中，我們不能不努力去追上時代的步伐。在現在社會裡，知識分子的角色早就發生了根本的變化，他們已經成為勞動人民，不工作就要餓飯，可沒有陶淵明的福氣，摔了烏紗帽還可以歸田園居。而現代的工商業社會大量製造大量消費，要不尊重知識產權，那可就不得了。李遠哲講過一個故事很有意思。他由年輕時起就佩服居禮夫人，她有了發明卻不申請專利，為了能讓更多人受惠。後來他自己有了發明也不想申請專利，那知人家告訴他這樣做的話立刻會有別人申請專利，情況只會更糟，所以他只得申請專利，以一塊錢轉讓給政府才能讓公眾受惠。至於最近本港傳出的抄襲醜聞，牽涉到的都是在西方受教育的高級知識分子，那可不能推搪了事，只要證據確實就得嚴懲，才能端正我們的學術風格。

——原刊於《香港聯合報》，一九九五・三・八

# 「世界倫理宣言」的簽署

一九九三年八月二十八日至九月四日在芝加哥舉行了一次世界宗教會，有六千五百人參加。所代表的宗教不只有我們習見的基督教各教派、猶太教、回教、印度教、佛教等，甚至還有我以為早已在地球上絕跡的耆那教與祆教，以及土著信仰等，真正可以說是無所不包。比起一百年前在芝加哥舉行的世界宗教會只有兩位印度教徒作象徵性的參加，就可以知道我們的世界已經有了多麼巨大的變化。會議的一件大事即不論信仰、宗派的分歧，仍然能夠達成一致的共識，簽署了一份「世界倫理宣言」(Declaration Toward a Global Ethic)，這實在是一項了不得的成就。宣言的起草人是著名的神學家孔漢思(Hans Küng)，他是響應世界宗教思想領袖的共同要求與呼召而承擔起這一項艱困的任務的。基本上是認為一九四八年簽署的「人權宣言」還不足夠，它只照顧到外在行為的方面，我們還亟須簽署一項新的「倫理宣言」，籲求吾人進一步作出內在態度的改變，才可望為世界和平帶來真實的希望。現在這份文件已被譯為中文，我真誠地希望大家能夠注意這一份文件帶來的信息，並將之廣泛傳播，讓我們也為世界和平盡上自己的一份力量。

我認識孔漢思教授已經多年，他是天主教內的持異議分子，因為發表了教廷所不容許的意見而被瑞士的大學解除教職，造成了世界新聞。但他繼續自強不息，不懈為自己所信奉的真理奮鬥。一九八九年二月他邀請我去巴黎參加六個宗教的對話，包括基督教、猶太教、回教、印度教與佛教，我是代表儒家的立場發言。他相信沒有宗教之間的和平是無法達到世界和平的目的的。他籲請大家不要抱殘守缺，也不要隨波逐流，更不要對其他宗教採取一種紆尊的態度，每個傳統由自我批判開始，看看能夠達成怎樣的共識。結果他提議發揚「人性」(Humanum) 為世界宗教的會合點，這樣的思想無疑與儒家的宗旨若合符節。這一份「倫理宣言」恰正是上一次會議的延續。孔漢思十分細心，他選擇了 Ethic（倫理）一字，它只代表一種態度，而不用複數的 Ethics（倫理學）一字，它牽涉到學理的基礎，就不免引起無窮的紛爭，絕不可能達成一致的共識。「宣言」的內容不外要人尊重生命，反對暴行，平等互待，和諧共處，好像都是一些老生常談，一紙文書也不會造成任何奇蹟。但如人人由今日開始，誓願遵行信守這樣的原則，也就可以創造更多機會嚮往未來世界的新希望。

——原刊於《香港聯合報》，一九九五・三・二二

# 儒家思想對於世界倫理的貢獻

一九九三年在芝加哥舉行的世界宗教會有各色各樣的宗教流派參加，東方有佛教、道教的代表，唯獨沒有儒家的代表。這樣的現象其實並不難解釋，因為儒家不是一個組織宗教，與會者大都是某一宗教流派的代表，所以沒有一個儒家學者參加，並不是一件十分可怪之事。但這並不是說，儒家思想對於「世界倫理」便沒有重要的貢獻。事實上，「宣言」由世界各大宗教傳統的經典去覓取精神的泉源，首先引述的便是孔子的《論語》所講「己所不欲，勿施於人」的金律，整篇「世界倫理宣言」的宗旨與儒家的中和之旨是完全相符的。

「宣言」發表以後，與孔漢思和他的同事寫的〈緣起〉一同出版，我收到一冊英文本，並接到孔漢思的邀請寫一篇回應。據告全世界大約有二三十位有代表性意見的人物收到這樣的邀請，文章齊集之後將印成一本集子，慶祝聯合國成立的五十周年紀念。

我的文章一開始就引述八七年在新加坡開的一次國際會議一位韓國學者提出的論文。他報導在韓國做的一項問卷調查的結果：雖然只有百分之二的韓國人自承信奉儒家，但他列舉了一些儒家的品目，如孝順、祭祖、拜墳、上祠堂之類，竟然發現佛教徒百分之百同樣實行這樣的品目，連基督徒都百分之八十以上實行這樣的品目。由此可見，儒家的倫理價值可以整合到其他宗教之內，有人自稱儒化的佛教徒、基督徒，乃至回教徒，這是一項十分值得吾人注意的現象。在今日世界變成一個地球村，各種不同宗教信仰的人要和平地生活在一起，儒家的方式可以給予我們重大的啟示。哈佛的政治學者亨廷頓推想，未來的世界會充斥文明之間的衝突與鬥爭，他設計的策略是西方與可以與之妥協的東歐聯合，對抗回教和以儒家意理為主導的東亞。這樣的構想完全不明白儒家思想的包容性與非對抗性的特質。大陸如果強調由西方學來的階級鬥爭，那才會令人感到憂心。晚近江澤民向臺灣表示，要在傳統中華文化的共同基礎上尋求會通。這誠然只是一種姿態，但王道的嚮往總好過霸道威逼。我希望這種情況弄假成真，那就是海峽兩岸的福祉。

——原刊於《香港聯合報》，一九九五・三・二九

# 毒氣襲擊事件與激進教派

日本發生地鐵毒氣襲擊事件，舉世為之震驚。全世界各大城市都有受到這種襲擊的危險，以致人人自危。經過調查之後，發現激進教派奥姆真理教的嫌疑最大。警方搜查其在富士山腳下的據地，發現了大量可以用來製造沙林毒氣的化學原料。雖然真理教主麻原彰晃通過錄映矢口否認與事件有關，但他本人藏匿無蹤，同時有人槍傷負責調查的警察高官，發出警告，不許繼續調查下去。這種直接向政府挑戰的行為，粉碎了日本人民對社會秩序的信心。神戶地震人們表現的高度自制贏得了普世的讚揚，如今暴露出來的失控現象卻教人憂心。

真理教自稱為佛教的一個支脈，其實不是這麼回事。教主麻原彰晃原來是賣草藥的，事業不成功。後來去了一趟喜馬拉雅山，聲稱突然獲得頓悟，自吹自擂為當今之耶穌，居然吸引了大量信眾。真理教的教義與美國的邪教頗有相似之處，同屬一種末世主義的激進教派。基本上譴責現代社會的物質文明，教人苦行禁欲，放棄私產，預言世界將在數年之內毀滅，特別強調美國的影響將腐化日本，使其滅亡。信眾包括大學生、富豪，還傳播到國外，在蘇俄影響最大，有好多分部，最近才被下令封閉。最令人擔憂的是，許多信眾視死如歸，對社會形成巨大的威脅。

為什麼這種反智的激進教派會有這樣大的吸引力呢？其根源顯然在現代文明的確是非常的不健康。特別在日本，國富民貧，人人勤力工作，卻百物昂貴，生活質素不高。一旦心生怨懟，加入激進教派向現存的不義的社會秩序宣戰，那就後果堪慮。這說明了，現代人仍十分需要宗教信仰，如果情緒得不到適當宣洩，誤入歧途，就不免自誤誤人，產生極端破壞性的結果。據云真理教的信眾與反對者往往無故失蹤，調查起出一些骸骨，原因不明，尚待查究，不免令人感到不寒而慄。這又是一個具體的案例說明，沒有宗教的和平是得不到世界的和平的。究竟怎樣才能找到精神與物質之間的平衡呢？這始終是現代人必須面對的一個大問題。

——原刊於《香港聯合報》，一九九五・四・五

# 現代社會的戾氣

現代社會充滿了一股暴戾之氣，這由美國的近況便可以清楚地顯示出來。像奥克拉荷馬大爆炸的慘劇，純粹是憑運氣抓到了主犯之一麥克維，還拉了兩個從犯尼哥斯兄弟。如果沒有掌握到確實的證據說他們與爆炸有關，認識他們的人根本不信他們會做出這樣的事情。這才是最可怕的地方，犯下這種滔天大罪行的並不是什麼伊斯蘭的恐怖分子，恰好正是街頭上普遍的老百姓。據說他們與所謂的「軍伍」(militia)有關。這一班人並沒有全國性的組織，他們多半不滿政府，認為現在的政府罔顧老百姓的權益，思想右傾，有點像過去的三K黨，自備槍械。他們相信自己是在衛護憲法的第二修正案，即人人有權利擁有槍械以保護自己身家性命的安全。要是這一點不能衛護，那麼憲法第一修正案衛護公民的言論自由也就變得蹈空而得不到保障。要是這樣的人與某種末世的宗教信仰結合在一起那可就不得了。現在看起來大爆炸在四月十九日發生，並不是完全偶然的事故，原來這正是聯邦政府調用坦克攻破大衛教造成信眾死亡的日子。

正因為這樣的人出自草根，到處皆是，這才叫人防不勝防。而現代人的戾氣根本不必是有組織的行動。前一陣子看到美國的一個電視節目，追蹤了好幾個因為失業、感到自己被虐待，而用槍殺死以前的上司與同事的案例。這些人都是普通的老百姓。其中有一個關在牢裡接受訪問，他並不後悔，只說這是一時情緒失控造成的效果，他也不覺得自己不正常，相信這樣的事可以發生在任何人身上。不幸的是，這個人所說的似乎頗符合當前的事實的情況。

東方當然沒有美國那麼多的槍械，但並不是說，這基本上不是東方人的問題。奧姆真理教就破碎了日本社會安全的神話。而不用槍械也不保證社會的安全。前一陣子臺灣一個十七歲的青年因為不滿侍者沒有照顧他的電單車致使零件失竊，乃縱火燒毀一間娛樂場，導致多條人命的死亡。嗚呼！我們要怎樣來對付現代社會的戾氣？

——原刊於《香港聯合報》，一九九五・五・一七

# 性騷擾問題的關注

近時中文大學出了一份有關性騷擾問題的文件，希望能夠立出條例對付這一類的問題。文件現在大學內部傳閱，廣徵大家的意見，不料內容已經摘要在報端發布，可見這是一個大眾關注的問題。我認為性騷擾乃是現代女權高張以後才必須面對的問題。在古代，婦女被視為財產的一部分，打仗勝利，就可以擄掠失敗一方的金銀財寶與婦女，女人根本就沒有發言權。在傳統社會中，男主外，女主內，拋頭露面的機會不多，也談不上性騷擾；至於婢僕受到欺侮也只有逆來順受，根本無處伸冤。只有到了現代，女性受到較高的教育，有在社會就業的機會，男女接觸頻繁，女性不甘受辱，於是性騷擾才會提上檯面，當作一個問題來處理。

比較起來，性騷擾在西方應該比在東方更為普遍。我們的文化傳統比較缺少肢體的接觸，西方人一熟絡就喜歡親來親去，越了圍就會造成性騷擾問題。我在美國教書的時候，就發現有些鹹濕教授喜歡出其不意，在女生屁股上拍上一巴掌，引以為樂，有時猛親一下佔點便宜，中國的教授大概很少會在大庭廣眾下做這一類無聊事。即使在美國也只有在近年女性主義流行，才越來越自覺到性騷擾的問題。安妮塔・希爾在聽證時的表現應是劃時代的一塊里程碑，然而就是她也是通過回憶，對發生在十年以前的事作出控訴。甚至有些女性被強姦，在事後都不是馬上明白自己是被強姦。但到如今，連丈夫都可以被控強姦自己的配偶，情形就完全不同了。現在美國男女同事茶敘態度已不那麼自然，隨便講黃色笑話，或者舉止失當，就可以惹上麻煩。男人也得避免單獨在辦公室約見女性。奇怪的是，現在又多少回到往昔男女之防的那種態勢，未必是男女正常交往之福。如何採取一種中庸之道，有賴於現代人智慧的抉擇。

當然我們不要以為這只是西方人的問題。西方的一套通過電影、傳媒很快便轉移到東方，今天在地鐵隨時都可看到一些青年男女肉麻的鏡頭。在臺灣師大一個系就有七條狼；最近一位女教授的言論激發了女性「只要性高潮，不要性騷擾」的辯論。此時開始正視性騷擾問題，大概是有其必要的罷！

——原刊於《香港聯合報》，一九九五・四・一九

# 學術與社會

最近洪清田君評新儒家觸發了有關學術與社會、中原與本地的爭論。我想指出的是，唐君毅先生當年說與香港背對互不相涉的話，不能夠脫離當時的特殊環境來理解。新亞書院由幾位大陸流亡的知識分子所創辦，心繫中原，懷抱著孤臣孽子的心境，而香港是個殖民商業城市，彼此之間的格格不入是可以想見的。六〇年代中葉，牟宗三先生到港大教書，一口山東國語，與學生缺少溝通，由文化關懷轉歸學術研究，潛心著述之事，也是完全可以理解的。但唐牟不可能不珍惜香港這一片小小的自由的空間，才容許他們發抒文化的理想，他們的學生都是香港人，對本地有深切的關懷。只不過香港的命運始終與大陸緊密地連在一起，這是不容否認的事實。

我於七一年由南伊大休假，首次到香港，加入新亞書院。七二年正好碰上中共進聯合國，我在農圃道圓亭邊上的草地上與關切香港前途的青年學生們展開了如火如荼的辯論與對話，並在《明報月刊》撰寫長文，認同中國文化，不認同任何現實中國政權，在當時發生了巨大的影響。七四年，唐牟退休，徵召我回來接掌中大哲學系。在崇基舉辦的一次座談會上，曾當著那時還左傾的《七十年代》主編李怡兄的面宣稱，香港雖然只是彈丸之地，終必會對大陸產生重大的影響。我到後來放棄了美國的永久教職，成為香港居民，這不能不說是一個主要的原因。

當時有激進學生在《中大學生報》撰文，要唐牟勞（思光）和我醒醒罷，必須面對香港的現實而有所作為。該生聚集了一批同志，推動香港獨立。我一向與學生對談採取開放的態度，但卻拒絕浪費時間談一些我認為沒有可能的事。過了十年，該生回到校園，向勞先生懺悔，謂自己路走錯了，以致一事無成。學者的本務是做學問、辦教育，有深切的社會關懷，但不能去做第一線的實際行動，否則就應離開學府。近時流行的多文化主義與本地化運動自非老一輩人所知。這些東西固然有其正面意義，但也有其偏向，故我曾撰〈多元主義的隱憂〉一文討論相關的問題，必在「特殊」與「普遍」之間覓取平衡，才能找到健康的出路。

——原刊於《香港聯合報》，一九九五・五・一〇

# 美國有關「西方文明」課程的爭議

注意美國教育的人想必會留意到一條消息：耶魯大學拒絕接受一位校友超過百萬美元的捐款，因為它是指定用來支持開設一門「西方文明」的課程的費用。這個課程介紹西方文明的根源，由希臘的柏拉圖一直講到現代的佛洛伊德。不明就裡的人一定會感覺到奇怪，開一門這樣的課為什麼會引起爭議？而且現在教育經費困難，送來巨額捐款竟然不要，到底是怎麼回事呢？

原來這和校園的內部有關「多元化主義」的爭論有直接的關聯。美國六〇年代在大學受教育的青年因為受到越戰的影響，有著強烈反建制的思想。現在這批人在校園內變成了當權派，他們對於課程的設計，有著舉足輕重的影響，正是因為他們的反對，才沒法開設「西方文明」這樣的課程。那麼他們為什麼要反對這一課程呢？他們反對的是隱藏在後面的「西方霸權主義」。從他們的觀點看，西方文明僅只是世界文明的一支，要講就得講世界文明，每一個文明都有發言權。西方霸權主義在世界上造了許多孽，絕不容許它繼續猖狂下去。

西方的知識分子從一方面來看的確是很可愛，他們有良心，有勇氣批評建制，肯徹底反省，這是我們所佩服的。但他們是否做得太過火了一點呢？我認為他們的確太過激進，以致與社會脫節，反而容易引起保守主義的反彈，未必會收到很好的效果。而且他們也與世界脫節，因為非西方文明雖然反對西方霸權主義，但他們還是要了解西方文明，吸收西方的長處，向之借鏡，開展自己的文明。記得新亞書院的通識課程「西方文明」一科，是李杜兄提出的。他是已故唐君毅先生的弟子，基本上是站在新儒家的立場，絕對不是全盤西化派。那麼他為什麼要教西方文明的課程呢？其目的顯然是在知己知彼，要不明白別人的長處，就不明白自己的短處。我們贊成尊重世界文明的態度，但反對各文明故步自封。每一個文明都必須立足本位，放眼世界，才是最平實而合理的態度。

——原刊於《香港聯合報》，一九九五・七・三

# 李約瑟的貢獻與限制

以著《中國科技文明史》聞名於世的李約瑟 (Joseph Needham, 1900–1995)於最近逝世，享年九十四歲。兩岸三邊都對他的學術成就推崇備至，堪稱異數。李約瑟本是一位有名的生物化學家，抗戰時期到中國，對中國知識分子極具好感。他想研究中國的科技文明史，向當時主流的漢學家請教，回答是不必浪費時間在這個題目上面，中國傳統根本沒有這方面的資料。但他不屈不撓，經過半個世紀的努力，與中國學者合作，終於大致完成了這部巨著，共七卷三十餘冊，再沒有人可以否認中國文化在這方面的成就。

李約瑟相信科學為世界之公器。他否定中國科技停滯不進的說法，認為它一直有持續不斷的進步，只不過它缺乏西方在文藝復興以後的飛躍，以致到近代落在西方的後面。但他相信西方的機械主義很快會過時，中國傳統的有機主義在未來會得到充量的發展而有光輝的前途。在文化方面李約瑟對西方採取批判的態度，他否認自己是共產黨，但的確有社會主義的傾向。西方的偏至根本缺乏做世界領袖的條件，但勢之所趨結果把整個世界帶向危機的邊緣。他堅信「四海之內，皆兄弟也」。新亞書院的錢穆講座請李約瑟作第一講，這對雙方都是最好的安排，現在已成為卓著聲譽的講座。

當然李約瑟的《中國文明科技史》也並非全無瑕疵。他的第二卷講傳統中國哲學我就很不滿意。他讚揚陰陽家，卻不喜歡《易經》，認為它只提供了一個缺乏創意的檔案系統，並不了解《易經》最重要的不在它的象數系統，而在它提出了一套「生生不已」、「廣大和諧」的創造的哲學。他又順著大陸流行的見解把張載解為唯物論，並不了解張載雖重視氣的概念，其實仍屬於北宋道學之一分支，既分別「德性之知」與「見聞之知」，又講「一故神、兩故化」，所以朱子仍把他包括在道統之內。但李約瑟的限制並無礙他倡導研究中國科技史的貢獻。近來老成凋謝，哈佛杜維明教授來信說，執教芝加哥大學論「知識分子」而馳名於世的席爾斯教授(Edward Shils)也於最近逝世。他的一篇文章將與我們的文章一同結集由哈佛出版，也順便在此一誌。❶

——原刊於《香港聯合報》，一九九五・四・一二

---

❶ 此書已出，Tu Wei-ming, ed., *Confucian Traditions in East Asian Modernity* (Cambridge, MASS: Harvard University Press, 1996).

# 悼念牟宗三教授

當代新儒家碩果僅存的大師牟宗三教授（一九〇九—一九九五）也終於在四月十二日逝世，不禁令人頓生花果飄零之感。牟先生的喪禮將於五月二日在臺北舉行，本港的追悼會則定於五月七日在九龍農圃道的新亞禮堂舉行。我被公推擔任主禮，以一個與牟先生交誼長達半個世紀的後輩身分來說，當然是責無旁貸的。嚴格來說，牟先生與我之間並沒有師生關係，但他的確是我的父執。在我還是個頑童的時候，他就到上海我家吃過飯，四九年我與堂兄到臺灣求學，父親還交代我要聽他的教誨。讀大學時雖然偶爾去拜訪他得到一些教益，但要到五八年在臺大取得碩士學位受聘東海大學之後，三年之內與他朝夕相處，這才真正在中國哲學方面受到他的深刻的影響。在我年輕的時候，主要的研究範圍在當代西方哲學，但由於家學淵源的緣故，我也不斷讀有關中國哲學的東西，只主要的精力未用在這一方面，當然也還未能真正開竅，而這有待牟先生的指點。

我大一時讀《孟子》未得其要，牟先生就指出孟子思想的綱領是「仁義內在，性由心顯」八個大字。我在東海時，牟先生已在《民主評論》上寫有關朱陸異同的文章，我覺得他對朱熹的批評太苛。他說我的精力沒用在這方面，不可輕易立論。後來專心做這方面的研究，這才知道他的深切處所在。後來他由臺灣到香港，寫出《心體與性體》那樣的皇皇巨著。我嘗說研究宋明儒學，牟先生的論著把我們帶進了一個全新的境界，你可以不同意他的見解，卻不可以不通過他的見解。對於當代儒學的開拓他也作出了重大的貢獻。他的「民主開出說」與「良知坎陷說」引起了巨大的爭議，成為討論的焦點，逼使我們對這方面的問題作更深入的省思。

作為一個人，牟先生一向獨立特行，天機畢露，連在學術上意見十分不同的余英時兄最近也由普林斯頓來函讚他「淡泊自甘，胸際如光風霽月」。於今哲人其萎，哀思不竭，空餘悵茫。只在生者必須努力不懈，自強不息，才能秉承牟先生的遺志，為儒學開拓更廣闊的空間，以立足於世界。

——原刊於《香港聯合報》，一九九五・四・二六

# 錢賓四先生百齡紀念會

不知不覺錢穆先生（一八九五—一九九〇）已經逝世五年，新亞書院籌辦了一個紀念錢先生百齡冥壽的學術研討會，將於五月十一日至十三日在中文大學祖堯堂舉行。同時在十一日與十四日晚七點到九點在尖東科學館安排了兩場公開演講，第一次的兩位講者是何茲全（北師大）與杜維明（哈佛），第二次的兩位講者是余英時（普林斯頓）與許倬雲（匹茲堡），均為一時之選，應該有很大的吸引力。

這次盛會之籌備由刻下在中文大學訪問之許倬雲教授與錢先生的及門弟子余英時教授統籌。錢先生獻身教育事業超逾半個世紀，弟子的年齡由七八十歲到三四十歲，不同梯次都會有代表來參加。而熱心的新亞書院院長梁秉中教授還親自去聯絡，邀請相關人士來宣讀論文。兩日半的會議對於錢先生的學術、思想將會有比較全面性的回顧與研討。

忝為地主的一員，我的論文題目是：「理學、經學與史學之融通——由方法論觀點論錢穆與新儒學」。我並未受業錢先生，但著《朱子哲學思想的發展與完成》一書，考據方面多受益於錢先生，他在思想史方面的著述也大半涉獵過。我所要對付的問題是：錢穆究竟是不是新儒家？這個問題在近時引起了很大的爭論。余英時兄就主張錢先生不是新儒家。我當然承認錢先生不是狹義的「新儒家」，那一條線索熊十力先生是開山祖師，唐君毅、牟宗三、徐復觀諸先生是第二代，蔡仁厚、杜維明等是第三代。由這條線索看，不只英時兄不是新儒家，我也不是新儒家，因為英時兄受業錢先生，我受業方東美先生，與之沒有直接的關聯性。大陸流行的是廣義的新儒家觀念，凡主張儒學有現代意義者都稱作新儒家。這樣不免失於寬泛，但好處是可以看到現代儒學的開放性，內容豐富，多彩多姿，沒有理由讓狹義的「新儒家」獨佔這一名稱。但大陸用「第二代」、「第三代」不免過於氾濫而未見允當。像錢先生、方先生雖年齡比熊先生小，但一向平輩論交，並不存在兩代的問題。會間這些問題當會得到充分的討論。

——原刊於《香港聯合報》，一九九五・五・三

# 為「阿信的故事」一辯

近來有人在報端抨擊「阿信的故事」片集傳播錯誤的信息，曲解抗戰的史實，為日本帝國主義思想張目，並譴責香港的觀眾為什麼會喜歡這樣的片集。我以前沒有看過這個片集，這一次卻連續追了好幾十集。作為紀念抗日受難同胞聯合會的創會會員，我完全看不到「阿信的故事」有這樣的問題。我相信撰文者是只看到裡面的一兩個片集，心存反感，沒有繼續看下去，所以才會發生這樣的誤解。不錯，阿信的丈夫龍三的確是相信了政府的宣傳，大力支持青年參軍計畫，並且靠與軍方做生意大賺其錢。但他的帝國主義夢很快就因日本戰敗而醒過來了，他因強烈內疚而自殺，結束了自己的生命。阿信則自始就對戰爭缺少熱情，對她最大的打擊是至愛的長子阿雄參軍，竟然並非戰死，而是因缺糧活活地餓死在異域。這是通過日本普通老百姓的眼光來看二次大戰，是對帝國主義發動侵略戰爭陷百姓於不義與不幸的最沈痛的譴責。

我們支持抗日受難同胞索債，並不是為了反對日本老百姓，或者有良心的知識分子，而是反對日本帝國主義，反對日本政府拒絕正式道歉，未能為歷史作出適當的交代。事實上，不少日本人的想法和我們是一樣的。今屆諾貝爾獎金得主大江健三郎即持這樣的態度，社會黨基本上是主張政府道歉與作出賠償的。但村山一當上首相以後立刻就轉態，這種態度不是我們可以接受的。不久以前，我接受無線記者的訪問，她說現在的年輕人都不知道以前的事，大家把以往的仇恨都忘記掉，豈不是更好麼?我說不然，如果我們對歷史有了適當的交代，以往的仇恨自然而然會消解，但是拒絕這樣做的話，歷史的幽靈隨時會回來給我們找麻煩。此所以美國政府必須為闖入集中營的日裔美人道歉，並作出象徵性的賠償。而最近史密斯桑尼亞作原子彈爆炸的回顧展，就受到美國退役軍人的一致反對而取消，正是因為展覽沒有清楚地展示引致戰爭的責任誰屬的緣故。今年是抗戰勝利五十周年紀念，我們會有一連串的抗日活動。我們並不期望政府要求日本道歉賠償，但盼望政府不要干預民間的活動。最近人大開會，錢其琛已作出了這樣的承諾。希望民間的壓力能促使日本對歷史作出適當的交代。

——原刊於《香港聯合報》，一九九五・三・一五

# 抗戰勝利五十週年紀念

抗戰勝利五十週年紀念，全世界各地都有慶祝活動。香港紀念抗日受難同胞聯合會於六月十一日下午在大會堂音樂廳也有集會。而我們在今日紀念抗日勝利，與歐洲紀念抗納粹、法西斯的勝利，意義並不完全相同，我願意在這裡談一談這一個問題。

二次大戰德國的罪行基本上已經有了交代。德國的政府正式道了歉，雖然還有人不滿意，認為東德的頭子未曾受到足夠的懲罰，但這是冷戰造成的結果。現在柏林圍牆倒塌，德國正在進行東西德統一大業，困難重重，不能再去節外生枝。如今新納粹攪事，反映了社會轉型碰上了棘手的問題，但政要、知識分子、民間無不交口譴責這種非理性的行為。那麼形勢儘管嚴峻，料想不足為患。

但日本的情況就完全不同了。不只日本政府從來沒有公開道歉，而且右派分子在政府在社會都有強大的勢力。最突出的一個例子是石原・慎太郎。他曾著書倡言日本可以說不，頗為轟動一時，他又與馬來西亞的馬哈迪合作著書，抗衡西方。前一陣子他乾脆把國會議員的職位辭去，譴責日本缺乏道德勇氣，向西方勢力低頭。很明顯，石原的言論在日本是有相當代表性的。日本右派的實力絕不可加以低估，村山訪華去了盧溝橋，但還是沒法道歉，正是受了這股力量的阻撓。

日本右派講一大套歪理，表面上看來似乎也可以言之成理，振振有辭。他們認為西方帝國主義首先採取擴充政策，日本為了自保，不能不也採取擴充政策。但他們的目的是建立大東亞共榮圈，亞洲人在日本人的領導下抵抗白人的帝國主義。結果是成則為王，敗則為寇。他們現在譴責美國濫用原子彈，而不問誰掀起太平洋戰爭的責任！他們又認為南京大屠殺是誇大的捏造。要是這樣的說法可以成立，那麼發動二次大戰的日本軍國主義者真正是打了一場義戰，中國人喪失了那麼多的生命財產都是活該了。如今二次大戰的史實不斷曝光，日本有些老兵跑出來自承罪狀。近期《時代》雜誌（五・二十二）說得好，要我們原諒是可以的，但要我們忘記是不可能的。我們必須逼迫日本人面對二次大戰的歷史。

——原刊於《香港聯合報》，一九九五・六・七

# 對於激進主義的批判

毛澤東時代最時髦的思想是激進主義，文革時代的口號是：「革命無罪，造反有理」。而且這樣的思想往全世界推銷，六〇年代西方激進的青年很多是毛澤東思想的信奉者。然而曾幾何時，四人幫倒臺，毛澤東去見了馬克思，文革已被公認為一場災禍。很容易想像得到，激進主義的思想會受到批判。但一直到最近，大陸才有學術會議檢討激進主義，知識分子如王元化、陳來、徐友漁的言論廣泛由傳媒向海外報導。正好劉再復與李澤厚的對話錄倡議「告別革命」，也是對於激進主義的棄絕與清算。我也想略談對於這個問題的意見。

這個時代的激進主義與改良主義之爭可以追溯到滿清末年：康梁是保皇黨，孫中山是革命黨。最後革命黨勝利，締造民國，朝廷的日子一去不復返了。但兩黨之間的差別並不是絕對的。我們不要忘記，孫中山在年輕時曾經寫過〈上李鴻章書〉。而康有為到後來出版《大同書》，發表了一些激進的烏托邦的思想。或者可以這樣說，如果改良有機會的話，大概可以不用革命。

但改良不行，挫折感越來越深，於是越來越助長了激進主義的傾向。譚嗣同這樣的殉道者在當時的確發生了巨大的影響。

李澤厚現在說，連辛亥革命也沒有必要。我不認為我可以同意他這樣的見解。我可以承認，歷史並沒有必然性，辛亥革命是由許多偶然因素輻輳產生的。但即使沒有辛亥革命，當時那一股勢力是很難抵擋的，我看不到清廷可以繼續統治下去的可能性。記得有一次在南伊大聽賽珍珠演講，她十分惋惜地指出，如果中國能夠像英國日本那樣走上君主立憲的道路，那就不會經歷以後的亂局。我覺得由現在去推想如果當年革命不發生的話，情況會如何如何，是沒有多大意義的。不要忘記中國的情況與英國日本完全不同，中國是異族統治，孫中山在當時提出的口號是，驅逐韃虜，恢復中華，革命成功以後，他才改為五族共和的口號。由此可見，當時的革命是勢所必至，無論賽珍珠、李澤厚怎樣說，是很難轉移中國近代史的大勢的。

——原刊於《香港聯合報》，一九九五・五・二四

## 對於激進主義的反省

激進與改良之爭，又反映在國共兩黨的鬥爭之上。到了今天，當然有人可以說，如果沒有共產黨的叛亂，由國民黨在大陸搞下去，也像臺灣那樣有一小康局面，中國的情況豈非好得太多了。然而這同樣是不切實際的幻想，四九年共黨席捲大陸乃是勢所必至，絕無可能加以阻擋的。我那時只是個十多歲的青年，但中學生都在那裡高談闊論，大家都感覺得到國事日非，國民政府貪汙腐敗，豪門肆虐，罔顧老百姓的死活。我嘗開玩笑說，如果光讀《傳記文學》裡面那些文章，國民黨那些大員個個都有豐功偉業，文官安邦，武將定國，那就完全沒法子理解，國民黨政府為何會流落到臺灣去。如果當時在大陸實行三民主義，那麼局面早就改觀了，不幸的是，事實上實行的是二民主義，搜刮民脂民膏，那就注定完蛋了。我親眼目睹大家排長龍把辛苦積蓄下來的一點金銀換取很快就不值一個錢的紙幣，這樣的政府不垮才怪。故此長江天險，一下子就度過去了。後來國民黨在臺灣勵精圖治，搞三七五減租，財經掛帥，變成四小龍之一。

而大陸卻搞文革，局面才整個逆轉過來了。

如所周知，毛澤東年輕時也是改良派，曾經崇拜過康梁，後來才變成革命派。李澤厚講啟蒙與救亡的雙重變奏，舒衡哲的英文著作也有類似的論調，多少解釋了激進主義當令的原因。但毛澤東的問題在他自己是大舵手，卻在那裡倡導不斷革命論，迷醉在空想的烏托邦裡，利用四人幫搞文革，為中國帶來了巨大的災禍。《芙蓉鎮》的結尾說，幾年就來一次運動，真正是叫人觸目驚心，這樣才是動搖國本，斲傷民間生力，要不是文革之後的撥亂反正，真不知要伊於胡底。但我們必須緊記的教訓是，改良不力，才會造成激進主義的溫床，一旦勢成就無藥可救，把人民逼到寧願與統治者偕亡，那可就不得了。八九年的民運恰正是一個徵象，人民反官倒，學生爭民主，結果釀成六四慘劇。這個日子將臨，當權者如不能著實改良，只是抓幾個持異議分子，歷史的殷鑒不遠，恐怕不是解決問題的辦法罷！

——原刊於《香港聯合報》，一九九五・五・三一

# 對於李登輝訪美的感想

李登輝訪美，是中華民國在臺灣第一位總統到美國訪問。洛杉磯鋪下紅地氈迎接貴賓，比起去年李登輝過境只能留在飛機上的情景，真的是不可同日而語。難怪李登輝會感到意氣風發，神情愉快。可以預料得到的是大陸的反對與抗議，但反應如此強烈，取這麼高的姿態，顯示中共當局並未能掌握國際政治變化的形勢，而不免令人感到深切的憂慮。

事實上，國際政治波譎雲詭，瞬息萬變，世界對中國的態度正是一例。邱吉爾曾經說過，我們沒有永遠的朋友，也沒有永遠的敵人。一九七二年中共進聯合國的情景如在目前，臺灣簡直如喪考妣！不能相信數十年的朋友可以翻雲覆雨，背信棄義到了這樣的田地。但臺灣並未因此沈了下去，正好相反，經過二十多年的努力，成為亞洲四小龍之一，外匯存底超過美金一千億。如今財大氣粗，加以政治走向民主的道路，在國際上造成了截然不同的觀感。美國參眾兩院均無保留地通過李登輝返母校作私人性質的訪問，柯林頓還能否決這樣的提案嗎?中共的叫囂威脅均不能夠改變這樣的事實。

為今之計，中共只有拋棄自己僵固過時的看法，接受臺灣為一政治（經濟）實體的現實。老實說，直到今日為止，其實並不真正存在「兩個中國」、「一中一臺」的問題。因臺灣仍由國民黨執政，雖不承認臺灣為中華人民共和國的一部分，但仍肯定一個中國的原則，也未主張臺灣獨立。故在今日務實的政策應即組織中華邦聯，承認在一個中國的架構之下，兩岸分治的現實，不再在國際上打壓臺灣，才能避免臺灣永遠分裂出去的變局。此一邦聯架構只適用於大陸與臺灣，並不適用於其他各省與西藏，因那些地區並不存在分治的現實。不幸的是，大陸似乎在採取不現實的政策，竟然與北韓連成一氣，賣武器給危險國家來抵制以美國為首的西方國家。這樣豈非自絕於世界，恰好墮入亨廷頓預言的陷阱之中，豈不令人憂心！

——原刊於《香港聯合報》，一九九五・六・一四

# 傳媒與報力

李登輝訪美獲得空前的成功。《時代》雜誌（六・十九）以笑容可掬的李登輝當作封面，標題是「李在美國——他的訪問非官式而有歷史性，標示了臺灣不斷上升的世界重要性」。老實說，如果李是作官式訪問，反而起不到這樣的效果。正因為臺灣是擁有強大經濟實力的政治實體，卻因大陸的打壓，長期得不到應有的肯認，如今忽然有了一個突破口，於是全球的傳媒爭相報導。在私人的訪問中，李的親和，不搭架子，惹人好感。尤其他相貌堂堂，英語雖不很流暢，卻得以吐露「心」聲，除了大陸痛加撻伐以外，幾乎得到海內外傳媒一致的肯定，而且的確會產生深遠的效果。世界各國有可能群起效法，臺灣的外交孤立，雖不會在官式層面上有什麼改變，卻可能在實質層面上有很大的改進。難怪大陸才會氣急敗壞，叫囂威脅，儀態盡失。臺灣在得意之餘，也宜戒慎，以免引起大陸方面過分的反激，而影響到兩岸交流的正常發展。

李登輝這一次充分利用了國際傳媒的力量，相形之下，大陸似乎還完全沒有進入傳媒的時代。大陸的官員對外發言，幾乎沒有一個有很好的形象。以香港為例，人人都知道彭定康是個政客，但他即使說的是一篇歪理，也還是給人一副理性平和的形象，而魯平的樣子就不能看。要知道現在已不是文革那樣鎖國的時代，大陸面對國際有關人權方面的指斥，不只無意改變自己的一些做法，改善過去的形象，反而擺出一副毫不在乎的樣子，給人一種怙惡不悛的印象，這樣怎麼能夠爭取到國際上的同情？這一年來不斷受到一連串的挫折，光曉得譴責別人，不知道檢討自己，只怕情況還會繼續惡化下去！你根本就沒有多少條件可以稱霸，偏要擺出一副霸主的形象，當然就得付出沈重的代價。

上次去臺灣，才第一次聽到「報（暴）力」的說法。報紙可以製造輿論，左右讀者的觀感。故此傳媒也得自律，否則就會濫用傳媒的力量。現在人才慢慢警覺到，言論也可產生暴力，這還是一個新的未為我們充分了解的現象，值得好好省思。

——原刊於《香港聯合報》，一九九五・六・一七

# 儒家思想的兩條線索

由於近時有些現實政權想利用儒家思想穩定社會秩序，提高國民倫理，於是又重新引起了究竟儒家思想是現代化的障礙或有利因素的爭論。其實這些爭論往往把複雜的問題簡單化，未能恰中緊要。如果能把問題的層次劃分清楚，至少有一部分爭論是完全沒有必要的。我曾提議把儒家分為三個層次：一是精神的儒家，這指孔孟以來的大傳統；二是政治化的儒家，這指漢代以來建立，指導現實政治背後的意理；三是流俗的儒家，這指民間重視家庭、勤勞節儉、尊重教育的傳統。三者之間有千絲萬縷的關係，卻又在概念上可以清楚地分別開來，不必攪混在一起，使得問題的爭論失去了焦距。

撇開流俗的儒家不談，這是百姓日用而不知的層次，暫時可以置之不論。精神的儒家與政治化的儒家則有十分鮮明的不同的特徵。精神的儒家雖然嚮往社會的穩定與仁政的理想，但對現實的政治則具有強烈的批判性。當代新儒家繼承的正是這一條線索，他們認為必須向西方吸納民主法治的制度，才能走向實施仁政的理想。他們對於極權主義、乃至權威主義均持有不妥協的徹底批判的態度。

構成問題的是政治化的儒家。漢代利用儒家意理建立亙古未有的大帝國，不能不說是一偉大的成就。但明清以降，日趨專制。終於西風東漸，傳統所謂趨穩定的架構徹底崩潰。如今朝廷的日子早已過去，然而傳統政治化儒家權威主義的幽靈還在那裡發生負面的作用，這才是自由主義分子與西化派所要集中火力加以打擊的對象。這種反激絕非無因而起。很明顯的，毛澤東是傳統帝王的變相，再加上現代的組織與群眾心理的利用，文革所造成的災害，就是缺少對獨裁者有所制衡產生的惡果。這一類的東西絕不能夠聽任其借屍還魂，而必須加以徹底批判。但反權威主義並不等於反儒家，或者必須走上西方個人主義的道路。事實上西方有識之士正在揚棄個人主義，提倡社群主義。但社群意識必預設公共空間，由下而上蘊發凝聚力。這與當代新儒家的思想頗有合轍之處，不可簡單化地把中西對立起來。

——原刊於《香港聯合報》，一九九五・六・二六

# 危機感與新權威主義

大陸的領導人從來不缺少危機感。毛澤東以前憂慮中國會被開除球籍。鄧小平因為聽信李錫銘與陳希同的報告有深切的危機感，這才把示威抗議運動定性為動亂，而無情地加以鎮壓。現在的領導人同樣有很深的危機感，據說江澤民曾經引述過王山的《從第三隻眼睛看中國》，連李鵬都說，中國的情況要不改善的話，有被顛覆的危險。當然領導人有一點危機感是好的，總比一切無動於衷的態度要好得多。問題在怎樣來回應這樣的危機感呢？那才是真正的癥結要害之所在。

現在的領導人最大的一個憂慮在，中央威信不足。四個堅持其實只是一個堅持，就是堅持共產黨的領導。現在不只沒有毛澤東的權威，後鄧時代連鄧小平的權威也沒有了。儘管有人在提倡新權威主義，投當局之所好。但新權威並不是那麼樣容易樹立得起來的，看來近來在提倡儒家，還是與這個問題相關。只不過學者明白地劃分精神的儒家與政治的儒家。前者預設現代社會的多元架構，只關個體的終極關懷與安心立命事，後者提倡一元化的領導，已經隨著朝廷政治而死亡。精神的儒家可以萬古常新，政治的儒家卻已與時俱逝。現在需要的是逐步建立民主的體制，不是要去恢復統治者的無上權威。這樣的做法正像孟子所謂的緣木求魚，根本就做不到，而且後必有災，罔顧時代潮流的趨向，反其道而行，不免會收到災難性的後果。

或謂大陸如今心目中的模楷是新加坡模式，這樣的模式是否理想姑置不論，問題在大陸根本沒有條件學這樣的模式。新加坡所實行的其實是陽儒陰法，它的情況與大陸完全不同；小土寡民，教育程度高，專業人士多，由英國人那裡學來了法治的精神，政府人員得到高薪待遇，基本上可以杜絕貪汙，而形式上至少是全民選舉。如今由於社會富裕，憂慮西方來的腐蝕影響，於是寄望提倡儒家倫理，是否成功還在未定之天。大陸完全不具備這些條件，奈何要東施效顰呢？

——原刊於《香港聯合報》，一九九五・七・一〇

# 沙卡洛夫得諾貝爾和平獎的意義

沙卡洛夫得到本屆的諾貝爾和平獎金,這該是諾貝爾獎設置以來一件值得大書特書的大事。可是由於現實政治權力的壓迫,客觀的形勢比人強,使得它沒有受到應得的注意。如今正當人們快要淡忘的時候,就格外應當來討論一下這個事件的意義。

## 堅決反對極權政治指出軍備競賽危險

五十四歲的沙卡洛夫是蘇聯的氫彈之父,毫無疑問是蘇聯最出名的科學家。他曾贏得史達林獎,三度被選為社會主義勞動英雄,這是蘇聯平民可以得到的最高獎。可是當他發現自己對於他所發展出來的可怕的武器的試驗和使用竟然沒有一點控制的時候,他就變成了一個反對派。一九六一年他因在一份備忘錄中反對核試而觸怒了赫魯雪夫;一九六四年他竟然斗膽敢糾合同僚反對赫魯雪夫提名為科學院院士的候選人；一九六八年他在西方發表一篇論文〈關於進步、和平共存與知性自由的思想〉，堅決主張裁減核子武器並預言東西的會合，這樣自更不為當局所容。他也就從此致力於為政治犯請願的工作，他把薪金大部分捐出來救濟政治犯的家屬，他的斗室變成了持異議分子的逋逃所。這次他成為有史以來第一位獲得諾貝爾和平獎金的蘇聯人。諾貝爾獎金委員會稱讚他是「人的兄弟情誼的堅信者，認定真誠的共存為拯救人類的唯一方法。」而以他為核子物理家的身分，「他有特別的慧識與責任，能夠明白地指出並反對國家之間的軍備競爭的危險。」但塔斯社卻攻擊諾貝爾獎金委員會的決定為「政治的投機」，大罵沙卡洛夫為賣國賊：「反對自己的國家，與最反動的帝國主義集團攜手反對和平共存的政策。」

## 寧願放棄特權地位為人權和民主請命

如所周知，諾貝爾獎的設立是因為諾貝爾後悔發明了殺傷人的可怕的武器而希望用獎金作為謀求世界和平的用途。如今的核子武器殺傷力不知比諾貝爾發明的炸藥大了多少倍，加以沙卡洛夫生活在可怕的極權統治之下，卻甘願放棄了自己的尊貴特權的地位，站在被迫害者的一面，為民主、人權、和平的理念而奮鬥，致被當局視為眼中釘。這種精神固然與諾貝爾的本意完全附合，而危惡的處境則比諾貝爾還要艱難萬倍，不能不令人傾服。而挪威國會所指派的諾貝爾獎金委員會竟然敢於得罪強鄰，拒絕了五十個另外的候選人，而決定頒獎給沙卡洛夫，也不能不說有他們的獨到的眼光與道德的勇氣。沙卡洛夫本人當然樂於到奧斯陸去領獎。但正如以前巴斯特納克與索忍尼辛得不到簽證去斯德哥爾摩領諾貝爾文學獎一樣，蘇聯當局當然不准沙卡洛夫出國去領獎。西方在去夏赫爾辛基舉行的歐洲合作安全會議本意是要迫使蘇聯接受人權條款來交換對於歐洲現有疆界的承認。結果蘇聯只接受了條文的外貌，完全不改素行，卻轉過來反咬西方一口，說西方藉機中傷社會主義國家。這就是國際政治的現實。

一九七五年十二月十一日在國外治青光眼的沙卡洛夫的夫人暨戰友伊蓮娜代表他領獎金並發表了一個沙卡洛夫本人準備的極簡短的演說，要求世界普遍的政治大赦，指出「為政治大赦的奮鬥即是為人類未來的奮鬥。」而他接受這一獎金的榮譽則為蘇聯以及其他東歐國家有良心的囚徒所共享。

## 在痛苦中覺醒正受蘇共騷擾

沙卡洛夫與索忍尼辛堪稱蘇聯為人權奮鬥的一對偉人。但沙卡洛夫對於人權觀念的覺醒更早於索忍尼辛。他對社會民主的信念也更接近鐵幕外的知識分子，而不像索忍尼辛的思想有一方面似乎要回復到傳統的權威主義，雖則在另一方面索忍尼辛對於蘇聯的集中營有著比沙卡洛夫更痛切的第一手的經驗。據最近的消息，自伊蓮娜返國以後，沙卡洛夫一家正受著新的騷擾。沙卡洛夫如今已將戶口遷出他的舊居，正申請遷入他的夫人的住所卻不獲批准，以此也有可能遭受到像索忍尼辛那樣被逐出的危險，但他們還正在為著他們的權利而與官方戰鬥。

沙卡洛夫的事件證明世界為人權奮鬥的孤炬是永遠不會熄滅的。但「和解」或者可以略為減低世界大戰的外在危機，卻沒法子保障極權國家內部的人權。這是我們在今日才學到的一個新的教訓。❶

——原刊於《明報》，一九七六・二・一八

❶ 一九九六年十月二十六日報載消息，歐洲沙卡洛夫「人權獎」已決定頒贈給魏京生。

# 一個重要的文獻

《魏京生自傳》是一個重要的文獻。它不是一篇普通的自傳，它所展示的是魏京生的心路歷程。從一個有血性有思想的年輕人的反應可以促使我們對一些更基層的問題作最嚴肅的反省。

魏京生是在純粹中共統治下成長的，他的家庭背景，他的教育使他在少年時成為一個忠誠的馬列主義者，乃至一度成為一個狂熱的毛主義分子。但是，他的觀念形態只能使他在短時期內看不見社會的真實，而不能長時期阻止他看到中國大陸的真面目。階級成分的思想，仇恨和鬥爭的情緒，使得無辜的人民受到迫害，整個的社會秩序瓦解，只便宜了一些新的當權派，造成了一些壓迫人的新階級。是魏京生親身的經歷使他終於覺悟到「毛澤東是個劊子手」，中國的「天災」，其實是人為的禍害。是魏京生的良心使他決意做叛逆分子，做殉道者，終於他被判了十五年的徒刑。

星星之火，可以燎原。中共的領導者對魏京生的忌憚和敵意是可以了解的，但魏京生所暴露出來的中國的問題卻不是他們可以漠視的。是中國的缺乏制度才造成了四人幫荼毒天下的後果。中共今日的領導者身受其害，也多少理解到民主法治保障人權的重要性。但他們的覺醒顯然不如魏京生的痛切，所以他們還要下死力保護毛澤東的名譽，把魏京生關進監牢，卻怎麼樣也不能夠自圓其說，而使得他們在所說與所做的之間留下了一個巨大的裂縫。實際上他們在鞭毛，卻又不許人明白說鞭毛，這樣的騙局究竟能夠維持到幾時？魏京生唯一的罪狀就是他揭破了這樣的騙局，所以他才要受到如此嚴重的處罰。這絕不是一個理性的解決問題的方案。

從西方民主國家的觀點來看，魏京生的言論並沒有對國家造成當下明白的危險，絕無任何理由將之繫獄。當然我們不能把西方的標準用在中國，但把出賣國家機密一類莫須有的罪名來定魏京生的罪是難服人心的，魏京生這樣的持異議分子有什麼有價值的情報可以賣給洋記者？就憑幾條參考消息上的舊新聞？魏京生要找洋人作經濟或道義上的支持或者不是中國人的心理上可以接受的，但魏京生所指出的問題是真實的。中共的領導者必須正視這些問題，否則要談國家未來的前途是無意義的。而中共的領導者要對海內外的人民表示他們改革的決心，他們馬上可以做到的一個最直接的表示就是：立即釋放魏京生。❶

——原刊於香港《中報月刊》第一一期，一九八〇・一二

❶ 中共不只沒有釋放魏京生，反而在他出獄之後，又以類似的罪名把他抓起來，再判刑十四年。天下間的殉道者崇高的聲譽都是由當權派不義的行為一手造成的。

# 論學術獨立與其價值

學術獨立的價值是件無須爭論的事，但舉一兩個實例就會看得格外清楚明白。愛因斯坦發明相對論，當時德國排猶，竟然直斥之為下等猶太人腦中的幻想；蘇聯也因意識形態的關係而排拒相對論；但造原子彈必須用到愛因斯坦的公式。學術獨立研究所得出來的成果是不會因為政治的立場而有所改變的。反過來看政治若干預學術，就會鬧出大笑話來。史達林時代李森科的春化就是一個最好的例子：用不純的種子種植出來的結果去證明後得性遺傳，一直為士林傳為笑柄。

純學術的考慮應該超越政治的考慮。這是一個理想，不可能完全做得到。但該儘量往這個方向做去。前年（八二）七月間在夏威夷開「國際朱子會議」，邀請了大陸的老學者如梁漱溟、馮友蘭。參加籌備會工作的哥倫比亞大學狄百瑞教授說得好：「這些人當年唯一的錯誤在決定留在大陸。他們罪已經受夠了，我們應該給他們在學術上的貢獻一點承認。」結果梁漱溟因在香港《百姓》半月刊撰文批毛晚年昏亂，不得放行，卒以年老衰病為由，未克與會。馮友蘭到會之後，曾親口對我們承認，他現在有許多思想又回復到「抗戰時期」的思想。後來哥大頒給了馮友蘭一個榮譽學位。

馮友蘭的人格我們可以瞧不起，看法我們也不必同意，但他確曾寫過一些著作，只要是學術性的，我們現在應該有雅量來加以公開承認了。以前印他的書，用他的號馮芝生，也還不算離譜。又如朱光潛的書作者作朱潛，或者某某書局編纂，那還算是沒有辦法中的辦法。但沈從文那本有關古代服飾的新著竟然明目張膽換了作者的名字，那就太過分了。學術論文的注腳應該不用過分避諱，否則學者的勞績不只得不到實際的利益，竟連名義上的承認都沒有，那還有什麼學術尊嚴可言！我提議這一類的作品要可以出版的話，就該用回作者的本名，不必借助於一些鼠竊狗盜的伎倆。

總之，學術的獨立與尊嚴一部分的責任固然在學者，不能過分趨炎附勢或明哲保身，而要用超乎政治的實際成績，來建立學術的客觀標準；另一部分的責任則在當局，要創造有利的條件來鼓勵學術研究。那才可以建立學術傳統的獨立與尊嚴。若有太多不必要的禁忌，使得學者效金人之三緘其口，那不只是學者個人的損失，也是國家民族的損失。我們對此應作出智慧的抉擇。

——原刊於《民生報》，一九八四・六・二一

# 輯四

# 體會與訪談

# 作家座右銘

時時要思想，時時要讀書，時時要把心得記下來。每天要記日記，每天要動筆寫東西，因為寫作是一種習慣，不斷寫才能保有自己寫作的衝動，不會犯上眼高手低的毛病。文字要流利、要白，但最重要還是要言之有物。有時為了要曲達自己的心意，也不必故意避免用創新的詞語和句法，久而久之乃可以形成自己獨特的寫作風格。初稿一定要放勢寫，一氣呵成更好。但不必急於發表。一定要慢慢修剪到自己稱心滿意的地步，然後才拿出去，找發表的機會。

——原刊於《中國時報》，一九八〇・三・一七

# 生與死

前不久新加坡發生一件大事，新世界大酒店在幾秒鐘之內陷落地底。在這種突發性的災變之中，生死幾乎繫於一線。有人請假在家，所以安然無事；有人臨時加班，無緣無故走進了枉死城。兩個孩子因為母親的吩咐出去買東西，結果倖免於難；一個職員因為聽錯了老闆的交代，跑錯了一家銀行，幾乎被活埋地底。三個在四樓打掃的女工在樓塌之後毫髮無損地走了出來；但也有人被困了幾十個小時，與死屍壓在一起不能動彈，最後終於獲救。經歷了這樣的事實，有些人一輩子的人生觀會整個改變過來；據說有些救援人員因為沒法把受難者救出來，精神上受到巨大的震撼，竟然需要接受心理治療。一個星期之內，新加坡舉國上下，談的不外是這一件事情。「生死一大事因緣」，由此可以得到一個清楚的見證。

一個嬰兒呱呱墜地，看來那麼柔弱無助，微小的生命好像隨時可以被奪走。長成之後，現代人的生活處處滿布危機，車禍空難，不知什麼時候生命就會終止。這樣很容易產生「生命無常」的感觸，然而自然界之中的有生之物莫不沾滯於生命，死亡始終被認為是一種可怖不祥的現象。

既然死亡是不可以避免的，那麼「怖苦」乃成為了人類宗教思想的一個重要的根源。可是當我們回到神話世界，卻發現了一個奇怪的現象。卡西勒指出，在那個世界中，生命流通在萬物之內，不是生，乃是死，才是難以了解的。正由於在「有生物」與「無生物」之間缺少根本的差別，巫師取得你剪下的指甲，就可以施展巫術對你不利。圖騰的生物與人的生命休戚相關，因為二者是同一的；變形在神話思維中是普遍的現象。埃及的法老費那麼大勁造金字塔，正因為死亡在他們看來只是長期的休息，隔了一定的時間之後就會復活，重新恢復他們在世間的權力與尊榮。

在人的思想的發展過程中，死生的分別畢竟是無可避免的。在古希臘，人神的分野正在於凡人皆有死，只有神才是不朽的。冥王的領域是一個幽深黑暗的世界，正因為他把大地女神的美麗的女兒搶去做冥后，大地女神才拒絕在女兒不在跟前的季節工作，而變成了世上的冬天。

希臘人似乎漸漸失落了早期樂生的思想。一個哲人在參悟了生死之謎之後，卻勸人不要追根問底強求答案，否則一定會後悔莫及。蘇格拉底鄙棄現世的生活，靈魂要培養羽翼才能夠飛翔脫離肉體的羈絆而上升到純淨精神的領域，此所以他為了衛護正義的原則，而毫不猶豫地吞下了致他於死地的毒藥。正因為他鄙棄現世生活，後世傳播「大地福音」的尼采才攻擊他，說他是早於基督降生的基督徒。

蘇格拉底的門徒柏拉圖篤信靈魂不朽。生死的關係猶如日夜，日繼之以夜，而夜又繼之以日，一個人的生命不會因死亡而終止。真正的解脫是培養靈魂的純淨，永遠盤桓在超離時間的永恆真理的領域。蘇格拉底另外的門徒創立了犬儒學派與享樂主義派，分別影響了希臘羅馬時期的斯多亞派與伊璧鳩羅派的思想，對於生死提出了他們的特別的看法。

斯多亞派的愛爾克推多斯認為，凡是人無法左右的東西像壽夭、生死一類的事情，就不必為之操心。只有人的德行的增長，是人可以通過努力去成就的，這才是我們必須全力以赴的目標。重要的是，人要順應自然（理性）而生活。伊璧鳩羅則認為，人之生乃由原子的積聚而成，死也不過只是原子分解的結果而已！學了哲學之後，便可以驅散對於生死的神祕感。人在活著的時候，既然還活著就不必去憂慮死亡，死後卻又無法再憂慮死亡了，我們毋需為之而擾亂了我們內心的平安。

到了中世紀，西方文化為基督教所席捲。世界萬物與人的生命都來自上帝，生命的目的也是為了光耀上帝。然而因為原罪的關係，現實的人生是墮落的。為了不忍看到人類的沈淪，他派遣人子耶穌降世，當作替罪的羔羊。耶穌被釘在十字架上，他的現實生命的終結象徵著另一個更豐富的精神生命的開始。於是信耶穌者可以通過上帝的恩寵而得救，獲得永生，怙惡不悛的不信者則將在最後的審判日受到懲罰，淪於萬劫不復的境地。

中世紀的經院哲學家相信，上帝的存在可以通過本體論、宇宙論、目的論一類的論證來加以證明。但是近代人漸漸懷疑這一類論證的有效性。康德認為它們都不免陷於互相矛盾的效果。但理論理性雖無法確證有神或無神，實踐理性的要求則不能不假定，個體的靈魂不朽，以及上帝的存在。

對於康德來說，人的知識只限於現象界的領域，而不及於本體。但是叔本華卻認為，人可以掌握本體的知識。穿透了為充足理由律支配的外表世界，揭破了本體的祕密，原來它竟是一團絕對非理性的盲目意志。乃是在它的驅策之下而產生了生命，而生命的本質乃是痛苦。人只能通過藝術以追求暫時的解脫；永恆的解脫則仰賴於欲望的滅絕。對叔本華來說，自殺不是可行的解脫道，因為自殺是以另一種方式肯定了生存的意志。只有徹底灰心滅智才能夠得到終極的解脫。以此叔本華被稱為是一位悲觀主義的哲學家，他把他的眼光轉向東方，他說印度的《奧義書》乃是他生前以及死後的安慰。

然而叔本華對於東方哲學智慧的了解畢竟是浮表的。如果生命的本體乃是盲目意志，那麼人怎麼可能去滅絕他的本體呢？印度的婆羅門教卻把意志當作浮表的現象，本體是永恆的大梵天，梵我一如，這才能夠找到終極的解脫道。但是梵天是那樣的偉大尊貴，我們是那樣的渺小卑賤，二者怎麼有可能合一呢？這就不能不講一講《奧義書》的「四位」、「五藏」的哲學了。讓我們先由五藏說談起吧。原來印度哲人認為我們有五個不同的自我，即所謂食味所成我、生氣所成我、意所成我、識所成我、與妙樂所成我。那個吃吃喝喝的我是最表層的我，這是個很快會腐朽的小我，也是最不值得我們去眷戀的那個我。生氣是無形的，卻比身體的麤重相要更根本，意志又比生氣更根本，而識要比意志更根本，到最根源的一層，剝開了生命外表的假象，找到了精神的大我，與梵合而為一，徹底超脫了輪迴，生命的病痛完全得到解除，享受無窮的妙樂，這才體現到生命的真諦。四位說由另一個角度宣說了同樣的道理，四位即所謂醒位、夢位、熟眠位與死位。人們誤以為醒時的我是真我，卻不知這是最浮表最有限的我。夢裡的我要自由得多，但仍有限制。熟眠無夢，精神上乃得到高度的自由與解脫。但熟眠還有醒的時候，只有到精神體現到死的境界，那也就在同時體現到永生，死生一如，再沒有輪迴的苦惱。這些乃是《奧義書》所傳達的密意。

印度哲學的共同假設是輪迴，現世的生活是苦痛的來源。佛陀在菩提樹下證道，參透了生死的祕密，乃斷定傳統印度婆羅門教的思想還沒有真正脫離煩惱的根源。他認為這樣的思想還執定永恆的存有，即此便已誤入歧途，而得不到終極的解脫。佛陀的三法印是：諸行無常、諸法無我、涅槃寂靜。印度教的教義是常、樂、我、淨，佛教的教義卻是無常無我。宇宙裡根本沒有永恆的東西，去追求永恆，境界固然比一般人高上一籌，其本身卻便是一種煩惱的根源。必體現無常無我，這才可以徹底破除無明，進入涅槃的境界。但我們不能妄生穿鑿，在世間之外另外去構畫一個涅槃的境界。照大乘佛學的理解，涅槃即世間，世間即涅槃，並不需要在我們的世界之外去另覓一個天堂。打個比方說，飄流在海洋中，拚命想要抓住一塊浮木，其結果仍不免於滅頂，但如果完全放鬆，順著水勢推移，自然可以到達彼岸。佛家的教義的確含藏著極深的哲理，不是一般對於鬼神的迷信所可以比擬於萬一的。

佛教傳入中國，首先必須經過「格義」的階段，因為中國人要了解外來的說法，必須用本土的說法去湊泊，才能夠產生理解。而中國最接近佛說的便是老、莊的道家的思想。老子鄙棄感覺層面的生活，他認為五色令人目盲，要使人心不亂，乃必須要鎮之以無名之樸。眾人習於美醜、善惡、上下的分別，故不免於煩惱，他要人反其道而行之，故曰：「為道日損，損之又損，以至於無」。老子的「無」顯然與佛家的「空」有相通的地方，但也有十分不同的地方。老子鄙棄人為的文明，但卻崇尚自然，他並不認為生命的起源即是無明。是人的背離自然，這才攪出了種種的麻煩，如果能夠歸根復命，就能夠克服這樣的麻煩。

莊子的思想是建築在老子的思想之上所作的進一步的發展。他不再像老子那樣強調歸根復命，他所強調的是與時俱化。整個世界是個不斷在變化中的歷程，這樣的歷程不是任何人可以勒得住的。他以一種詼諧奇詭的方式宣講人生的大道理。莊子有一次做夢，變成了一隻蝴蝶在空中自由地飛翔，醒來之後他提出了一個疑問：究竟是莊周做夢變成了蝴蝶呢，還是蝴蝶做夢變成了莊周呢？莊子對生死有一種極為透徹的看法，既然方死方生，方生方死，我們何必對死亡感到那麼巨大的悲痛呢？據說莊子的太太死了，他的朋友惠子來弔唁，卻看到他在鼓盆而歌，乃責備他罵他不免太過分了。他的答覆是世人不了解天地之化，這才會自尋煩惱，死生是自然的事，老伴過去，初初會感到難過，但是想通了，也就無所用其悲傷了。莊子的思想和大乘佛學是比較接近的。他毋需退隱在隔離的寺院之內，真正懂得隱遁的人才了解，大隱隱於市。你把一條船藏在很隱蔽的山壑中，到夜半還可以有神人將它負之而走，但是你把它藏在世界之內，那麼誰可以把世界搬走呢？生死壽夭由大化流衍的觀點看是沒有差別的，人不必為這一類的事而煩惱。

表面上莊子看得那麼透，其實他還是有看不透的地方。如果真的與時俱化，那麼何必一定持反文明的態度呢？大鵬與小鳥各適其適，人天生是一個創造性的動物，他的創造發明正是順應人性的自然，為什麼要像老子莊子那樣加以譏嘲，而在實際上收不到任何效果不能阻擋文明的進化呢！儒家正統的孔孟思想正是由這一個角度出發，積極肯定世界人生的價值，文明的創造，典章制度的設立，都是順應人性的自然，只有過分膨脹一己的私欲，這才是反理性的，需要加以譴責，加以制裁。孔子栖栖皇皇，知其不可而為。他講克己復禮，表示禮有內在的根源，其基礎正在他常說的仁之上。踐仁以知天，這是孔子的基本思路。他敬畏天命，從「予欲無言」那一段對話來看，人的行為要以天為楷模。但自覺地把道推廣於天下的責任都是在人身上，故他說，人能弘道，非道弘人。一個人生下來就必須有廣大的社會的關懷，己欲立而立人，己欲達而達人。他的思想是徹底現世性的，在答覆弟子子路的詢問時，他說，未知生，焉知死；未能事人，焉能事鬼。人是在不斷努力的過程之中找到自我的實現，這樣的人才能夠學不厭，教不倦，不知老之將至，表現了一種剛健的人生觀。

孟子約與莊子同時，卻彼此絕無關涉。他繼承了孔子的思想，而給予了進一步的發揮。乃是他明白地提出了性善的主張，人與禽獸的分別只是幾希，可是正就在這裡才看得到人性的特色。孟子斷定仁義內在，性由心顯。每一個生命都有巨大的可能性，只要能夠不斷擴大內在本有的不忍人（惻隱）之心，君主能夠努力不懈地行仁政，天下自然會大治。生命的意義不在彼岸，而在「踐形」。而且君子自己修德，自然而然會產生深遠的影響，所謂：「君子所過者化，所存者神，上下與天地同流。」生命對於孟子來說，是有內在本具的價值，人能夠知言養氣，自然而然會培養出強大的道德的勇氣。任何人都不願意隨便喪失自己的生命，但魚與熊掌不可得兼的時候，那就要殺生成仁，捨身取義，絕不逃避自己的責任。死有輕於鴻毛，也有重於泰山，這存在於吾人智慧的抉擇。孟子的看法對於我們中華民族產生了重大的影響。後世新儒家對於生死的看法可以借用宋代張載《西銘》的一句話來說明：「存吾順事，歿吾寧也」，這便是儒家對於生死的基本態度。

二十世紀是一個科技的時代，這些古老的哲學在今天還有它們的現代意義嗎？當代存在主義的哲學家指出，科學營造了一個客觀的世界，企圖由時間之流逃了開去。但是海德格指出，人是一個「走向死亡」的存有。當你看到時鐘的時計，這是科學的時間的範圍，你心中不會引起任何特別的感覺。但當你既老且病，那時計的滴答聲每秒每分都在攫走你不可復還的生命，你就不能不產生深刻的實存的焦慮，以至於寢食難安，而科學並不能為你提供生死問題的答案。質言之，科學既不能使人不朽，也不能解決人生的意義與價值的問題，在現代整個的哲學之門仍然大大地敞開著，我們不能不向東西文化的大傳統去汲取靈源，化為我們面對生死問題的力量。

屠格涅夫有一首散文詩講到有一次他帶著獵狗出去，一隻幼雛突然由樹上跌下來，獵狗好奇地過去張望，突然之間母鳥衝了下來誓死保護幼雛，使得獵狗也為之張惶失措。我們在這一剎那之間，看到了生命的尊嚴與意義。宇宙間長夜漫漫，偶然有幾點星光明滅，劃破了長夜的寂寥。人類為萬物之靈，而且我們已經有了我們的生命，那我們是要聽任它無意義地消磨過去呢（則雖生猶死）？還是奮勉以赴，發出一些火花，創造一個有意義和價值的世界呢（則雖死猶生）？這存在於我們自己的實存的抉擇。

——原刊於《聯合報》，一九八六・六・一三、一四

# 我的哲學生涯之探索

蕭振邦採訪整理

中國古籍中，有「哲」字也有「學」字，但結合這兩個字，並不具備現代「哲學」的意含。目前我們講哲學這個字，早先是由西方轉譯過來的，而西方人對哲學意含的界定，實際上也不很統一。

以蘇格拉底一系的傳統而言，哲學就是「愛智之學」；暗示智慧並不在我們的口袋裡，而那一門永遠追求智慧的學問，就叫做哲學。

這個傳統下開兩系，一系主張哲學是科學之母，但後來許多研究主題從哲學中分離出去，各自成科，哲學意含必須重新界定，於是另一系就以形上學、知識論、價值論界定哲學，當代人又加入了語言分析。

如果把這一種界定視同哲學的全部內涵，就有人主張東方根本沒有哲學。英哲史塔斯(Walter Terence Stace)在《批評的希臘哲學史》(*A Critical History of Greek Philosophy*, London,

1920）一書中就曾經指陳，世界上雖有許多偉大的文明傳統，唯獨希臘傳統中有哲學，而西方人也一直沿襲此一傳統，開顯出辯證的精彩。他覺得在印度與中國，只有宗教與人生體驗，沒有哲學，其至連羅馬人對哲學也一無貢獻。

史塔斯早年在英國擔任公職，後來被派到錫蘭出任可倫坡市長，因緣際會而熱衷於佛學研究，也因為這一種緣故，他晚年所撰《神祕主義與哲學》(*Mysticism and Philosophy*, New York, 1960)，就提出了對哲學完全不同的看法。

## 反省的學問

他認為東西方各有自己的哲學，東方哲學並不注重狹義的論證形式，反而以深邃的人生觀、世界觀見長，且東方哲學的確也具備理性反省，可以經由驗證，進而理解它的內涵。

這是一個當代西方人，反省哲學意含的典型表白。由這個例子，我們可以了解，哲學主要是一種反省的學問，無論是那一個領域，只要深入反省，都能產生哲學；我們反省科學，就會產生科學的哲學，反省政治，就會產生政治哲學。

但哲學也不只是一種工具性的東西，除了反省之外，更需要提出論斷與見解；從這個角度看東方思想，它理性反省彰顯了智慧見地，無疑有它自身的哲學。

學生時代，我曾以「人生問題」請教殷海光先生，他說你問錯人了，人生問題應該去請教宗教家。這一種「哲學退位」(abdication of philosophy)的想法，我也不能同意。

我的意思也不是說哲學能夠解決一切問題，而是在蘇格拉底的愛智傳統下，我們去追求智慧應該是可能的。基本上，愛智不應有任何限制，假如硬把哲學自限於小範圍內，正好叛離了蘇格拉底的傳統。

我自覺我的求學歷程與哲學結下不解之緣，也是大時代的一個特例。從我的家庭背景來看，我父親當時是一個反潮流的人，他出身北大，卻一點也沒有受到新潮流的影響而沾到流行的習氣，反而深入研究宋明理學、佛學，探索生命的究竟。

父親從小唯一的嗜好就是買書、看書，我在他的薰陶導引下，也看了很多書，而且在我成長的過程，感覺與一般所謂的五四心態不同；對傳統的價值，並不像五四時代的人，全盤加以否定；我的家庭背景，使我對於傳統缺乏五四以來的反感。

## 如果連方向都找不到？

一九四九年大陸即將被席捲，我當時還是個十幾歲的青年，在動亂的時代裡，父親希望我到臺灣繼續求學，湊巧堂姊的同事退了兩張機票，父親抓住這個難得的機會，把我和堂哥送往廣州。

在廣州等了兩個月的臺灣入境證，後來終於浮海過臺，在成功中學唸了兩年書，一九五一年考入臺灣大學哲學系，自此未離開哲學的範圍。

其實，早先我並未打算唸哲學系，雖然父親可以說是一位「業餘哲學家」，家居時經常點撥我宇宙、人生的故事，但他是學經濟的，我的堂姐也是學經濟的，所以小時候想學的是經濟。

但十幾歲離開家以後，對人生有很多感觸與困惑，尤其從廣州到臺灣時，坐在「秋瑾輪」上，眼看著船舷上浪花反覆，浮漚瞬逝，覺得人生的空泛，問題叢生，而埋下了學哲學的種籽，這一種想法與父親的見解有所出入。

我父親認為哲學是自家受用的學問，不必到課堂上學，而勸我選擇實用的課程。但我當時立志探究東西方哲學，毅然鑽入哲學的領域，並不只是為了解答人生的困惑，事實上，與我父親一樣，我也表現了反潮流的抉擇。

在那個時代的人，都覺得國家民族問題日趨嚴重，危機四伏，都希望投身洪流，去改造社會、拯救國家；但我當時深覺，如果連最基本的方向都摸不清，如何投身改造，自救尚且不能，談何拯救別人？

社會上的不平固然需要改革，但如果把這些外在的不平改善了，生活其間的人，仍只覺得無意義，覺得充滿了困惑；換句話說，社會改革之後，也不過產生一批找不到意義的人，我覺得這一種投入不能使我安心立命。

## 尋找終極的定位

父親的勸告，言猶在耳，有他一定的分量，但我更覺得終極意義無從確立，文化出路與人生問題不先解決，沒有其他的事值得我們先去做；以現在的話來講，就是不能先解決對人生終極關懷的問題，學任何東西對我而言都無意義，也因此我還是執意投入了哲學的懷抱。

這一種抉擇，從此注定我做觀念人(Man of idea)而不是行動人(Man of action)，當然我並不是說，我的觀念與行動完全脫節，因為我探索哲學的目的，是要為生命的意義、文化的出路、國家民族的前途，找到終極定位。

進入臺大哲學系就讀後，受到方東美先生的影響很大，方先生當時以學問與理想的氣象宏大見稱，也有很多人以為不容易湊泊，但我覺得方先生為青年打開了生命的眼界。

我唸高中的時候，多半為投考大學而準備，雖然也得到一些知識，但還是屬於供輸性的，並非緣由生命自身的採擷。進入大學以後，完全獲得探索上的自由，方先生給我們的感覺，就如同汪洋大海一樣，使我們了解知識的宮殿是那麼的豐富，深感一輩子置身其中也無遺憾。

方先生在我當時物質匱乏的生活中，提升了我的志趣，激發了我的雄心，讓我覺得研究學問的崇高與神聖，他將我引至邁向高遠理想的起點，使我更重視文化的傳承與搏造。

由於家庭背景的影響，我對中國文化沒有反感，也不採取對立的態度，可是，另一方面我也感覺中國文化的出路問題很多。中國百多年來的大問題，就是所謂的西風東漸，西方人的堅船利砲打開了中國的門戶，衍生出許多問題，而我認為不就問題的根源予以釐清，光是閉門思過、閉門造車，都不足以解決問題。

儘管我對中國文化、中國哲學有信心、有情感，但不足賴以解決問題，而方先生的啟發，更使我肯定走大迂迴的路。這一種見解，使我覺得無論是東西方哲學都應該涉獵，以便逐步接近問題的核心。

我更以為研究哲學的目的，並不是為了做專家學者，而是為了解決或幫助解開實存問題的困結，所以對各種哲學理論的根本理念我都有興趣，如果這一種理念能解決人生問題，就更能引發我的關注。

## 避開獨斷與蒙昧

我一直認為，每一件東西有長處，也一定有短處，文化的傳衍也不能例外，一定要能截長補短。所以當時我的想法很素樸，希望把古今中外的學說一一研究透澈，一方面吸取精華，棄其糟粕，另一方面也能逐漸蘊孕自己的思想系統，提供解決問題的答案。

在大學與研究所時期，由於方先生的啟發感應，而積極朝文化哲學的領域探索，先後研究了史賓格勒(Oswald Spengler)、克羅齊(Benedetto Croce)、卡西勒(Ernst Cassirer)等人的文化哲學，也作成了自己的綜合。

文化哲學的探討，當然是一種理想的模構，但我也注意到，現代人作學問非常注重方法學，除了要有理想之外，也需要有走向理想的途徑。所以，除了站在鉅觀的立場研究文化哲學，也透過兩個途徑自我補充。

一方面我跟隨陳康先生讀亞里斯多德(Aristotle)，綿密細心地去唸，以培養沈潛的工夫，另一方面，殷海光先生當時在臺大鼓吹分析哲學，我自覺路數不合，但面對分析哲學所提出的挑戰，也不容許輕忽，所以我又去唸分析哲學。

大體上，哲學史的研究，使我們了解傳統，但傳統延續至今，一定有很多新的轉變與開展，所以我一面預設了這樣的傳統，一面也對現階段的人文開展充滿了研究的興趣，諸如分析哲學的研究，適足以使我們避開獨斷與蒙昧，也不失為完成文化總體結構的利器。

一九五五年自臺大畢業，接受了一年軍訓後，申請到華盛頓大學的獎學金，但我當時總覺得不要「為了留學而留學」，而且也覺得對中國哲學的了解不夠，於是留在臺大修碩士，一九五八年碩士班畢業後，碰巧東海大學有缺，順著這個機緣在東海教了六年書。

一九六三年暑假，美國南伊利諾大學(Southern Illionis University)海里士(William Harris)教授到東海參加中國文化研討營，和我談得很愉快，正好南伊大新成立博士班，他願意為我申請獎學金去進修，我也就欣然赴學。

一九六六年獲得博士學位，本來決定回臺灣，但海里士教授忽罹重病，南伊大也就把我留下來教書，而一留就是十幾年，最主要的原因是，當時美國學界還是很歧視中國哲學，很難得有這一所學校發展多元化路線，設立東方哲學研究機構，在那兒可以做很多事，所以我就改變初衷留在那兒。

一九七一年我到香港中文大學訪問一年，意識到知識分子站在自己的崗位，宣說自己信奉的真理，在本土的作用遠大於在國外；所以，一九七四年新亞的老前輩唐君毅先生、牟宗三先生都退休了，我又應邀回去幫忙，十年間往返於香港與南伊大的時間各半，一九八一年便正式辭掉南伊大的教職，回香港擔任講座教授迄今。

## 嘗試經歷人生的多重境界

現在我知道一個人的能力有限，不可能窮究傳統在當代的各種流變，但我也深深體認文化的發展必須有慧識，我與文化傳統一直保持一種即分而合的關係；傳統當下就要我們把握人生的終極智慧，譬如陸象山「為學先立其大」，但我覺得應加以澄清。

我主張採取比較迂迴的作法，先嘗試經歷人生的多重境界；一個現代人一定要認清他是現代人，不妨從周遭最切身的事物著手，設若一個人對科技一無所知，還能稱得上是現代人嗎？了解切身事物之後，進一步再追求終極智慧。

譬如，我們一定要先確認發展科學的重要性，進而體會世間事物並非科學所能窮盡，雖然我們也從事社會科學研究，但我們知道社會科學並不能像自然科學一樣精確，有很多問題無從解決，至少安心立命的問題，自然科學與社會科學都不能解決。

科學講求量化，某一種實驗證明，只要能在一定的條件下重複進行無誤，也就能得到肯定，但面對生命問題、人生意義的肯定，就不是量化的方法可以解決，而非涉及安心立命這一基本命題不可，因此必然牽涉到哲學見解與宗教信仰。

科學的價值不容否定，但科學並不能證明人生的意義；當一個人覺得人生毫無意義時，我們就是告訴他科學有意義，他也不會接受。所以，一個人不能肯定人生的終極意義，發揚科學與改革社會的意義也就無從肯定。

而要進一步肯定人生的意義，我們一定要先將問題的領域加以區分定位，經由妥切的定位才能產生慧識，憑藉慧識才能決定那一種生命情調、那一種終極關懷，能夠使人安心立命，肯定人生的意義。

或許有人會反問，你如何知道這是一種智慧而不是愚昧呢？的確，這裡觸及了一個「詮釋循環」(Hermeneutical circle)的問題，似乎不能解決。其實這是一個超乎知性領域的問題，它已經超越了知性的遊戲，而是理性反省加上實存困惑的解決。

當然，這也不是「習焉而不察」的以為「人生當然有意義，不然活著幹什麼」這麼單純的認定，這樣的看法經不起考驗，人只在面臨重大挫折或困頓時，才會考慮人生的意義的問題，假如沒有安心立命的慧識，人生還是充滿了困惑。

## 汎道德與汎科學主義

我所以強調定位與慧識，第一個目的就在於解消汎科學主義的流弊。西方人抽象思考方式所形成的機械唯物論，絕不是最後的真理；原子、中子都是抽象實有，在科學研究上佔有重要地位，但如果把原子、中子當作具體的真實，那就犯了懷德海(A. N. Whitehead)所謂的「誤置具體性的謬誤」(the fallacy of misplaced concreteness)，錯把抽象當作具體實在。

西方科學也正如懷德海所稱，犯了「自然二分法」(bifurcation of nature)的錯誤，將心靈與自然一分為二，甚至心靈對自然而言是封閉的，把整個宇宙切割成一個個封閉系統，弄得分崩離析。這些錯誤我們都應該加以解消。

我強調定位與慧識的第二個目的，在於調整中國汎道德主義。中國文化並未困陷於汎科學主義，但中國文化在哲學上具有優勝性，限制了其他方向的開展；換句話說，很多東西我們沒有從內部開展出來，而別人開展出來的東西，反而成為我們存在的威脅。

從定位的觀點看，中國文化的慧識以生命為生生不已的創造，強調形式與內容不能分割，的確飽含深刻的哲學睿智，但這一種智慧若不適度定位，也可能產生大偏頗。

所以我認為陸象山在本體的體證上講直貫、講先立其大，不走迂曲的路，是一種智慧，但並非任何領域都能講直貫，本體的直貫與道德的直貫有一定範圍，我們不要汎科學主義，也不要汎道德主義。

雖然在多元架構中，這一種慧識是通貫的，法律與政治背後，一定以道德作為基礎，但我們不能將道德規律直接運用於政治、法律上；換句話說，在法律、政治領域裡，道德有不同的表現法，而此中的關鍵就在於「致曲」。

## 唯天下至誠

《中庸》上講：「唯天下至誠，為能盡其性，……可以讚天地之化育，則可以與天地參矣」，這是最高境界，如果這個境界沒法達到，「其次致曲，曲能有誠」。

我對《中庸》這段話提供了一個新解，就是說，我們固然要透顯本體智慧，當下把握人生的意義，而這個意義正在我們身上，這一路的確是直貫的；但人生的意義也不是那麼容易就豁顯開來，古人總是「出入道佛數十年，反求諸六經而後得」，總要有個致曲的過程，在外頭打轉，不是輕易就能直趨內裡。

所以，這一種直貫的慧識也要有它的定位，不能在所有的範圍內都起作用，過分地濫用也是一種悖謬；慧識是洞澈人生終極意義，孕結世界觀、人生觀的最後憑藉。

中國文化的特色，在於重視人生問題的解決，由人生問題的解決進至宇宙問題的解決，人生與宇宙一體無隔；所以中國人重視常識，「近取諸身」，由自身向外推廣，但也因而受常識的限制，無法突破觀念的瓶頸。

因此，最近我也強調宋儒「理一分殊」的觀念，理是貫通為一的，但理的呈現即是分殊的(the principle is one, but the manifestations are many)。

中國人由於不重視致曲，只注重本體直貫的道德體現，在這方面有很高的智慧，但卻不能將這些理念透過致曲的方式，表現出豐富的分殊性，中國文化在這裡的限制太大，尤其在東西文化交流之後，我們更容易看出這一種缺憾，至少我們不曾發展出形式邏輯，也開不出近代科學。中國文化所呈現重視常識與對道德本體的把握，多少顯示了它的限制性。

## 到東方世界尋找答案

目前我們要求發展，固然要向西方學習，但並不是說西方文化在每一層面都高過我們，西方的科技發展，的確超越我們之上，西方的現代化努力，也比我們呈現更多的成果，甚至已邁向後現代，然而目前西方世界問題叢生，危機潛伏。

西方人本身看到了汎科學主義的弊害；科技的追求，固然豐富了人生，但人自身的價值卻遺失了，人性的崇高肯定也逐漸褪色，這些問題西方人也不知如何解決，許多西方人甚至跑到東方世界找答案，希望吸納東方的智慧，學習東方文化裡的慧識。

因此，我們可以明顯的看出，這個時代充滿了文化轉移(transference)的契機，東西文化的交流是互濟的；我們也可以明顯的看出，五四時代全盤西化的論調，全盤否定中國文化傳統的態度，既淺薄又不足取。

這個時代需要我們把智慧透顯出來，就如同凱薩林(H. Keyserling)所提出的「補償律」(Law of Compensation)一樣，文化的開展，相應於不同的時代，必然優劣並見，有待我們智慧地截長補短，智慧地調適。

當前文化發展已呈現全球性境遇(Globe Situation)，封閉式地尋求超越，很難再有所突破。

而全球性的比較觀點，也使彼此更能相互辨識，相互觀摩，面對問題無從逃遁。

目前我們最重要的工作，就是謀求傳統與現代的結合，發揚我們文化傳統的優勝面，學習西方超邁的要訣，以結合成我們自己發展的力量。

或許有人認為這種想法太天真，太一廂情願；我在這裡進一步要提出康德(I. Kant)的一個重要觀念：「規約性的理想」(regulative ideal)作說明。簡單地說，現實不一定與理想契合，現實可以是低迷的，但理想一定要提升；這個理想或許不見得能實現，卻永遠是指路的明燈，縱使理想與現實的結合，滿含艱苦與酸辛。

## 文化轉移是必然的趨勢

如何使現實分分秒秒都接受理想的引領，而充滿意義，需要我們在現實上下工夫，光提出理論是不夠的，中國人在這方面要加強致曲、分殊過程的努力，西方人則因過度的分殊，不免導致分崩離析的局面，他們也必須向我們學習理一的智慧。

文化的轉移，已經是當前必然趨勢。臺灣的積極現代化與民主化，正顯示這一種轉移與調適。當然轉移與調適過程，因為不能光談理念，也要重視實際，所以未必盡合人意，而處理現實也必然帶來衝突，我們要注意的是，現代化與民主化的大方向是否已經掌握。

中國人一向講求權威主義，什麼都要「聖王」來做，顯得頭重腳輕(top-heavy)，如果我們現在只求外在形象的改變，而不能突破這種聖王的傳統思想，成就一定有限，這類文化死結得以一一疏解，才能再創新機。

過去我們的祖宗看不到這一面，這是他們的限制，也形成了我們的負擔。但我們的祖宗也留下很多資源給我們，尤其在這個現代化往後現代發展的時代裡，我們越發看出這些傳統資源的價值所在，這些價值取向不只具有現代意義，更具有後現代的意義，引導我們走向未來。

所以，研究哲學最要緊的是，能在思想文化上找出一條接引時代發展的路，讓這些發展真正深植於自己的文化根基上，而不只是因為外在的壓力、情勢使然。

從哲學的觀點看，文化的內涵是多樣性的，一個人有終極關懷，也有世俗信念，具備了各層面不同的表現。現代人是一個複合體，牽涉複雜的多元架構，而這個多元架構，借用卡西勒的觀念來說，就是一種功能的統一體(functional unity)，它正顯示人所面對的傳統與現代的結合，不但沒有本質上的矛盾，反而是功能的統一。

## 「生生」的精神，就是「開放」的精神

中國文化的發展，其實就是傳統「生生」意義的再開創。要「生生」的境界落實，就必須

具備一元與多元互攝的文化觀，「生生」的境界，一定要與多元的架構結合，而這一種開創必然顯現新的情調與新的文化規模，這些與傳統「生生不已」的智慧完全不相悖離。

「生生」的精神，實際上也就是開放的精神，文化發展必邁向開放的多元架構，這是一個未來的大方向，而我們也應該體認，傳統的資源與傳統的負擔，原是一根而發，我們不但要分辨傳統的負擔，更要找出傳統的資源，肯認傳統的價值。這兩面同時兼顧，才能真正釐清定位，發為行動的力量。

中國文化的未來，實際上寄託於這一代青年如何為它打開未來的出路。而對青年，我們倒不必急於附加太多的理想給他，「希賢希聖」青年未必做得到，我所強調的是，青年一定要先找到自己，找到自己生命的意義，找到自己的長處，找到一處投身的崗位，去奉獻自己，同時也安頓自己，正如蘇格拉底所說：「認識你自己」(know thyself)。

青年要了解自己的才識有限，不見得能解決社會中的一切問題，不如先確認自己的本分，腳踏實地的貢獻一己的力量，建立「社會的構成也就是個人的構成」這種信念，即使投入的力量有限，社會的進步與發展正是如此點滴形成。

青年人固然要維持自己的理想，但也必須認清現實，在這些現實給你的機會中，選擇一條適合自己的路，努力向前開拓，任何成就都是努力的結果，相信自己的立志，相信自己所下的決心，將會改變整個世界。

每一個青年如果都能以這些規約指導自己，能夠自我安頓，發揮所長，社會上必定減少許多深受挫折的人，而不論日後你的成就大或小，甚至很卑微，都將是改造社會最堅實的力量。

——原刊於《自由青年》總六九八期，一九八七·一〇

# 有源之水

## ——我讀書與寫作的經驗

從小我就喜歡讀書，可不一定是讀正經書，而是大人所謂的閒書。每個暑假，父親都要教我讀四書，背得半生不熟，常常要捱板子。可是看閒書，情形就不一樣了。我的性格似乎有一種兩極性：一方面是個十足的頑童，打彈子、捉蟋蟀，同年齡的孩子們玩的遊戲我都一樣玩；另一方面我喜歡讀書，一關起門來就是幾個鐘頭，代價是上初中就要戴眼鏡，對於喜愛運動、打球的我可真是個大累贅。

讀小學的時候，就已經把《三國》、《水滸》、《西遊》看了一遍又一遍，可以說得上是滾瓜爛熟，只有《紅樓》看不進去，一直要到讀大學時，才發現這是天地間一大奇書。現在回想起來，我看小說的過程，正好是時代改變的一個縮影。先看廣益書局出的繡像銅版書，像《七俠五義》、《彭公案》、《施公案》、《隋唐演義》、《楊家將》一類的東西，這些和傳統的戲曲配合，對於中國的民間有著莫大的影響。然後看現代的創作，像巴金的《家》、《春》、《秋》，茅盾的《子夜》之類，再就接著看翻譯小說，像屠格涅夫的《獵人日記》、《羅亭》、《貴族之家》、《父與子》，羅曼羅蘭的《約翰・克里斯朵夫》等等，進了大學之後，學會看原文的書籍，更打開了一個廣闊無邊的天地。我的心得大體發表在《文學欣賞的靈魂》所收的諸文之內。

大概我和一般不同的地方有兩個方面。一九四九年剛到臺灣的時候，好多書都沒有禁，不要說魯迅、郭沫若、朱光潛、馮友蘭的東西都看得到，連艾思奇、蔡尚思等用馬克思的觀點寫的東西一樣看得到。我是在一九五一年進臺大哲學系的，二年級以後禁書才慢慢看不到了，所以我在精神上是與大陸連上的。比我低一兩班的同學因為看不到這些書，精神上的連繫切斷了，年齡儘管和我差不多，卻好像活在兩個完全不同的時代，這是一個方面。另一個方面是，我的閱覽範圍極廣，並不拘限在我主修的科目以內。進了臺大以後，我把總圖書館放在外面玻璃櫥櫃裡的中文書籍差不多讀遍了，包括生理學、社會學的教科書。由於意識到哲學是一門反省、綜合的學問，我曾經努力擴大自己的視域，旁聽過微積分、物理學一類的課程。以後固然把內容都忘得乾乾淨淨，可是多少了解到科學家所用的方法是怎麼一回事。

我少年時候讀書，很受到父親的影響。他認定儒釋之學如日月經天，寄了好多佛典給我，我曾經花費很多時間精力，嘗試去參透裡面所含藏的道理。父親又要我讀史，所以我曾經點讀過一遍《資治通鑑》，有些似懂非懂，並沒有收到很大的實效。但抽象的哲理必須落實在具體的人生之中，在這一點上則得到了很大的啟發。然而我也有和父親十分不同的視野。他並不鼓勵我去讀哲學，怕我沒有啃飯之所，而且世上並不需要再多一個蚊式扣屁股文人。同時他之潛心內典，完全為了自家身心的受用，著述其餘事耳，也不鼓勵我去從事學術的工作。但是我讀哲學，是為了解決我自己內心的困惑，我的野心是要窮究東西方的哲理，找到一種新的綜合，來解決時代以及我們文化所面臨的問題，而我所特別重視的乃是方法問題的探討。我這樣的心願使我不可能變成一個範圍狹隘的專家學者，但卻頗合乎哲學追求之為不斷地作哲學思考活動的原義。當然浸潤久了，我也被認為在宋明儒學方面有相當專門的研究，但這是哲學探索的副產品。由博而返約，這是一個心靈成長的自然的過程，並不是一種刻意尋求的結果。

進了臺大，上方東美先生的「哲學概論」，他提供了一個宏觀，正好適合我的需要。他開的參考書目遠超過我們實際上能夠讀的數量，但卻大大地打開了我們的眼界。二年級上陳康先生的「名著選讀」，是洛克的《人類理解論》，三年級又上陳先生的「亞里士多德形上學」，兩門課都是根據英文本講授，簡直是字字考究，使我了解到做哲學思考與學問研究需要有綿密的功夫，微觀一樣有其重要性。讀書本來就該分為二類：一部分需要速讀，宜於即興式的隨意瀏覽，另一部分卻需要精讀，必須集中心力逐字推敲。兩方面的適當配合才能使自己的學問有一個既寬廣而又深厚的基礎。思考與學問都要找到門徑才能有成，而有源之水，才能取之不盡，用之不竭，終生得到受用。

記憶之中，二年級的暑假是我收穫最豐富的一段時間。總圖書館裡靜寂無人，正好用功。我先讀了方先生的《科學哲學與人生》，深深地感受到「生命悲劇的二重奏」所講的那種現代虛無主義的侵襲。然後又讀了熊十力先生的《新唯識論》，這部書號稱難讀，牽涉到精微的哲學思考與複雜的名相分析，但是對我卻完全不構成障礙，而能夠體證到熊先生所謂生生乾元性海的那種喜悅。融佛入儒，會通中西，從此我找到了我自己生命的指向。但是我並不一下子轉回到中國哲學的故域，我深知要使中國哲學的慧識在現代發出光彩，必須要走一條迂迴彎曲的道路，首先必須要通過西方哲學的挑戰，才能夠站得住腳。大學畢業時寫論文，是討論分析哲學與語意學進路的特色與限制。軍訓之後回臺大讀研究所則專攻卡西勒的「文化哲學」，把所有可以蒐羅得到的英文資料都看遍了，並翻譯了《論人》，這才著手寫碩士論文介紹其論旨、研討其得失。現在讀書已經摸到一些門路，我曾經和方、陳兩位先生討論過臺大哲學方面的藏書，了解到要做任何一項專門研究，都有材料不足的問題，但圖書的總數由日本帝大遺留下來是相當可觀的。好在我並不真的想做那一家那一派的專門研究，我所發心要做的乃是把現代西方有力量的潮流的主要觀念加以消融吸納，為未來的綜合做好準備工作。幸運的是，取得碩士以後，我就受聘到東海大學教通識課程，有很大的自由做我自己的工作。一方面我向牟宗三、徐復觀先生吸收有關中國哲學的慧識，另一方面我有系統地做現代西方哲學（特別是文化哲學）的介紹和批評的工作。除了翻譯許懷澈（史懷哲）的《文明的衰敗與復興》之外，完成了柏格森、史賓格勒、凱薩林、克羅齊諸家的研究，如果不是因為在一九六四年出國的緣故，還應該做出有關狄爾泰的研究。同時我自己對於融通中西哲學已經有了一些初步的看法，而寫成了《新時代哲學的信念與方法》一書，這總結了我在第一個階段讀書和寫作的經驗。

出國以後，先是忙於讀學位，讀了許多杜威的東西，但我和杜威的思想終有相當距離。在南伊大最令我興奮的是跟魏曼教授讀有關田立克的「宗教哲學」、「系統神學」的著作，我的博士論文寫的就是田立克。田立克重符號，與我以前對語意學、卡西勒的符號形式哲學的研究是有相通之處的。從一九六六年開始，我留在南伊大教了十多年書，一方面教「文化哲學」，一方面教「中國哲學」。由於人在美國，沒有機緣詳細用中文寫作介紹田立克、魏曼的學說，同時因為專業化的需要，我的研究反而轉往中國哲學方面：我用英文寫了一系列的闡釋中國哲學的文章，專門的研究則集中在宋明儒學方面。一九七一年我由南伊大休假，到新亞書院教了一年書，這是我和香港中文大學建立關係的開始。在十年時間之內，我有一半的時間在美國，一半的時間在香港，一直到一九八一年我由南伊大辭去了正教授的職務為止。此後我到中大擔任哲學系的講座教授兼系主任，一轉眼就是七年，現在還在同一個崗位服務。

一九七四年，老一輩新儒家學者唐君毅、牟宗三教授同時由中大退休，系裡並沒有人專攻宋明儒學，而這是新亞的傳統，我責無旁貸地接過了這副擔子。在牟宗三先生的《心體與性體》、錢穆先生的《朱子新學案》之後，在一九八二年出了《朱子哲學思想的發展與完成》一書，為學生書局贏得了一座金鼎獎。我近年來讀書寫作的重心仍多在這一方面。一九八六年初，我休假到新加坡的東亞哲學研究所去做了半年多的研究，出了《黃宗羲心學的定位》。現在則在做有關傳統與現代化，以及用「功能統一」的觀點給予《周易》以嶄新的再闡釋的研究，應該不斷會有成果出來。同時我並沒有放棄作出綜合的夢想，只不過這還得有待於異日。

數十年來我已經養成了讀書和寫作的習慣。青年時期建立了自己的終極關懷之後，讀書和寫作表面上看來很散，其實自有重心。但學然後知不足，現在乃知道無論自己怎樣專精、怎樣博覽，總有不到的地方。但是這並不足以為患，弱水三千，我只取一瓢飲。在一個人有限的生命以內，重要的是建立自己的風格，作出自己的綜合。而群體的生命、宇宙的生命是一個不斷生長、開展的過程，我能夠參與在裡面作出點滴的貢獻，就已經不枉負此生了。

——原刊於《聯合報》，一九八八・七・八

# 認同中國文化卻不依附現實政權

## ——劉述先整理哲學新思潮

李谷城

「北京學運震撼全世界，學生理智的鬥爭不但中國歷史上沒有，世界歷史也沒有。學生完全為國家好，不為私人或小集團，如果是一小撮人搞事，不可能引起全世界共鳴，中共應自己反省，學生的純潔目的，不應該受中共黨內權力鬥爭玷汙……」

香港中文大學哲學系講座教授兼主任劉述先博士，侃侃而談大陸學運，他那特有的哲學家頭腦，把現實政治問題，提升到最高境界，再深入淺出地加以剖析。

### 港有自由

「九七以後，香港的自由會不如現在，但如果香港人去爭取，不會完全喪失。每一代人要自己去追求，自己建立『終極關懷』，我們只能指出個大方向。現在的香港雖無民主，但有自由，對知識分子來說，這是最大的吸引力。香港是東西文化的交匯點，歐亞必經之地，大陸、臺灣交通管道，全世界各地的學者都可以聚集一堂，共同探討研究。這是我決定在港定居的主要原因。」

劉教授是國際知名的哲學家，他苦學成名的經過，十分動人：

他一九三四年生於上海（原籍江西吉安），在上海讀完小學及初中（位育中學），十五歲那年（四九年）離家，由上海飛到廣州，再轉往臺灣讀書，先在成功中學讀二年高中，於五一年考入臺灣大學哲學系，從此踏上探索哲學的大道。

「一個人走上一條道路，總有他一定的因緣，不會是完全偶然的結果。」劉教授詳談家庭背景對他的影響，他說：

「父親從小嗜書如命，十多歲就買了不少書，有一個小小的私人圖書館。他讀北大經濟系，但真正愛好的卻是哲學，讀了許多有關宋明儒學的書籍。到他大學畢業時，日本已經入寇中華，他為了侍奉嚴親回到上海，但又不肯去做漢奸，乃以健康為由，不肯出去做事，躲在家裡吃老米飯，一生做了大半輩子隱士。」

## 家教嚴厲

「父親娶了父母為他訂下的教育程度低下的妻子，從不見異思遷；而母親也一生為丈夫、為孩子、為翁姑，照顧我們無微不至。一家融融泄泄，一應以禮義為歸。」

「父親常激勵我學他清高的榜樣，對我的教育花了很大的心血。我上面有個哥哥，被庸醫誤種牛痘而死。我小時候有點小聰敏，在家裡最得祖母寵愛。四歲時才有弟弟出生，看來確寵得不成樣子。父親雖愛我，對我的管教卻極為嚴厲，輕則斥責，重則鞭笞，我對他甚為畏懼。我學校裡的功課從來不要他操心，但暑假期間他一定要教我讀四書，講解之後還要我背誦，背得夾生不熟就要打板子，當時視為苦差，那知就是這樣子打下一點基礎，日後竟走上了研究中國哲學的道路。」

劉述先認為，對他一生影響最大的是他父親，「是他為我奠立了基礎，開啟了進學入德之門」。其父劉靜窗當年曾與著名哲學家熊十力以書信來往形式辯論哲學。劉靜窗站在佛徒立場，熊十力站在儒家立場，二人都試圖融通儒佛。一九七八年，劉述先教授回到闊別三十年的上海，看到當年兩人大辯論的書簡，經歷了文革浩劫仍得以倖存，這時，劉述先已成為哲學家，知道這些文獻的珍貴價值，於是，把它編印成《熊十力與劉靜窗論學書簡》一書，忠實地記錄了中國哲學史上一場激論。

四九年劉父當機立斷把十五歲的兒子遠送去求學，是很有眼光的，那次生離雖成永訣，但是卻為後代開闢了出路。這種勇氣和決心，是目前處在動盪年代的香港父母們，值得學習仿效的。

## 艱苦求學

在臺大求學期間，劉述先經歷了艱難的學子生涯。他說：

「進入臺大，以隻身在臺為由，申請到宿舍與工讀獎助金，每個月七十元新臺幣，付了膳費之後所賸無幾，大概可以買一塊肥皂，每個月理一次髮。我所用的被單、剪刀、漱口杯，都是上海帶來的，結婚之後，才被妻子當作破舊扔掉。那時我覺得，食宿問題已解決，應一心絕意向學。」

五五年臺大畢業後，劉述先按章受了一年的預備軍官訓練。五六至五八年，回到臺大研究院攻讀碩士學位，快畢業時應東海大學預邀，在取得學位後任講師，教授邏輯與人文學科。

劉述先六一年在東海大學結婚，妻子劉安雲女士是東海第一屆生物系畢業生，為了結婚她放棄了出國的計畫，至今這段超過四分之一世紀的婚姻，仍貞固如一，婚後育有兩子，長曰豁夫，老二杰夫。劉太太現為翻譯家。

五八至六四年，他在臺灣東海大學任講師、副教授。

六四至六六年，以兩年六學期的速度，攻下美國南伊利諾大學哲學博士學位。

六六年起，留在南伊利諾大學哲學系任助教授；七〇年升為副教授，七四年升正教授。七一年到香港新亞書院任訪問教授一年。七二年回美國伊大。

## 兩大爭人

七四年後，劉教授在中大及南伊大「聲音兩邊走」，兩年在香港，兩年在美國，都是正職教授。兩間大學都極需要他這樣的專才，都不肯放人，這是十分罕見的情況。到八一年，劉教授下決心辭去伊大教職，專任中大哲學系講座教授兼系主任，主講西洋哲學史、文化哲學、宋明儒學等課程。

劉教授有豐富的專著，如《文學欣賞的靈魂》、《語意學與真理》、《新時代哲學的信念與方法》、《文化哲學的試探》、《生命情調的抉擇》、《中國哲學與現代化》、《馬爾勞與中國》、《朱子哲學思想的發展與完成》、《文化與哲學的探索》、《黃宗羲心學的定位》等，都是很有學術價值的哲學專著。有本新著《大陸與海外——傳統的反省與轉化》（允晨），即將面世。近年來，劉教授每年都有兩、三本書寫成，現年五十五歲的他，正是成熟、旺盛的創作期。他說：

「我終身信守，要用現代的方法，去重新解釋並改造本來蘊藏在中國哲學內的智慧。」深奧的哲學問題，經他一解釋，變成十分淺顯的道理。

## 整理思潮

近年來，劉教授花了許多時間，去研究大陸出現的各種新思潮，並且，已經理出頭緒來。劉教授認為，大陸湧現的反思潮流主要有三個：第一是湯一介發起的中國文化書院為代表的潮流；第二個是「走向未來」（叢書）所代表的思潮；第三個潮流是更年輕的像甘陽等一批人的思潮。

「我認同中國文化，不是認同任何現實的政權。知識分子站在自己的崗位，宣說自己所信奉的真理，本土的作用遠大於外國，其實，即使遠居異城，至少在我們這一代，也仍脫離不了與祖國關聯所產生的震盪的影響。」劉教授一直關注大陸的民主化運動，以其哲學家的特殊地位，對中國的進步，孜孜不倦地努力，作出深遠的貢獻。

——原刊於《明報》，一九八九・六・八

# 哲學的現代挑戰
## ——訪問哲學系系主任劉述先教授

馮耀明博士、鄭漢文先生

馮：我們想請教劉教授，哲學作為人文學科之一，現在有沒有遭遇到什麼挑戰的問題呢？

劉：哲學在現代當然是受到非常嚴重的挑戰。回到希臘柏拉圖的時代，哲學被認為是一門最高的學問，亞里士多德以後仍繼承此傳統。可是到了現代，科學一門一門的從哲學中分化出去，得到它們獨立的生命，而哲學卻變成文科裡最冷門的一個科系。哲學從科學之母——一門最崇高的學問變成今日儒門淡薄的情況，當然可以說是受到非常嚴重的挑戰。

鄭：哲學面對這些現代挑戰，究竟應該怎樣作出適當的回應呢？

劉：哲學要更新自己的生命，必須面對現代挑戰，作出適當的回應。換句話說，科學從哲學中分化出去，乃是一種不可阻擋的趨勢，這種真實的情況，我們必須要接受，而且要面對。現在的問題是：哲學在這個科技的世界裡，如何更新自己的生命。首先指出，哲學研究的問題並不是科學所能解決的。一般說來，哲學有三個部門：知識論、形上學及價值論。知識論並不是說要追求那一門知識，而是研究要成為一門知識，必須具備那些條件。質言之，哲學是第二序的學問。舉例說：你能擁有科學知識，這點很寶貴；但你若能反省科學知識必須具備什麼條件，你便進入了哲學的範圍。科學家毋需這樣反省，若他反省，他亦進入科學哲學或知識論範圍裡。

至於形上學，表面看來已經死亡，康德在《純粹理性批判》的序言中指出：形上學的女王已經退位；但為什麼形上學在現代仍佔一席位呢？因為我們今日是用一種全新的眼光去看形上學。如果仍把它視作希臘式專門研究實體的學問，那麼正如牟宗三先生所說：「是一種實有的形上學。」康德的確可以宣佈它的死刑。但是現代人，特別是西方學者有很多新的形上學觀念，例如：R. G. Collingwood 認為形上學探索 absolute presuppositions; S. Pepper把形上學當作 World Hypotheses 的探究。

你可以從新的方式去詮釋形上學，這是很有意義的。而在中國方面，像牟宗三先生說，除了實有的形上學外，還有境界的形上學，這裡面儘有它的生命力。

最後是價值論問題。無論科學哲學進步到什麼程度，它不能回答「人生有沒有意義」、「人生有沒有價值」的問題。這就牽涉到終極關懷、價值根源的問題，每個人都不能避免有這樣的反省。

除了傳統一般承認的三個範圍外，現代哲學又找到了一個新的領域：意義論，也就是對意義問題的分析與反省。任何一種科學、知識，要作出一種陳述，至少必須是一種有意義的陳述；而意義的判準是怎樣，仍然需要哲學家去反省。所以儘管很多傳統固有的哲學領域已經可以說是刨空或者過時了，但現代哲學仍然一樣有它自己的作用。

馮：現在美國有一位很有影響力、很具爭議性的哲學家 Richard Rorty，他曾經對柏拉圖以後，一直至分析哲學以知識論為中心的西方哲學主流，作出嚴厲的批評，譬如他認為現代哲學研究跟人所關心的問題以及文化的其他部分問題出現斷裂的現象。所以有些人竟悲觀地宣判哲學的死亡(The End of Philosophy)，你認為這種態度是否恰當？

劉：美國最近出版了一本新書 *After Philosophy* 《哲學以後》，指出現代哲學家有兩種不同的流派，一個由 Rorty 所代表，認為哲學已經到了它的盡頭，並宣佈其死亡；另一個哲學流派包括 Habermas，則並不認為哲學已經死亡；但認為哲學必須作出重大改變，才能適應現在的情勢。我個人比較同情 Habermas 的看法，我不認為哲學已經死亡。但 Rorty的說法並不完全沒有道理，他把知識當作主體對客體的一種反映，那麼從柏拉圖到笛卡兒下來，這可能是不太站得住腳的一種觀點。但我認為 Rorty 犯了一個錯誤：他把一種哲學觀念的死亡，當作所有哲學觀念的死亡。譬如Habermas 就認為可以發展出「溝通理性」的觀念，那就是說主客中間可以有一種交流，那麼對真理的觀念也要相應修改。我並不是說Habermas 的說法絕對正確，但我認為這種探索的方向是有意義的，它跟東方哲學走的路也比較接近。但 Habermas 「溝通理性」

的講法，從中國的觀點來看，還有一點不足的地方，就是他過分著重程序的理性，對於實質的理性存而不論，好像在這方面可以不作任何一種斷定，即可以解決問題。從東方哲學的觀點來看，這不是完全恰當的；但是無論如何，要探索哲學的新生命，這是一種值得我們鼓勵的嘗試。

鄭：剛才提到的都是西方哲學傳統面對現代的挑戰，而中國好像有不同的情況，中國哲學是否也面對類似的挑戰，還是另有一些自己的困境？

劉：中國的問題就更複雜，因為東方哲學儘有可能對 Habermas 所提出的論點有某種修正，但在現代的科技社會裡，如果在中國落後得這麼厲害的現實情況下，還要說：「我們有些智慧比你們還高」，說不定這會產生某種反效果。我並不是說要把中國哲學傳統理想化；事實上，今天中國哲學所遭遇的問題可能比西方更嚴重。西方遭逢到傳統解體的問題，但中國遭逢的不僅是傳統解體的問題；它還要面對有強勢的西方科技社會，可以說，它正面對雙重的解體。所以我們不僅是面對類似的挑戰，還有另外一種挑戰，那對我們當前構成非常嚴重的現代困境。

今天我們應該採取怎樣的態度呢？一方面，我們應回頭看我們的傳統，的確有很多缺陷，譬如說，沒有發展出現代科技、民主、法治等觀念出來。在這種情況下，我們的確需要引入很多西方現代觀念；也就是說，需要用很多現代觀念去批判傳統。中國哲學如要更新，就必須擴大自己，去吸收西方的東西。

另一方面，我們是否要全盤西化呢？這個是絕不可能，也不可欲的。現代人都知道，文化不是在真空裡，文化一定是從已有的傳統、已有的經驗作為起點的。在這種情況下，如何重新詮釋、改造傳統來面對現代問題，擴大自己的傳統，作出現代化的努力，可以說是有必要的。但若說要盲目跟著西方走，這卻是絕對行不通的。西方發展到現階段，他們已從現代走到後現代，他們今天所面對的問題已不是modernization；因為他們已看到現代科技、政治架構、法律等通通都產生問題，需要作進一步的批判。從東方的觀念去看現代，一方面我們要虛心學習，但另一方面，當我們走到現代以後，是不是要把西方人的錯誤全部重複一遍？這就沒有必要了。西方科技發展到一定程度以後，就已經知道無限制發展科技，會造成環境汙染等問題，因此要進一步發展科技，就必須顧及人與自然的和諧，而這恰巧是我們傳統哲學裡的理念。可見我們的傳統理念中亦有些資源可以利用，對現代問題仍有一定的批判力，而且跟科技的進一步發展是相輔相成的，而不是相違背的。所以我們也要以傳統去批判現代。今天的世界已變成全球性的狀況，交通發達，各個地區已不能再互相阻隔。全世界的人得結合在一起，利用各自有的資源，共同為前途而努力。在這種情況下，中國的傳統中仍有很多資源可供利用，我們絕不能整個的把它抹殺掉。如果那樣的話，就會像王陽明四百年前講的「拋卻自家無盡藏，沿門托缽效貧兒」。問題不是要拋棄傳統，而是如何轉化傳統、改造傳統；在整個世界往未來走的時候，我們加緊貢獻出我們可以貢獻的力量。

馮：再回到哲學教育的問題，哲學這門人文學科在大學和研究院的課程裡，有什麼問題值得我們注意?或者哲學教育要進一步發展，須注意什麼問題?

劉：現在的哲學很明顯的有兩種不同的工作：一種是訓練專業的哲學家，其中有一部分對傳統的哲學有相當的研究，也就是說，只有不斷對傳統加以研究，才能使這些文化傳統不至於喪失掉。另外當然也可以有一部分哲學家專門負責分析的工作。這些哲學家用問題作為單元，不斷加以批判。譬如說，科技背後有某種基本的預設，如何把它呈現到我們面前，看看它有什麼好處，有什麼限制，這些工作是需要專業哲學家來做的。而哲學教育正是要訓練這樣的人；通常是在大學的範圍裡。然而大學有的位置是很有限的，只能是少數的精英把哲學當作職業來做。這種專業性的訓練，我們當然要繼續。

但對於進哲學系的大多數學生來說，他們未必需要做這樣的專業，現代人比從前有更多更廣的選擇。有些人不願意從事科技的工作，也不願意從商，卻喜歡批判和思考，他們還沒有決定要進到那一個專業的範圍。對於這班人的一個可能的出路是：進哲學系去。

現在要問：廣大的社會對這樣的人有沒有需求?現代社會發展證明的確有這種需求。例如現代的美國大公司，好像「通用」等大機構，已發現在領導層裡，如果都是科技出身的工程師，結果會產生很大問題，所以他們希望在人文學科中，吸收一些人才，進入他們的領導層去；這些人不是科技專門，但他們有靈活的頭腦，會作概念分析及邏輯推理，對問題會作彈性回應。也就是說，現代企業機構也需要文科人才；在這種情況下，哲學系的畢業生也可以進入社會，到大機構中去工作。但他們需要的知識，傳統哲學的科目並不能夠提供，所以在哲學的科目裡，應有一些變化與彈性，來適應這種新的情況。

除此之外，把哲學當作一個通識學科來說也是很有意義的。現代科技產生種種問題，譬如說「人工受孕」、「安樂死」等問題，各種各樣發生的有關道德、倫理上的問題，哲學家都需要對之反省，很明顯可以作出一些貢獻。

總結來說，我們的哲學教育有兩方面的工作，一方面是延續傳統，一方面是創新：結合哲學的專業與通識，對現代教育作出貢獻。

鄭：從事人文學科的當事人要面對現代挑戰；尤其是年輕學生在學習時便會面對很多挑戰。當然這純粹是專業選擇的問題，但背後亦與人文學科的挑戰有關。請問劉教授對他們有何提點呢？要從事人文學科需要具備什麼信念，通過什麼訓練，才可以做得好，才可以面對這些挑戰呢？

劉：開始的時候，我已提到現代科技對傳統哲學的挑戰，事實上是否一定要把它們當作兩個相反的對立面呢？C. P. Snow 非常著名的論文談到人文學科跟科學之間的鴻溝的問題。但是隨著科學哲學的不斷發展，我們慢慢發現一種很奇怪的情況，就是把人文當作主觀、把科學當成純粹客觀的看法很有問題。今天的哲學家發現科學有“theory-laden”的情況，就是作任何假設的時候，事實上你已先有某種理論傾向，通過這些傾向，你才能提出假設，設計實驗。這不是要把科學變成純粹主觀，而是說我們不能逃避 theory-laden 的情況，現在科學哲學慢慢把科學還原到文化的脈絡以內。如 E. Cassirer 在他的文化哲學裡面，就把科學當做一個符號形式，一個文化形式看待，而事實上，科學在文化上產生了一種非常大的作用。

反過來說，人文學科並沒有必要變成完全精確的科學，但它也可以借助於科學方法與統計方法來研究歷史，兩方面的隔絕並不是那麼絕對。E. Cassirer 提到功能統一的觀念，雖然現代人沒有把它發揚光大，我個人卻認為很有意義。就是說，現代學科並不要求化約成同一實體，如果你要追求 Substantial unity，你早知道這是不可能的。但是在各種學科裡，都必須使用符號，裡面可以找到某種功能的統一性。所以到現代還要說那一門學科高，那一門學科低，這並不是很有意義的說法。實際上，應該可以有多元的發展，人文與科學是文化裡面不同的重要的環節。

當然我並不否認從很多方面來說，例如說從出路來說，可能學科技的待遇較好，工作機會較多；但現在學人文學科的不一定完全沒有出路，而且這不完全是出路的問題，乃是個人的選擇的問題，因為到了現代這個豐盈社會，有些人就是不願意唸科學，科學不能滿足他，他有自己的興趣，你不能妨礙他。

人文學科雖然在現代的科技社會裡，好像不太興旺，但是我相信它會不斷得到支持的力量，使它在多元的文化裡扮演很有意義的角色。

——原刊於《人文學刊》，香港中文大學創刊號，一九九一・七

# 中國需要宗教精神

## ——中文大學哲學系主任劉述先教授談中共政局與新儒家學說

金鐘

### 鄧小平歷來不喜歡反對聲音

問：鄧小平這次南下深圳，宣稱不搞爭論是他的一個發明。但實際上，中國的現實和鄧小平講話本身，就涉及了一些重大的理論問題。中共的傳統是重爭論的，毛澤東就說過要跟蘇聯爭一千年，今天這個黨的最高領導人，竟作如此宣稱，您看反映了什麼？

劉述先：我可從另一個角度看，共產黨一貫的作風是內部可以鬥得你死我活，但在外面統一口徑不提倡爭論。怕爭論多了，黨和政府的威信就沒有了。毛澤東時代因資訊封閉可以做到，現在不行。鄧小平為什麼南下發表言論，不在北京發表？李鵬他們不公開反駁，但不提「反左」等等跡象說明，只能把爭論暫時隱伏下去。

問：鄧這樣說，是否意味著理論上沒有信心？爭不過別人，要依靠權威解決問題？

劉述先：那不一定。他主要是講實際。例如，三峽問題。反對聲音太大，就會感到難辦，他們希望一致通過最好。但這裡涉及的問題非常大。他們說開放，要求越開越大，開得不好就關。這種實用主義有的地方可以，有的則不行，如三峽工程這樣大的事，做開了，可以關嗎？鄧小平歷來不喜歡反對聲音，他認為反對聲音礙手礙腳，有人要求學西方三權分立，他就反對：三權分立三個政府，怎麼做事情？他們習慣的是把黨政軍各方力量統一起來，做一件事實效才大，可是他們沒有想到，只有爭論才能避免實行中可能出現的錯誤。

## 鄧小平和毛澤東的區別

問：換言之，鄧用的還是毛的極權方法？

劉述先：對。但也同毛不完全一樣。毛的一套，我們說是「延安情結(complex)」，他是真不信資本主義那一套的，他不怕窮，只要能站起來、能成功，說不定他還喜歡窮。但鄧不一樣，他確是希望把經濟搞上去，希望人民生活改善。問題在於鄧在政治上不開放。他的兩個基本點，一手開放，一手四個堅持，本身是矛盾的，這是很難做到的。毛很荒謬，但他是一貫的、統一的，鄧小平卻像金庸小說中的左右手互搏，左邊有利，傾左；右邊有利，傾右。他居中平衡，這又是師承毛澤東。說他是最大走資派不對，他抓黨、抓軍，一點改變也沒有。

問：有關鄧的評價。究竟鄧的開放改革是為了國家人民，還是為了保護他們的權力？

劉述先：當事者和旁觀者會有不同的觀念。毛澤東，在我們看來是玩弄權勢，但他自己卻認為玩權術是為了救中國，為己為國是統一的。這個解釋也適用鄧小平，他相信只有共產黨領導下人民才會過得好，公與私溶合在一起。「六四」為什麼會發生？我問過許多大陸學者，都說沒有預見到政府會那樣鎮壓。美國漢學家也都沒估計到。為什麼？就是因為當局者和我們的感受不同，鄧小平他們真的相信，不那樣做，就會天下大亂。

問：和所有獨夫一樣，「只有我行！」是嗎？

劉述先：不錯。胡趙都下了臺，你們還報導「江澤民失寵」。為什麼？不知道你鄧大人何時要左，何時要右，江澤民就成了一個小媳婦，怕左右得罪人。所以，即使鄧小平沒有私心，他這種兩個基本點的政策是做不到的，只會造成永遠不停的權力鬥爭。雖然他比毛澤東文明，沒殺那麼多人，但一樣死不悔改，他御筆欽點的問題，永不會認錯。

問：是不是鄧又在重複毛晚年的錯誤？

劉述先：可以這樣說。毛最後只能用江青。鄧從胡趙到江李，一蟹不如一蟹，江澤民李鵬也不行，那就只有一個選擇：他本人永遠不能退。最近說他戒了煙，為什麼？因為他還要多幹幾年。中國問題能這樣解決嗎？

## 外國教授見毛澤東的故事

問：從毛到鄧，他們沒有改變過救世主思想，但不少人也相信，沒有共產黨，中國就會亂，會打內戰，這幾乎成了一種神話。您信嗎？

劉述先：我當然不信，但人都是跟勢走。我過去在南伊大時，一個外國同事訪問大陸回來，一個星期不洗手，他說，這是世界上最偉大的人（指毛澤東）握過的手，要讓大家都握一下。你看，一個外國人都被矇到這個地步。中國人基於民族感情，都不希望大陸亂，現在看來，鄧小平的腦子確實比那些人開放一些，他又是最高領導人，所以，支持他發揮作用，但人往往有神化的傾向，誇大了一個人的作用。鄧小平隨時會去見馬克思，怎麼辦？何況經濟改革卡在瓶頸上就進不了，這是六四發生的社會原因。

問：但六四的危機，事實上，卻似乎真的讓他們闖過去了。

劉述先：當時，一些人對六四後的大陸局勢確實估計錯了，蘇聯東歐都垮了，中共政權沒有垮臺，但中國經濟是用了很高的 deficit（虧損）換來的，國營企業那樣大的財政補貼能永遠維持下去嗎?鄧小平雖有他正面積極的作用，但他本身又製造了中國前進的障礙。

## 中國和蘇聯不同之處

問：六四後，中國局勢的相對穩定，不少人又相信起新權威主義的有效性，俄國的現狀又令人懷疑起民主制度在落後的中國是否可行?

劉述先：這是我很擔心的問題。可以承認，中國和蘇聯東歐情形不太一樣，蘇聯的計畫經濟搞得太久，民間的活力全給壓死了，有一個電視節目訪問蘇聯農民，問他公家把田賣給他，要不要?他說，不要。為什麼?「今年我種出糧食可以賣，明年種不出，怎麼辦?」中國人的勤勞節儉，雖經共產黨統治四十年，還未完全壓死，一解放出來，就可以致富，所以，這並不是共產黨的成功。蘇聯的倒臺，給了中共一種憂患，它成了孤島。如何維持?新權威主義因此冒頭。新保守主義更利用中國的形勢把理論普遍化，阮銘的文章（注：見《開放》，一九九二年二月號）寫得很好。可以概括三點：第一、財產黨有；第二、嚴政；第三、反和平演變，製造新的禁忌，又說中國傳統是集體主義的，甚至把儒家抬出來，搞出一套理論。

## 中共專政在儒家中找不到依據

問：他們提儒家的創造轉化同海外新儒家學說有何不同？

劉述先：徹底的背道而馳。中共推崇人民，但人民在最底層，黨先知先覺故可以獨裁，當代新儒家認為孔子學說是用吸引而不是獨裁的方法治國。他們看到傳統的開明專制也不能實現儒家的大同理想，因而主張政治民主，實行「民治民享民有」。

問：有人批評中共是繼承了傳統儒家的方法治國，您以為如何？

劉述先：我認為這不能成立。共產黨至少有三點是傳統儒家中沒有的：一、階級鬥爭。這是外來的，中國人是講究和諧；二、黨組織嚴密。中國過去是「天高皇帝遠」，民間有自由，司馬光等人都懂政府不干預的道理；三、集體的計畫經濟。中國以農立國，是自然經濟。

## 最怕大怪胎的三結合

問：中國接受共產主義是否有些內在因素？

劉述先：有一些。如鹽鐵公賣，主張「不患貧而患不均」，這是容易接受社會主義的因素，李澤厚他們也講救亡啟蒙的雙重變奏，為了國家富強而用激烈手段。但傳統儒家和共產黨的結合，只會成為一個怪物。

問：中共官方哲學似乎想從東西文化的結合中尋找出路，這可行嗎？

劉述先：東西方文化的結合是必然的，問題是怎麼結合。我最擔心的是一種三結合：一、政治化儒家。孔孟理想到漢代變成政治化儒家，到明清又變成朱元璋式的專制，形成一種權威主義傳統；二、西方的買辦主義，只認功利、賺錢；三、俄國列寧史達林的極權主義——這三結合就成為一個大怪胎。今天中國的新保守主義就是朝這方向走，它要傳統的權威，要堅持一個萬能的黨，要不擇手段賺錢。所以，這種向民族傳統找資源的轉化，只會令海外新儒家啼笑皆非。中國古聖賢是提倡完善個人人格的，絕不希望個人變成「藍色的工蟻」。

## 儒家的宗教意義值得肯定

問：最近很多人都說和平演變對中共也有利，可他們就信「天不變道亦不變」。

劉述先：引這句話，很有意思。這句話是漢代董仲舒講的，不是孔孟講的。孔孟學說到了漢代被曲解為政治化的儒家，漢朝統治的訣竅，就是漢宣帝講的「王霸雜之」，儒家的王道與法家的霸道相結合。皇帝知道光是儒家，太迂腐，不行，要用法家的嚴治。共產黨繼承的是這種政治化的儒家。這正是海外新儒家認為要揚棄的糟粕。

問：最近一位朋友告訴我，西方社會的教育只是教人做事，做人則是宗教的責任，他主張中國也應有一種宗教精神，即儒家學說來振興這個民族，您的看法如何？

劉述先：中國青年學者甘陽，在芝加哥給我來信說，他有空就讀《論語》，讀得很有心得。西方現在也有一些很有名的學者在研究孔孟，八一年我去杭州參加宋明理學研究會議時，就知道任繼愈（宗教研究所負責人）認為儒家是宗教，但大陸認為宗教是鴉片，是壞的，馮友蘭就反對說儒家是宗教。海外的情形與此相反。我和杜維明都肯定儒家的宗教意義，我七一年就發表過論文〈儒家哲學的宗教意義〉。我們把宗教不是只看作相信上帝那樣簡單，而是一種「終極關懷」(Ultimate Concern)，這是人生根本的關懷與託付。為什麼西方基督教在中國幾百年仍不成功？教士們看到了中國存在著一個「很高的道德」。中國人講安心立命不假外求，中國人思想裡有一個和上帝同層次的東西存在，中國只是沒有西方那樣外在的超越一切的上帝。

問：中國崇尚天道，是否也是超越的？

劉述先：天道是超越的，形而上為道，形而下為器，天道又是流行於世的，所以，天道的超越是內在的超越。我們講天人合一，人可以參與天道的創生，天道可溶入人的生命，孔子說，「朝聞道，夕死可矣」。中國人有宗教意念，只是沒有西方的組織宗教。海外主張百教平等，但沒有儒教，因為有一個誤解，以為儒家只是一套倫理而已，而忽視了儒家安身立命和人天相通的道理，我們新儒家就不斷強調儒家的這些宗教精神。西方和日本都很重視儒家學說。

## 儒家是為自己受用的學問

問：海外新儒家對孔孟學說有無新的定義？

劉述先：儒家學說有些過時的東西，我說過，其科學知識比不上今天的幼稚園，但裡面仍有一些萬古常新的慧識，中國人對此是很受用的，如人飲水，冷暖自知。你可以不要孔孟，但你感到生命內有泉源，感到天給你生命，相信生命的價值，儒家不是大陸解釋的那樣是封建傳統理論，是統治者的工具。我們給儒家的定性是「為己之學」，為自己受用的一種學問。這是當代中國人的一項重要資源，無論現代科技多麼發達，但它解決不了人的價值的根源。換言之，讀《論語》和儒家典籍，一樣可以找到讀《聖經》那樣的宗教滿足。

問：從儒家的現代價值看來，中國的問題是否還是要歸結為教育，即文化救國？

劉述先：是的。我同意文化救國的。臺灣為什麼會有今天的成就？就是它很早就作了強制的中學教育。現在只講科技教育是不夠的。外國現流行「通才教育」，教人對自己的文化有所認識，中文大學也教中國文化要義。不會立竿見影，但時間久了，會發現它的作用。國民教育水準高，才是治本之道。中共承認全國兩億人是文盲，怎麼搞現代化呀！

## 對未來社會的展望

問：最後，請劉教授評論一下當代社會主義的前途，不少知識分子還很有保留。

劉述先：這是一個很大的問題。我前面說過，中國傳統中有使人傾向社會主義的東西，但不等於要提倡純粹的社會主義，孫中山也承認馬克思是一個偉大的病理學者，而非生理學者，他能看病，但不能治病，如果資本主義一如馬克思所說那麼不好，它早應消亡了。實際上，它今天的活力，因為溶入了許多社會主義的東西，比如福利政策、計畫經濟。現在沒有純粹的社會主義，也沒有純粹的資本主義。美國的大選，如果罔顧民生，你就得不到選票，所以，資本主義制度不可能實行一種不仁的政策。社會主義許多理想可以去做去爭取，但劉山青的思想跟西方現實已相當脫節，他不了解當代社會的發展。可以相信，將來的社會一定是一個合乎人道的資本主義與社會主義相混合的形態。

——原刊於《開放》總第六四期，一九九二・四

# 永恆與現在

在古希臘時代，蘇格拉底就在追求道德的永恆價值，他的弟子柏拉圖建立了理型論，由現在的觀點看來雖然是一個錯誤，但他提出來的問題一直到今天還是有意義的。要是感覺主義是對的話，那麼真理根本就沒有客觀標準，應用到價值方面，勢必要接受「權力即正義」的觀點，是可忍，孰不可忍？從少年時候開始我就覺得，光是吃喝拉撒的人生是沒有意思的。人生雖然短暫，卻可以開創出意義與價值的領域。在百般寂寥之中，一點微芒一樣可以燭照千古，衝破周遭的黑暗。

在思想上閱歷萬般之後，回到中國傳統，我才能夠清楚地體認到，在「永恆」與「現在」之間，不必存在一道不可跨越的鴻溝。人生不可以只是隨波逐浪，必須建立自己一貫的宗旨，卻又不必嚮往一個遙遠的天國，此時此地，立即當下即是。我們中國有一部寶典：《周易》，它的意思並不只是指周代的易，有別於夏代的連山、商代的歸藏，它還有「易道周普」的意思。

漢儒說，易有三義：變易、不易、易簡。我們必須要在變易之中體認不易，通過「現在」去把握「永恆」——萬古常新的道理。「理一而分殊」，這樣才能由複雜的事象之內把握到一些簡易的規約原則。這不是科學的歸納，而是世界人生的智慧。「生生之謂易」，在生生不已的過程之中，我們找到了自己的定盤針。每一個生命有它內在本具的價值，含藏了創造的種子，只要不斷努力，終可以在世界上找到自己的定位。這些不是科學可以證明的東西，只有通過實踐找到如實的相應。

在過去，我們太容易接受一些外在的天經地義，結果對我們造成了一種禁錮的作用，難怪現代人要對「理性」、「道德」一類的東西產生強烈的反激。晚近流行解構思想，提倡多文化主義，卻又走向了另一個極端，這樣又不免重新落入蘇格拉底與柏拉圖所批判的相對主義的窠臼。我們永遠在「永恆」與「現在」兩邊搖擺，事實上我們必須在二者之間求取平衡，不受意識形態的羈絆。應用到今天，我們既不需要「統」的神話，也不需要「獨」的神話，我們唯一可以仰仗的是我們的活潑的智慧，找尋一條適合於我們當前情勢的道路。

——原刊於《聯合報》，一九九三・三・七

# 輯五

# 中國問題與海峽兩岸情勢

# 最高與最低

中國哲學的最高境界是：「運用之妙，存乎一心」。其實最高的必定是不可以用一般的語言來形容的，這在世界各個不同的文化都有同樣的了解。老子說：「道可道，非常道。」西方的否定神學說，上帝是不可以形容的；印度的梵也是：「非此，非彼。」可見這樣的體悟是十分普遍的。而且就是用在日常生活之內，情形也是一樣的。最好的廚子不用照著死板的公式做菜，順著材料的性質與實際的需要，隨意揮灑，都可以化腐朽為神奇，調製成色香味俱全的佳肴。「一葉落以知秋」，這需要敏銳的感覺，事情沒有形著，便得以燭照機先，知道所以趨避之道。陶淵明詩曰：「此中有真意，欲辨已忘言。」這裡的確含藏著極深的智慧，只有忘言才能表達此中之真意，不忘言反而表達不出此中的真意，這是中國傳統的最高的辯證的體味。所謂「羚羊掛角，了無痕跡」，這些絕不是科學、機械、匠藝所能夠把握得到的境界。

但是在另一方面，我們絕不可以忘記，最高的並不能夠概括我們生活的全部。多數的人都喜歡有所遵循，才高如孟子都說：「大匠之巧，不以規矩，不能成方圓。」世間聖人稀少，中國自從堯、舜、禹、湯、文、武、周公之後，只得孔子一人被尊為聖人，而孔子也不得其位，不能大展鴻圖於天下，孟子以下，更無論矣！在西方，柏拉圖在《理想國》之中最嚮往的是哲王的統治，但到他晚年乃憬悟到，最高的理想難以實現，所以他轉而求其次，希望建立法治憲政的政府。民主法治絕不是什麼最高的境界，但卻比較可以保障多數人的利益與權力。連中國的法家所說的一套本來不過是維護統治者權益的工具，卻也有「法令清簡，信賞必罰」令人易於遵循的好處。中國人討厭法家的嚴刑酷法之不合情理，確是有正當的理由的。可憾的是，中國人嚮往最高的聖王之治，結果卻飽受了數千年來專制的荼毒，反而西方人比較平實，採取現實功利的態度，卻發展出了比較合理、能夠保障自由、人權的民主法治制度，在科技方面有所突破，在今日世界文化上居於比較先進的地位。他們自非沒有缺點，但絕不是我們本於阿Q精神硬說他們的道德不如我們的高，就能夠改變我們在事實上百般落後的現實。

可笑的是，文革時代揚法抑儒，卻一點不了解法家的要旨。毛澤東第一個帶頭「和尚打傘，無髮（法）無天」，他在潛意識裡只怕是把自己當作開國的聖王看待。他所嚮往的是最高的，他要建造一個徹底公正、平等的社會，在科技上也只需數十年的時間就可以將西方「迎頭趕上」。他夢想他的成就「欲與天公試比高」，那知在實際上卻造成了文革的最低的獸行，連今日中共的統治者都承認這是一場災禍，而歸咎於毛澤東晚年的昏亂。

最高的嚮往造成了最低的現實，這就是我們今天最擔心可能發生的事態。從滿清末年以來我們就辯論在西風東漸之下，我們必須要作怎樣的回應的問題。今日人多能很輕易地指出張之洞所謂「中學為體、西學為用」的錯誤，但卻缺乏深思，不了解何以這是一個錯誤。張之洞的理想本來不錯，我們要保存傳統文化的精萃，吸收西方文化的優點。毛病是出在，這種最高的嚮往卻沒有現實的基礎使之落實下來。西方文化的根源沒有了解得清楚，就要奢談西學為用，這豈不是「緣木求魚，後必有災」麼？很令人遺憾的是，清末搞洋務的那一套，好像又活生生地搬到了我們的面前。

我們耳邊不斷聽到的是「四個堅持」、「社會主義的優越性」的誓言，而且這不只是充充門面的話頭而已，毛澤東的神主牌又再一度地抬了出來，連毛澤東游水的故事都又在胡耀邦的講詞中浮現了出來。兩相比對之下，原來不久以前的新游水相片，出版選集，都不是偶然的現象。這是「中學為體」的基礎。但是西方的資本主義雖然在本質上是腐爛的、發出惡臭的，卻也不能抹煞它的一定程度的作用和優點，這是「西學為用」的運用。

綜合中西的長處，剷除中西的缺點，這是最高智慧的靈活的辯證的應用。於是一方面要堅持開放的政策，另一方面要清除外來的精神的汙染。青年人愛打扮，跳跳舞，沒關係，但不能戴黑眼鏡、穿奇裝異服、聽鄧麗君的歌聲。一方面大量選派留學生出國，另一方面又不許國人與洋人建立親密的關係。一方面要反左，另一方面要反右。一方面要清除文革的後遺症，幹部要換血，推動國家的四化，另一方面要反對自由化的傾向，絕不能承認在社會主義之下還有異化的現象，因為在馬克思的聖典之內找不到這樣的文獻的根據。一方面否定目前有信心危機，另一方面又譴責傷痕文學抹黑現實，動搖信心，妨害四化的進展。一方面要與美國交好，另一方面又要維持反霸的立場。一方面講要法治，另一方面不等人代修改法律就槍斃上十萬壞分子。一方面要統一臺灣和香港，另一方面又要讓臺灣和香港保留自己的制度。一方面咒罵變節者嚮往狗的自由，周身發出惡臭，另方面又保證收回香港主權之後，上夜總會、跑馬、買賣股票，一切照舊。這些都是「最高智慧」的應用，如果中國的老百姓個個都有中共領導人這樣卓越的「智慧」，無可否認的中國很快就可以迎頭趕上，走到西方前面去。但不幸的是，只怕多數幹部的執行不是「過」，即是「不及」，而廣大的老百姓則是無所適從，於是只能採取「多做多錯、少做少錯、不做不錯」的態度，終必使得推動國家四化的理想不得不化為泡影。

事實上，天才與白痴，最高與最低，往往只是一線之隔。俗語所謂「畫虎不成反類犬」，此之謂也。「把上帝的歸給上帝，凱撒的歸給凱撒」。最高的只存在於超越的領域，不存在於現實政治之內。要自欺欺人地說現實政治中體現了最高的德性與智慧，那麼只有落實在最低的假造民意、偽造符命的醜陋的實際行為之上。

——原刊於《七十年代》總一六九期，一九八四・二

# 海峽兩岸政治發展的對比

最近中國的政治發展在海峽兩岸都產生了一些重大的變局，值得注視。

大陸的變局雖然令人震驚，但仔細想一想，卻有其不得不然之勢。由目前所得到的訊息看來，胡耀邦在思想上的確是比較開放自由的，但毛病出在他是坐直升機上去的，鄧小平可以把他提上去，當然也就可以把他打下來。胡耀邦想在政治、經濟、思想、文藝各方面都造成相當根本的變革，這是一件無限艱鉅的工作，但是他個人聲望不足，能力不行，實挑不起這樣的重擔。他有時胡說八道，口太沒遮攔，《時代》雜誌曾經封他為「大嘴巴」(LOOSE LIPS)；有時做事也相當離譜，如浪費公帑請三千日本學生參加「國慶」典禮之類。這些當時當作談助的東西現在都變成了他的罪名。事情根本癥結是，觀念形態的差距與權力鬥爭的消長終於迫使他下臺。這樣的結局會算是意外嗎？事實上，大陸上產生的問題關鍵在於人才的欠缺，思之不能不令人心中感到憂慮。

海外的人常常有種一廂情願的想法，像把鄧小平看作一個徹底的實用主義者之類。其實鄧小平的實用是在比較寬廣的馬列框架之內。四個堅持之內最重要的一條，即是堅持共產黨的領導，在這樣的前提之下才可以容許某種程度的「民主」；一旦風吹草動，有些輕微徵象會動搖黨的領導，大棍子就敲下來了。鄧小平曾說得再明白不過了，他佩服的是波蘭的耶魯澤斯基，用實際果敢的行動敉平了團結工會的騷動；他討厭三權分立，認為西方的民主推銷是帝國主義宰制人的手段。鄧的好處是打明牌，有什麼幻想那是你自己的責任，不關格老子的事。

大陸到目前為止，與文革時期不同的是，把打擊面收小；經濟有限度的開放——政治、思想、文藝絕不容許大幅度的自由，必須套上緊箍，這就是目前「反對資產階級自由化」的宗旨，聽說這樣的做法還要持續半個世紀。

臺灣的變局則恰好走上了相反的方向。沿用了近四十年的戒嚴法作廢，容許黨外成立新黨，開放髮禁、舞禁、報禁，一連串的措施令人目不暇給。雖然有立法院打架的鬧劇，奇怪的是，海外的輿論都是讚多於毀。很明顯地，大家多由大處著眼，肯定了這樣發展的新方向，臺灣爭取自由民主的趨勢是不容阻抑的。

臺灣過去二十年在經濟上的成就有目共睹，不似大陸經歷文革的一窮二白，現在擁有五百多億美元的外匯儲存，反而造成了一個問題；但經濟上的建樹更襯顯出政治上的落後。由所得到的訊息看來，蔣經國似乎不顧黨內元老派的反對，要把臺灣的政治帶領走上一條新路。垂老之年，不甘守成，下定決心改弦更張，不能不令人刮目相看。我們所希望的是，這樣的發展不要受到頓挫，假以時日，就能形成氣候，建立一個像樣的規模。

最近剛返回莫斯科的沙卡洛夫就說，經濟的進一步發展不能不依賴政治體制的進一步改革。這恐怕是現代社會發展的一條通則，不是主觀的意志可以加以扭曲或違逆的。從某一方面說，把大陸的情況與臺灣相比或許不公平。臺灣的經濟發達，民智普遍提高，對於民主的渴望，有草根層面的要求；而大陸的經濟落後，文盲眾多，奢談民主，似乎不符合客觀社會情況的需要。當然民主的實行決不是隔夜形成的，但往這個方向走去卻絕不容許背道而馳；大陸目前的做法無疑是在開倒車。打擊有良心、有抱負、有專業訓練的知識分子如方勵之、王若望、劉賓雁，提倡「雷鋒」那樣的愚忠，對於整個國家民族來說，除了可以鞏固一個僵固的政權的統治以外似乎沒有什麼好處。

鄧小平與蔣經國年歲相若，背景也有一些相同之處，如今卻作出了相反的抉擇，將來的歷史自有定評。未來大陸如果在經濟、政治上有長足的發展，到了有一天，與臺灣的差距縮短，中國的統一就變成一個不是問題的問題，但若兩方面越走距離越遠，那就前途難以預卜了。由中共最近在香港的做法來看，「一國兩制」畢竟只是手段，最後仍然要歸結於共產黨的統治與領導；在這種前提下追求統一，是得不到海外華人支持的，這由海外華裔學者簽名反對大陸近來對待知識分子的措施，就可以明白看出跡象了。

——原刊於《臺灣時報》，一九八七・七・二五與《中央日報》海外版，一九八七・七・二八

# 對於中共「一國兩制」方案的因應之道

香港基本法草案的制度對臺灣產生了「反」示範的作用，那是否說明我們必須支持中華民國政府長期的三不（不接觸、不談判、不妥協）政策呢？是又不然。現在應該是檢討、修改這樣的政策，以彈性來面對新的形勢的時刻了。

## 怎麼能夠不變呢

歷年來開國際學術會議有海峽兩岸的學者聚會一堂時，我就不免要為臺灣出來的學者叫屈。論學術，由於文革的影響，大陸的學者是相形見絀的，但一談到與政治有關的問題，臺灣的學者就無詞以對了。一九八五年在石溪的紐約大學開國際中國哲學會，在惜別宴上大陸的湯一介歡迎大家將來到北京去開會，臺灣的學者就只有面面相覷，啞口無言了。只有香港學者對大陸的資訊瞭如指掌，又沒有任何禁忌，除了頭上一片天，不戴任何帽子，就可以暢所欲言，左右逢源了。但是香港沒有實力做後盾，只有徒託之於空言罷了！臺灣有那麼強大的經濟力量，在國際政治上卻只能扮演一個侏儒的角色，眼看南韓與大陸的關係都在不斷改善之中，連現狀都快撐持不住了，還能夠不尋求一個變局麼？

現在探親已在進行，通郵經過紅十字會，通商由第三者做媒介，學術交流的活動日趨頻繁，還要說不接觸，毋乃自欺欺人否？當然臺灣是有許多顧忌，而大陸的統戰伎倆的確無所不用其極，他們如今提出「一國兩制」的方案，臺灣的政策是什麼呢？

當然，我們很容易可以指出大陸的「一國兩制」是要大吃小，像他們吞噬了香港一樣，但他們畢竟是提出了一個具體的方策，而且他們不斷在國際上改善他們的形象，臺灣要沒有一套有效的策略來對付它，光一味說不，在國際上會日益陷於孤立的地位，而空喊幾句統一大陸的口號是無濟於事的！政府回到亞銀年會，學者也在討論雙重承認問題，中共就大感頭痛。這是一個突破，表示一個新的契機來臨，我們要怎樣來迎接這個契機呢？

## 必須提出反建議

如果臺灣和大陸在國際性的機構上接觸多了，事實上也有許多實際問題需要雙方協商來解決，那麼絕對性的不談判、不妥協也就是沒有意義的了。然而中共確實是談判的能手，甚至老奸巨滑的英國人也毫無辦法，對於香港問題簡直弄得心勞力絀、一籌莫展。而且根據國共過去談判的經驗，每談一次就吃一次大虧，更增加了一種強烈的抗拒感，但這一種抗拒能夠持續到幾時呢？其實中共的談判本領是被過分地神化了。英國人在談判上的失利是因為英國人根本無牌可打，臺灣抓了一手好牌，有實力做後盾，為什麼要害怕對方的挑戰呢？

中共現在提出了「一國兩制」的方案，臺灣就必須要提出一個反建議，才能夠反守為攻，由被動而轉為主動，把國際上的觀感整個扭轉過來。中共的「一國兩制」之根本不可以接受是因為它的根據是中共的憲法，是四個堅持，在這個條件之下的統一是不平等的統一，根本違反了他們在口頭上提出來的平等互惠的原則。中共要真有誠意統一的話，第一步先要同意把這部憲法暫時放在括弧之內，而且「一國兩制」這個名稱也不能夠接受，因為它的實質內容乃是統一香港的模式，而這不是可以接受的臺灣與大陸統一的模式。由於臺灣從日據時期開始，到國民黨過去四十年的統治，一百年來已經有了與大陸完全不同的經驗，現在要和大陸統一，惟一可以考慮的是採用「邦聯」的模式。中共得同意臺灣以海外學者提出的「一國兩席」的方式進入聯合國，採取這種方式的好處是可以永絕「臺獨」的後患，也解消了中共對於美、日對臺灣有野心的企圖的憂慮。中共可以用「一國兩制」的方式吃下香港，因為香港在國防、外交方面根本沒有話可說。但臺灣對於不承認它的國家來說，卻是一個雖然缺乏名義卻實際存在的政治實體。中共既答應臺灣保留軍隊，也就是間接承認這一實體之存在。如果熱戰在事實上不太可能發生，那麼中共在實際上根本就沒有什麼方法可以消滅這一實體，則完成統一大業惟一的可能方案就是採用「一國兩席」的模式！雙方先取得名義上的統一，然後彼此作政治、經濟、文化上的和平競爭，乃至在某一程度之下彼此互助合作，一直到雙方的實際差距減小，自然而然就統一了，不需要在現階段來揠苗助長，反而把統一的幼苗殺死了。

## 訴諸突破性思想

當然臺灣不願意談判的一個重要的原因是考慮到這樣做對於島內的影響。我發覺國民黨和民進黨都各有一種極深的危機意識。國民黨之趨於保守是怕任何改變都會影響到社會的安定繁榮，於是很多問題都拖著不去碰它，甚至拒絕去作一些改革，結果反而造成了許多問題。民進黨也一樣珍惜臺灣的安定繁榮，一方面因為不滿意國民黨之過分強調法統而壓制了地方勢力應有的發展，於是有一些過激的表現，另一方面則恐懼國民黨與共產黨作成暗盤交易，把臺灣人出賣掉，於是一部分民進黨員顯示了強烈的臺獨傾向。其實兩方面並不缺乏某種低限度的共識，這由經國先生逝世時雙方都以維持社會的安定繁榮為首要的急務就可以看得出來。而雙方面爭執集中的一個焦點是在國會改選上面。我個人感覺到這個問題是必須加以解決的，因為再過幾年，老的立委、國代更多自然過去，要怎樣來遞補缺額呢？隨便舉例說，我這樣五十多歲的江西人，甚至就是六七十歲，還有資格被選去代表江西省嗎？國民黨之要繼續代表中國的法統，必須要訴之於全新的突破性的思想才行，而與大陸談判去爭取「一國兩席」的實現就是其中之一途。

如果我們不是空談理論，而要講求實際的話，就會知道臺灣獨立絕對沒有這樣的可能性，以此臺灣地位未定論不是一個有意義的爭論，臺灣只能肯定它是中國的一部分，但不必是中華人民共和國的一部分。故此臺灣要講統一的話，就必須要逼使中共承認它只是更高的「中華邦聯」下面的一個實體，而中華民國也是這個邦聯下面的一個實體。只有這樣的方案才能夠保存了臺灣在實質上的獨立，如果有實質的保證臺灣不會被大陸吃掉的話，那麼臺獨的吸引力就會減少到零，不會成為一個問題了。

## 邁出歷史性步伐

我歷來都相信，只要臺灣內部沒有問題，中共其奈我何！臺灣通過邦聯的方式解決了中華法統的問題，在島內就可以用漸進的方式建造一個符合臺灣實際情況的對策政府，走上民主法治的康莊大道。它倒過來影響大陸，自有方勵之與更年輕的一代人在大陸上去推動大陸的改革，學習臺灣的經驗與榜樣，用這種方式去「光復大陸」，豈不勝似百萬雄兵！

當然「一國兩制」經鄧小平拍板定案之後，不是那麼容易改變的。但世界是在不斷的改變中：經國先生的時代會過去，鄧小平的時代一樣會過去，要緊的是中國人要有勇氣、有智慧往前邁出歷史性的步伐，去迎接一個嶄新的中國的未來。

——原刊於《聯合報》，一九八八・六・六

# 學運與中國的未來

## 歷史上留下光輝一頁

這是一個光明的時代，也是一個黑暗的時代。光明的是和平示威的學生，黑暗的是血腥鎮壓的統治者。中國已被分割成為兩個：一個是人民的中國，一個是當權派的中國。在短暫的時間之內，屠夫劊子手的暴行可以得逞，但民主自由的種子已由鮮血播下，在神州大地必定會發生不可磨滅的深遠影響。

今年（八九）是五四的七十周年，天安門學運發生在今年絕不是偶然的，彼此之間有著一脈相承的線索。不想中國到了七十年後要引進「德先生與賽先生」，還會遭逢到這樣嚴重的頓挫。如今知識分子一族都在恐怖的氣氛籠罩下，無需等待秋後算賬，現在已經展開搜捕行動，並鼓勵市民告密，在平息動亂的藉口之下，把中國帶回到中世紀。比較五四與今日的學運，令人驚詫的是今日學生領袖思想與行為的成熟，恰正反顯出主政者之迷信槍桿子，徹底喪失人性，比北洋軍閥還不如。中國人究竟何辜，竟要遭逢到這樣的噩運!?

這次的學運有了這樣的收場，當然不能不說是失敗了。但在爭取政治改革、新聞自由的過程之中，出現了許多可歌可泣的事蹟，值得為人大書特書，在中國的歷史上留下光輝的一頁。而歷史的形成常常由一些偶然的事件所觸發，是胡耀邦之死點燃了這一次學運的火花。回過頭來看，這裡面的確包含了深刻的思想上的矛盾的因素。八六年的學運導致胡耀邦下臺，原因之一是他反對資產階級自由化不力。而學生要求為胡耀邦作出公正的評價，思想的背景的確是和治國的老人的意識形態背道而馳的。由這一個角度去看，就知道四二六社論的出籠決不是偶然的。一方面固然是由於李錫銘、李鵬、楊尚昆的誇大其詞誤導了與現實完全脫節的鄧小平，而泡製了這一場動亂，另一方面社論所定的基調完全是根據鄧小平的思想，絕不是一時感興的結果。這樣就把一件很小很簡單的事情變成了一件很大很複雜的事情。四二七的示威遊行變成了一個關鍵，學生們不能忍受把他們單純的熱情愛國運動曲解汙蔑成為一小撮人反黨反政府搞動亂搞陰謀的活動，他們不顧後果，違反禁令，上街遊行，不料卻得到了廣大市民的支持。這一來使得主政的當權派震動了，他們一路都想要鎮壓，苦於時機不對，沒法動手，坐令局勢變得越來越嚴峻，終於觸發了黨內的鬥爭，弄到不可收拾為止。學生所選擇的時機是極有利的；四二七之後是五四；亞銀適於北京開會，臺灣的郭婉容首次率團晉京；接著是月中戈巴契夫訪華。大家都預料他離開之後就會動手，那知就在這個時候趙紫陽的態度有變，李鵬五一九講話他不參與，北京軍區似乎也有問題，於是造成了五月下旬混亂的情勢。

## 在世界舞臺亦是超特成就

從各種跡象看來，趙紫陽的做法絕不是預謀的。四二六社論發表時他還在北韓訪問，最初學生的標語連他也罵在一起。但他在大會堂頂上用望遠鏡眺望底下的學生，大概忍受不了這樣的景象。五一六下午他對戈巴契夫談話首次透露中國一切由老鄧作主，充分宣洩了他作小媳婦的無奈心情。五一九凌晨四時去探望學生講話時熱淚盈眶、聲音顫抖，表示他還有一點人性。但從此他就失蹤，只剩下一些豺狼當道。中共的根本問題是人才之欠缺，胡趙也不算是什麼了不起的人才，但兩個都主張開放的路線，也還尊重知識分子的意見。如今黨政兩個負責人都已相繼被黜，善類剔除殆盡，再講開放改革，還有什麼實義?未來的政府日益僵化，社會的不滿日益加劇，只能造成進一步兩極化的傾向。

這次學運規模之大，參加人數之多，持續時間之長，而學生自始至終站穩立場，維持理性和平的態度，放在世界舞臺上，也決然是一項超特的成就。學生提出民主自由法治的理想是西方的產物，而他們打不還手，罵不還口，曉之以理、動之以情的態度卻是東方的傳統，這是東西會合最好的一種結合。反過來，主政的當權派卻由西方學來階級鬥爭、一黨專政、法西斯式的統治，而由傳統則繼承了權威主義、血族相連、結黨營私、貪汙腐敗，這是我國固有的傳統，乃是中西文化最壞的結合。不幸的是，這批人卻控制了軍權。這是我們必須面對的現實，也是我們在黎明之前必須承受的黑暗。

## 鄧小平徹底滅絕人性

檢討學運，小的瑕疵固然不少，譬如學生領袖之間的不能合作、缺少協調，所需的款項不能下達之類。但整個來看，成就是驚人的。西方的觀察家就說，在北京、香港逾百萬人的群眾示威運動能夠完全避免暴行是難以想像的，歐洲球迷滋事就可以死傷人命。六三當局棄置兩三輛裝載武器的車子顯然是一種網民於罪的手段，但學生卻把武器繳回還有正式的收據，這些都是成功的範例。但學生也犯了兩個致命的錯誤，而它們是互相緊密關聯的。學生一度曾經議決撤離廣場，並號召全球華人示威遊行，如果就此收手，顯然不會發生這場慘劇。

但他們受到外地不斷來京學生的影響，推翻原議，決定繼續留到人大六月二十日開會之後才定未來行動的方針。這是一個十分錯誤的決定，任誰都知道，人大管舉手，不會發生任何實效。當初大家要求人大開會，只是沒有辦法中的一個辦法，希望主政者還不敢肆無忌憚，違憲而行。但以後萬里受到招降，提前歸國，形同軟禁，這樣的萬一之想早就該斷絕了。六月二十日乃變成一個完全沒有意義的日子，這樣無限期地拖下去，自己就會把自己弄得精疲力竭，難以為繼了。但學生所以作出這樣錯誤的決定，卻是根源於他們對於中共本質的徹底錯誤的理解之上。其實不只他們，世人對於中共都有同樣錯誤的理解。誰也不能預料他們會突然之間發狂，當著世界傳媒的鏡頭底下，就用衝鋒槍和坦克來對付手無寸鐵的學生與市民。六三學生和市民還成功地堵截了往天安門進發的軍隊。情勢誠然險惡，卻給人一種虛假的幻覺：好像他們技只止此，畢竟無法突破學生和群眾結合造成的防線，然後慘劇就發生了。學生和世人都沒法理解：為了黨內的權力鬥爭，他們竟可以無所不用其極，不惜付出任何代價以凶殘的手段對付異己。大家也不理解：一個與現實完全脫節不了解外間情況的超級黨領袖，根據錯誤的情報作出錯誤的決定一意孤行到底，可以對國家民族造成怎樣重大的傷害。簡單來說，我們沒有人真正理解鄧小平。雖然我們早就知道他不是什麼實用主義者，他仍然是個老共產黨，相信無產階級專政，黨領導那一套東西，但還沒法看穿他的真面目，竟有這樣徹底滅絕人性的一面。誠然李楊集團是在利用他進行權力鬥爭，但他更陰險，躲在幕後，利用李楊去徹底鏟除冒犯了他、膽敢挑戰他的統治權的反抗力量。

鎮壓殺人，不可手軟，不惜犧牲，不畏輿情，單一的目標就是要保住他們一伙人打下來的天下。文革之後，他是作了一些改革，有了一些成就，他是仁慈的開明專制的領袖，扮演了十多年偽君子的角色，如今受到威脅，就終於暴露了他真小人的面目。他和晚年的毛澤東一樣，是喪失健全心智的獨夫，犯下滔天大罪，他要為中國的倒退負起一切責任。文革的慘劇使人看穿了毛澤東的真面目，而天安門的學運卻使人看穿了鄧小平和共產黨統治的真面目。中國人民的希望徹底幻滅甚至到被剝奪了做夢的權利，真不知中國人為什麼這樣不幸，要遭受這樣悲慘的命運！而傳統文化之不措意權力制衡問題，為後世留下了多麼巨大的禍害的根源。

## 李楊集團坐在火山口上

那麼如果學生不犯這樣的錯誤，及時撤離天安門，情況又會如何呢？當然眼前的慘劇是可能避免的，但能不能避免將來的慘劇就非我所知了。在學運爆發時，我一路採取悲觀的看法，因為即使是用趙紫陽的辦法，溫語寬慰學生，一時的危機可以緩和過去。但趙紫陽這樣的小媳婦有力量解決學生提出來的問題嗎？由此可見，衝突遲早是不可能避免的。只不過用這樣慘烈的形式一下子爆發了出來，令人在心理上還是不能接受，犧牲實在是太大了！但如今誰也不能把真實的問題掩蓋住，人民與統治者兩個中國的對峙局面已成。表面上看人民以卵擊石，不是統治者的對手。但任何流血鎮壓決不會沒有效果的。韓國的光州鎮壓過了多少年還在發生強大的反震的力量。世界的潮流，韓國、菲律賓、波蘭、匈牙利乃至蘇聯都要走向民主自由的方向，中國何獨可以抗拒這樣的潮流。現在學運表面上被撲滅，但這只是逼使他們轉往地下。工運或者不能成功，但大陸的經濟問題仍然存在，以後外國投資減少，情況比前更為嚴峻。保守派有什麼本領解決這樣的問題？鎮壓學生民眾，需要得到老人、軍隊的支持，這樣只有把特權分配到更深更廣的層面。本來努力工作就缺乏動機，將來廣大社會的消極的抵抗會激發更深刻的不滿。李楊集團坐在火山口上，這樣的統治可以穩固嗎？據說鄧小平謂嚴厲鎮壓可以換取二十年的安定，這是囈語！事實恰正相反，現在正是李楊鄧一小撮人一手泡製的動亂的開始，光天化日之下扯謊焉能遮盡天下人耳目？我們且拭目以待罷！

## 趙紫陽仍有復出可能性

中國的未來會怎樣呢？據說根據美國人的分析，有四種可能性。一是趙紫陽回朝來處理保守派應付不了的局面；二是採取匈牙利模式，讓李鵬一類不得人望的領袖下臺暫息民憤，但仍執行緊縮的政策；三是實行史達林式的恐怖統治；四是發生分裂的局面，要過一段時期才有新的真命天子出來，打開一個不同的局面。自然誰也沒有水晶球可以看到未來的發展，我只是要講一講我自己個人的意見。

趙紫陽短期之內復出掌權似乎是一種一廂情願的想法，不合目前事實的情況。我也不同意一個西方人的說法：趙紫陽不可以辭職，留在位置上還可以鬥一下，下了位就一無所有。我的看法剛好相反，趙紫陽根本從來沒有自己的本錢，他是鄧小平一手提拔起來的人物，絕對沒有反抗鄧小平的力量。但趙紫陽下臺卻為他自己積聚了政治的資本。他要受到冷落乃至迫害而能夠不死，過了一段時間，人心思趙，老鄧去見了馬克思，要有幾股力量支持他，這才有復出的機會。不利的是趙的年齡也已不小，時日無多。現在看來，他的羽翼還未完全被剪除，政治上的事波譎雲詭，不能完全排除他在將來復出的可能性。

很明顯地，胡趙被黜，大陸一定走緊縮的道路。李鵬個人是眾矢之的。他當了幾年教委，完全沒有建樹，反而升任總理，無功受祿，早已怨聲載道。這次充當劊子手，不必等待歷史的懲罰，就會得到現世報，殆可斷言。大陸搞經改，搞不下去，才需要搞政改，如今又倒過來走回頭路，這條路不可能走得通。而老鄧還不肯放下開放改革的招牌，可謂破綻百出。如今大陸在國際上聲名掃地，老鄧又不願完全倒向保守派，向幾年前被他逼退的一批老頭子低頭，處境可謂尷尬非常。匈牙利的模式乃由外力的鎮壓造成，根本不適合於中國的情況。

## 或有地方領袖思想較開放

史達林的模式更難令人想像。此種模式之可以施行，首先要有一個權威絕對的大獨裁者始得以君臨一切，鄧小平還缺少做史達林的條件，運作的方式也不一樣。其次則需要極權國家完全與外隔絕的特殊環境。如今世界已逐漸脫離了冷戰的格局，進入了和緩的狀態，連蘇聯都封閉不了，更何況中國。這一次的傳媒在學運發生了巨大的作用，將來也不可能切斷與外面的連繫。但不可忽視的是，大陸在背棄了不秋後算賬的諾言之後，全國已陷入在白色恐怖的氣氛之中，一定會增加許多史達林主義的成素，對於現代化的過程造成更大的不利與障礙。

最後，我覺得最有可能發生的情況是，中央在血腥鎮壓之時必須爭取地方的支持，以致造成威信減弱的結果。各軍區的態度似乎並非完全一致，北京甚至有軍隊互相駁火的情況發生。事後又要保持統一和諧的假象，不能不給予各方面好處，才能避免內亂，收到暫時相安無事的效果。楊家將權傾一時，不免令人側目相看，其野心暴露過早，使人想到有制衡的必要。在這樣的情形之下，各軍區與地方勢力的膨脹是一種自然的趨勢。我不信將來會產生什麼真命天子，秦始皇的時代一去不復返了，將來再不會產生像老毛、老鄧那樣的人物。未來也許會冒出新的形態的領袖，善於調和與平衡各方面的力量，或者由這樣一種彎曲的方式走往接近多元、民主的道路也未可知。這次學運爭取民主自由的努力是沒有廣大的社會基礎的，學運與民間反官倒、貪汙、腐敗的潮流結合，兩方面根本的要求並不一定是完全一致的。但以後各地區互相競爭，或許有的地方領袖會思想比較開放，做事比較有效率，民生的問題解決得比較好，教育的水平提得比較高，普用有知識有才能的年輕人，或者可以轉出一個不同的局面，這可能是未來希望之所繫了。

## 多行不義必自斃

有了以上的討論做背景，我們在未來要做些什麼也就有一些概念了。在感情上我們巴不得這個滅絕人性的政府立即垮臺，但事實上這是不會發生的。現在絕食、遊行、乃至登廣告一類的抗議活動已經沒有多大意義了。當然我們要繼續我們的譴責行動，不容許真相被曲解或忘懷，但我們要往那一個方向去努力呢？有些激進派主張呼籲各國與中共斷交，實行全面經濟封鎖之類。這是不切實際的想法，不只各國政府未必肯這樣做，這樣做了也未必一定有利。南非禁運就從來未發生效果，到頭來還是苦了老百姓。學術文化的交流也不能夠完全停止，這次學運的發生源於青年人思想的改變，而這是對外開放的結果。同時中共在態度上雖則蠻橫，事實上對外打交道仍然是色厲內荏。各國政府仍然要與之維持關係，才能夠對之施壓力，對於持異議分子給予某種的保護。與之完全斷絕關係只有使之變得更加肆無忌憚，難道我們要中國也變成越南、赤柬的模樣！當然我們也不能當做沒有事情發生一樣，只要不傷害到老百姓的生活，就應該要給予它適當的懲罰。譬如說，將來亞運要在大陸舉行，我們就該在輿論上號召杯葛亞運，一個不義而貧窮的國家沒有資格搞這種粉刷太平宣揚國力的活動。違反人權的個例我們必須強烈地抗議，但我們無需參與顛覆的活動。多行不義必自斃，真要到這個政權弄得天怒人怨的時候，就會有革命發生，而這不是外面的人鼓動得來的結果。

## 信心危機無可救藥

經此一事，香港和大陸轉入了一種極為尷尬的局面。香港素來號稱為一個政治冷感的地區，但這一次卻有不止一次超過百萬人示威遊行抗議的偉大群眾場面，而且無論左右中，都一同支持學運。我參加遊行在北角看到商務印書館的一副令人觸目驚心的對聯：

「南京大屠殺，日本人殺中國人。
北京大屠殺，中國人殺中國人。」

還加上一副小的對聯：「皇天后土，神人共憤」。如果用大陸本身的標準來看，全香港都是反革命。但中共還不願意殺死這一隻金鵝，所以只要香港能夠維持安定繁榮，解放軍就不會開進來佔據這一個大都市。既然是一國兩制，中共並不期待香港人的行為與大陸人完全一樣，所以他們的寬容也可以到一個相當程度。毫無疑問，信心的危機已無可救藥，懼怕的香港人會加速移民，但走不了的還是佔極大多數。此時必須拒絕一切不切實際的幻想。香港是不能獨立的；英國絕不可能在一九九七不把香港交還中共；三百萬以上持英國護照的香港居民也不可能掃數得到英國的收容。在此時此刻要求廢置中英聯合聲明是絕不可行的，中共沒有了國際協約的束縛必定是對香港人更為不利的。但英國人有責任在交還香港之前作出一些比較好一點的安排，譬如說，直選的速度可以加快，直選的名額可以增多，香港應該儘快簽署國際人權條款之類，這些是可以做得到的目標，香港人必須努力加以爭取。而基本法的制定也出現了新的變局，香港人可以爭取比較好的方案，必須拒絕現在通過的雙查方案。當然我們不能預料中共的反應會是什麼，但只要香港能夠避免發生動亂，就還有討價還價的本錢。香港人今日只有靠香港人自己爭取應得的權利，不能聽由大陸宰割，也不能依賴自私自利、軟弱無力的港英政府。但香港人必不可以太早放棄，只要有百分之一的機會，也還是要爭取創造自己命運的機會。

## 臺灣反應出奇遲鈍

對於這一次的學運，臺灣的反應出奇地遲緩，委實令人失望。據說是因為情報錯誤，以為只是中共派系內部的鬥爭，所以淡然置之，充分反映了偏安的心態。後來手連手、心連心縱貫全島的示威抗議活動卻又過分刻意，遠不如香港群眾運動之自動自發表現得真摯自然。民進黨的表現冷淡隔膜，竟然一點都看不出大陸學運這樣自發性的抗議活動的重要性，尤其令人失望。事實上臺灣是這一次學運最大的受益者，近年以來，臺灣飽受大陸一國兩制統戰攻勢的困擾，近來才慢慢採取彈性外交，略為挽回劣勢。但國際上畢竟承認大陸為正統，即使是美國也常常受到中共的壓力，要他們不可干預中國內政阻礙中國的統一，其他的國家更不消說了。現在這樣的壓力由於中共的倒行逆施，突然完全消除了。即使是地勢毗連的香港，英國已有輿論懷疑是否應把香港在九七年交還給中共，而不能保障香港人以後的安全，更何況隔了海峽，擁有重兵的臺灣，誰還會急於要使臺灣與大陸統一。學運的發生使得一切有關一國兩制在理論上的論爭突然之間變得完全沒有意義了。不只統一的日程無窮往後延，在一國兩制的方案下統一的構想已變成一個不值一笑的提議。誰都知道中共的憲法不值一個錢，但那還只是抽象層次的了解。如今在螢幕上親眼目睹憲法上規定的權利可以如此踐踏，寶貴的人命可以如此糟蹋，這樣的政府除了軍警的力量以外，已然完全失去了統治的合法性，那還有什麼可談呢？

## 臺灣要不斷在安定中求進步

臺灣必須清楚地自覺到，近幾年來在政治上發生的轉變是多麼幸運而值得珍惜的一件事情。國民黨由一個革命的黨派轉變成為了一個民主的黨派，而不合法的「黨外」也已轉變成為了合法的民進黨。如果由這一個方向繼續發展下去，民主才可以真正首次在中國的土壤上生根，而完成了一次成功的移植。國民黨向來一黨獨大，可以說是佔盡了一切優勢。在這樣的情形下，必須把選舉辦得公平，不合理的萬年國會必須加以根本變革，這才不會給反對派以搗亂的藉口，造成社會上不必要的動亂。而軍警的行為有克制，司法獨立，並繼續保持安定繁榮，便絕不怕得不到廣大人民的支持與擁護。反過來，民進黨也要慢慢改變自己的性格，由一個地下的黨派變成一個納入正軌的黨派。過激的臺獨是沒有真正的市場的。在黨的力量微弱與執政黨力量不成比例時，搞一些奇招來博取大眾的注意和同情是可以理解的。但如找不到真實的問題，也缺少真正的政綱來挑戰執政黨，就不足以做到真正的反對黨的地位。現在比任何時候更清楚，臺灣的問題不是在海峽對面，而是在自己的內部：必須要不斷在安定中求進步。如果真能把自己建造成為一座民主自由的燈塔，大陸的威脅是不足懼的。反過來，它對大陸有一種重大的示範與領航的作用。如果今後在大陸，中央的威信日降，地方的勢力高漲，在這種情況之下還要談統一的話，唯一遙遠的可能性是統一在一種鬆弛的邦聯制之下。而這樣的日子絕不會在僵固的老人繼續他們的四個堅持之下來到的。一個多元、民主、自由、法治的社會只有在年輕有新思想的一代成長取代了現存的秩序才有可能實現。人民的血絕不會是白流的，未來終究會開出鮮艷的花朵。

——原刊於《百姓》第一九六期，一九八九・七・一六

# 漫談「中國的」與「西方的」

## 回應讀者釋疑

《百姓》第二〇三期讀者譚君(T. Tam)來函，說我〈論學運與中國的未來〉一文，提到「主政的當權派卻由西方學來階級鬥爭」一語，使他這個在美國生活了二十多年的人摸不著頭腦，並謂三人幫的心態行為完全是百分之一百中國式的，和西方有什麼關係?譚君這樣的意見所牽涉的誤解以及概念之缺乏分疏處恐怕有相當代表性，故草此短文略加回應以釋讀者的疑惑。

譚君的問題隱隱然假定了西方就等於他生活了二十多年的美國，難怪他會摸不著頭腦了。中共的當權派當然不會由美國學到階級鬥爭，但階級鬥爭論的淵源何在呢?在中國的經、史、子、集之內都找不到這樣的論說。如所周知，階級鬥爭是馬克思的理論，為列寧、史達林所繼承，為毛、鄧所奉的金科玉律。所謂四個堅持就是堅持馬列、共產黨的那一套東西，這些東西不是由西方學來，又是由那裡學來的呢？一種流行的誤解是把西方當作一個整體看待，一提到西方，就想到自由、民主一類的象徵符號。其實自由、民主固然是西方的，法西斯、共產也是西方的。當然，一個文化，一個時代是有它的主要潮流，但卻不能把它當作一切，否則就難以了解一個文化，一個時代的真實的情況。對於東方，對於中國，我們也要作如是觀。無疑中國的主要潮流是儒家，但兩千多年來的歷史，既不能單用孔孟的仁義來解釋，也不能光用封建、專制幾個簡單的觀念來加以概括。中國是一個複雜的現象，分別理念、經驗等不同的層次，通過發展的觀點加以深入的研究，才能夠了解這一個文化所以走上這樣的途徑的根由。沒有人能夠生活在真空之中，無論我們喜歡與否，我們的身上都刻上了傳統的烙印。問題在我們要怎樣盡量利用我們傳統的資源，卻又在同時盡量減輕我們傳統的負擔。這二者乃是一根而發，它們的消長決定了我們這一代的成敗，而這又有待於我們的實存的抉擇。

## 從西方輸入無產階級專政

今年恰好是新亞書院的四十周年院慶，我們請了哈佛的杜維明教授來作錢穆學術文化講座，同時請了他的老師史華慈教授(Benjamin Schwartz)來為我們作專題演講。我們並且利用這個機會作了一次有關「啟蒙心態與中國知識分子的兩難」的座談。他們作了一些發人深省的議論，值得為讀者介紹。

史華慈說，法國大革命的三個理念：自由、平等、博愛(Fraternity)，世人多把它們當作一個整體看待。其實盧騷就看到自由和平等之間的衝突。當代自由主義的大師海耶克就非常憎惡平等的理念。杜維明補充說，博愛其實是誤譯，原文更接近社群的意思，三個理念之間是可以有矛盾衝突的。史華慈更進一步指出，西方只是一部分人崇尚民主，法國大革命時的雅各賓黨就是法西斯的先驅。話題轉到中國，中國的知識分子自五四以來都是嚮往並要繼承啟蒙的心態，但是啟蒙和救亡之間也不是沒有矛盾衝突。中國人為了救亡，乃走上了激進的革命的道路，最後共產黨席捲大陸，一直發展到今日的情況。史華慈早年是研究毛澤東的，他提及近時有些研究指出，毛晚年只讀線裝書，好像晚年的作為是受了傳統的影響。史華慈反對這樣的看法，一個人一生只要看一篇文章就可以影響一輩子。毛是馬克思、列寧、史達林的繼承人，他的行為是不可能完全用傳統來解釋的。

由這樣的角度來看問題，譚君所謂三人幫的心態行為是百分之一百中國式的，就是欠分曉的論斷。鄧、李、楊都是四個堅持的信徒。而階級鬥爭、無產階級專政都是西方輸入的東西，毛將之轉化以適合於中國的國情，這種東西的信徒的心態行為決不會百分之一百中國式的。我當然不會否認中國共產黨有許多中國的特性，但共產黨的一套是主，中國的一套是從，不可以把二者的關係掉轉過來。中國的傳統只有權威主義，鄧的垂簾聽政確實是表現了傳統權威主義的特性。但控制了黨、軍、特務就可以控制人民，這卻是蘇聯的極權主義的嫡傳，與中國的傳統拉不上關係。

## 我們要把眼光放遠一點

杜維明演講曾經舉出一些實例，十分活潑生動，正可以為我們剛才所說的作為佐證。他提到日本的代表團訪華，鄧對他們說，日本侵華是該譴責的，但中國也有對不起日本的地方——把中國的文字、封建的儒家思想傳到日本，阻礙了日本的現代化。日本的代表為之瞠目以對，不能夠接受鄧這樣的說法。徐復觀先生在當年就曾經痛斥鄧這種荒謬的見解。他不只昧於中國的傳統，也不明白日本的情況，日本要不接受漢字與中國文化，會有現在的日本嗎？但這件事充分暴露了鄧對傳統的無知和敵視的態度，他的實用主義是以他的意識形態為前提的；他會無情鎮壓任何威脅到共產黨統治的東西。所以不要看他們現在尊孔，那只是策略上的應用，我們不可為外表現象所矇騙。而中國人慣於自瀆，不知往自己的傳統內去覓資源，結果不免像王陽明所說的：「拋卻自家無盡藏，沿門托鉢效貧兒。」其實中國在現代表現的抗議精神就可以在傳統之中找到根源。朱熹被認為封建傳統的代言人，但杜維明卻把朱熹上皇帝的封事和彭德懷上毛澤東的萬言書相比較。朱熹的進言先指出，當前的形勢大壞，皇帝勉強可以接受，再說你用的人都不是人才，這已經使他非常不快，最後竟然說皇帝修身的功夫做得不夠，那就沒法子聽進去了。而彭德懷先生還說，當前的形勢大好，只是農業有一些小問題，那就不得了。當前的學生活動，雖然叫的是民主、自由之類的口號，但知識分子那種擔當的氣概卻完全是繼承自中國的傳統。他又提到和主張全盤西化的包遵信之間的辯論。包雖然在觀念上主張全盤西化，但他自己都承認，根本就沒法在西方過活，上次在新加坡開會，他已經沒法習慣新加坡的生活方式。包所體現的完全是一個中國傳統知識分子的典型。

杜維明雖然是海外新儒家的代表，宣揚第三期儒學的理想，但他對於現實並不採取一種浮淺的樂觀主義的看法。他思考傳統與現代、中國與西方的大問題，有十分難慊人意的論斷。套用他慣用的術語來表達：對傳統中國來說，我們該繼承的沒繼承，該揚棄的沒揚棄；對現代西方來說，則我們該引進的沒引進，該排拒的沒排拒。這是頗令人痛心的現象，但也正是我們所必須面對的現實。學運以後，我們才更警覺到，我們能夠利用的文化資源太薄弱了，我們要把眼光放遠一點，努力加深增厚我們的基礎，或者有一天我們才能由花果飄零到靈根自植，這才是我們在未來的希望。至於我自己有許多想法，請讀者參看最近剛由臺北允晨出版的：《大陸與海外——傳統的反省與轉化》一書。

——原刊於《百姓》第二〇五期，一九八九・一二・一

# 「六四」一週年的反思

六四的鎮壓，螢幕上的情況彷彿猶在眼前，然而不知不覺一年的時間已經過去了。不得人心的李鵬政府還在掌權，並沒有像一些民運分子所預言的幾個月之間就會垮臺。現在是我們要作深一層的反思的時候了。許多人的心裡不免仍存在著一些難以驅除的疑惑：六四的慘劇是否有可能避免呢？民運究竟是成功，還是失敗了呢？我們往未來看，可以有怎樣的展望呢？

或者我們可以用柴玲與封從德逃出生天以後發表的觀感作為起點來進行我們的反思。他們兩位能夠歷經艱險終於投奔自由，這說明了，大陸確有很多人對於他們寄予深刻的同情，否則這樣的事情是不可能發生的。他們在逃亡的十個月中作了許多反思，的確接觸到了一些核心的問題，但他們的視域不夠周延，所以需要我們來作進一步的檢討。

## 拒絕撤出天安門是錯誤策略

他們認為，當時在天安門撤退是不可行的，因為中共會關起門來打狗，情況一樣會很悲慘，而現在至少引起了全世界傳媒的注意，把問題完全暴露了開來；如今在大陸內部各階層都潛伏著反抗的力量。後來我又看到一篇大陸旅歐學人的文章，把這樣的觀點更往前大大地推進了一步。他的基本觀點是，八九民運對於共產改革派及其知識分子的拒絕，不是它的缺點，正是它的成功之處；而八九民運的失敗正是它最大的成功，標誌著四十年來它終於走向了一個新的起點，或者說它回到了四十年前的斷點，重新起步了。

我覺得這樣的分析雖然有相當的深度，卻並不完全符合客觀現實的情況。八九民運由種種跡象看來，乃是一個自發性的運動，絕無預謀，結果是一波高於一波，弄得如火如荼，最後的收場是個完全無法預見的結局。我曾經問過許多由大陸出來的知識分子：他們能不能夠預料到政府竟然會採取這樣的手段，下令軍隊開火？他們都說做夢也想像不到會發生這樣的情況。由此可見，沒有人可能事先籌劃與政府抗爭到底的策略，也沒有人能夠預見會發生這樣的慘劇。到了學生駐守天安門的後期，的確有人懼怕撤退下來會遭受到秋後算賬的後果。但是拒絕撤出仍然在策略上犯了致命的錯誤，柴玲與封從德的辯護是缺乏足夠的說服力的。

## 不須要弄致慘劇收場

由蘇紹智的分析，我們可以看到，追求民主有馬克思主義的改革與非馬克思主義的改革兩派不同的意見，前者即以蘇紹智為代表，後者則以方勵之為代表。非馬克思主義改革派的態度比較激烈，認為必須有比較徹底的改革才能夠收到效果。但無可否認的，在共產黨的高層之中已有了思想的分裂，簡單說來是保守派與改革派對峙的局面，而鄧小平每每在兩派之間搖擺。試問非馬克思主義的改革派在八九民運時有向共產黨奪權的雄圖壯志嗎？如果沒有的話，那麼民運有些人把矛頭對準鄧小平就是在策略上犯了極大的錯誤。我不否認，如果學生由天安門撤退，有些人是肯定會受到迫害的。但如趙紫陽的一派還能保住相當權勢地位的話，那麼這樣的受害會是有限度的。事實上傳媒已經把學生要求改革的心願播放到全世界，為什麼一定要弄到慘劇收場才能達到柴玲所謂的效果呢？當然趙紫陽一派的改革不可能會徹底，也不可能會令人滿意，但在可見的未來非馬克思主義改革派有真正實際執政、解決中國問題的可能嗎？由此可以看到空想主義的根本限制所在。而趙紫陽之無法定案，恰好證明趙派的力量已深入黨政各個階層，牽連至廣，連老鄧都脫離不了關係，根本無從下手。而柴玲等之所以能夠逃出來，又正是因為建制之內就有力量幫助他們，這才能夠成功，試問幾個激進的學生被徹底孤立開來，除了作為反迫害的象徵以外，究竟能夠成就些什麼呢？

至於六四慘劇既已發生，勢必留下深遠的影響，這是不待言的。不只基層的大眾積蓄了不滿的情緒；人人都在等待變局，決不是表面上的粉飾太平可以遮掩得了的，即在高層的領導人之間也造成了意識形態的分裂。現在只李鵬、楊尚昆、袁木之流還在維持原來的說法，江澤民、李瑞環乃至老鄧都承認政府在處理民運上面犯了錯誤，不能完全責怪學生不對。老鄧的覺悟是不徹底的，他還是不肯撤回四二六社論，也不能夠爽快地下詔罪己，承擔起自己的責任。但是他肯承認犯了錯誤，就是破天荒的大事了。這表示這些所謂的領導人在國內外的壓力之外，逼著自反，根本就沒法子站得起來，乃有了色厲內荏的表現。江澤民讓芭芭拉・華爾透絲訪問的活劇，全世界的中國人看了都不是味道。現在美國為了現實的原因把最優惠國的待遇延長一年，暫時又可以苟延殘喘一陣子，但能夠就這樣一直維持保守派與開放派之間微妙的均衡，無限期地拖延下去麼？

如果以上的分析不誤的話，我們就可以看出柴玲、封從德以及那位旅歐學人的觀點視域之不夠周延的根本癥結所在了，問題在他們沒有把幾個不同的層次劃分開來，以致有了偏失之弊。以下我將試圖由思想、政治、經濟、現實四個方面來略談一談我自己的見解。

## 傳統、西方、馬列之間的健康互動

首先由思想的角度著眼，逃亡到海外的學人清楚地體察到思想是沒有禁區的，過去的理解是不足夠的，特別是馬克思主義改革派的想法是的確未能鞭辟入裡，這裡是需要吸收各方面的養分而有所根本的突破的。但是將來的希望在那裡呢？當然決不會在保守派，但也不會在全盤西化派。美式資本主義的經驗既不是可以重複的，也不是值得重複的。美國如今經濟方面的表現還競爭不過日本，這裡面顯然牽涉到文化的因素在內。如何找到適合自己國情、能夠利用自己傳統的資源的道路是當前的急務。不只中國數千年文化傳統的積澱不會突然之間消失不見，即是數十年的馬列毛傳統的不利因素，也不會隨著我們的願望而消逝的。馬列的錯誤在其完全取消私有制，但它對資本主義的弊害的批判是有一些真知灼見的，事實上正是吸收了一些社會福利的想法和做法，才使資本主義重新獲得它的新生命與內在的動力。同樣中國的傳統文化也可以找到許多積極正面的因素。將來的希望仍存在於傳統、西方，以及馬列三者之間的健康的互動，才能夠開創出一個嶄新的局面來。

## 政治上爭取民主的發展

其次談到政治的層面，我們在思想上固然要推陳出新，在政治上民主派卻要爭取與黨，在現階段暫時捨異求同，在海內外形成一個廣大的統一戰線。最不可取的就是現實上根本還沒有立足點，就在那裡你爭我奪、自暴其醜，使得親痛仇快，產生十分不利的效果。如果民主派不主張暴力革命，也不想重蹈列寧組黨、布爾什維克摧毀孟什維克的覆轍，那就要好好利用這一段時間深一層理解民主的理念、熟悉民主的程序、培養民主的心態，以為未來作準備。我並不認為中國大陸多數是農民，乃至有數億文盲，就一定不能實行民主。因為人民的眼睛是雪亮的，如果在基層就教導他們民主的程序，他們一樣會選出可以代表人民利益的人選來。無可諱言，這次的民運雖然得到北京市民的同情，究竟未能真正深入到基層去。波蘭華勒沙批評八九民運之所以失敗，就是因為沒有爭取到工人以及軍隊的支持。這是一針見血的評論。中國的民主已經播了種，何時可以開花結果卻不是我們可以預料的。但我要指出，民主並不是萬靈藥，它不單不能幫助我們解決所有的問題，甚至還會增添許多前所未有的問題。譬如說小黨林立的政府就不是一個可以好好運作的政府，今日的以色列就是一個例證。各壓力團體的互相牽扯，政府如果不能超越它們的牽制，就不免使公義受到損害。如何一方面遵守民主的程序，另一方面又有一個有權、有能、有公信力的政府?這恰正是當前臺灣正在面臨的一個巨大考驗，我們只能希望它的轉形能夠成功，為我們樹立一個可以使得我們中國人驕傲的榜樣。

## 由計畫經濟轉為自由經濟

再其次談到經濟的層面。毫無疑問，大陸對於政治改革的要求是由經濟改革發展到一定階段以後遭逢到困難所派生出來的。這半年來蘇聯與東歐情況的急轉直下，我們警覺到，他們所面對的正是同樣的問題。計畫經濟的失敗，使得他們不能不放棄原有的意識形態，而要嘗試去摸索一條新的道路。但由計畫經濟轉變到自由經濟，中間所遭逢的問題與困難是不容易克服的。由這個角度來看，趙紫陽時期價格開放的失敗絕不是一個孤立的現象。單憑常識判斷，我們就知道這是行不通的做法。在自由經濟的社會中市場有一種自動調節的機能，一項貨品價格的提升就會導致這項貨品的增產，使得投資能夠獲取一定的利潤。但在社會主義經濟的國家中，公有制缺乏足夠的誘因與條件去增產，很明顯地搞單方面的價格開放只能夠助長官倒，受害的依然是廣大的老百姓。如今儘管全世界的人都在佩服戈巴契夫改革的決心和勇氣，蘇聯的老百姓卻在高聲咒罵戈巴契夫。理由很簡單，物價在短時期之內漲了幾倍，而且缺乏貨品供應，日常的生活都成了問題，遙遠的理想與空言對他們來說有什麼意義呢？我們當然希望戈巴契夫能夠衝關過去，但他能不能夠成功還是未定之數，再加上民族邦國要求獨立的困擾，不能不令我們產生深刻的憂慮。而東西德統一前夕，東德已經爆發大型示威要求保障職業的安全。事實上經濟的改革與人心的期待是互相關聯的。而長期社會主義的實施已經造成根深蒂固的心習，這是十分不利於改革的因素。如果有人能夠找到由計畫經濟轉型為自由經濟的祕訣，那就會成為一種主導的力量。估計它仍然應該是一種社會主義與資本主義的混成物，但在它成功地冒出來以前，沒有人能夠確定地講出它的配方與成分。

## 看不到擺脫困局的契機

最後仍回到現實的層面。大多數人都認為，在老鄧去世之前，大陸很難看到有什麼根本的變化，這大概是符合事實的情況的。但不得人心的李鵬政府能夠這樣無限期地延續下去嗎？那就不一定了。往未來看，中國是有可能發生兩種全然不同的情況的。一種情況是，保守派越來越得勢，僵固的做法終於激發民變，甚至造成中央權威解體、軍閥割據的混亂局面。這樣就像激進的民運分子所想像的那樣，火鳳凰先要燒毀，然後才能再生。但這是一種美麗的空想，中國的人民還能夠經得起這樣的折磨嗎？另一種情況是，中國仍然往比較開放、自由的方向走去。這樣就免不了與目前保守的傾向矛盾衝突，產生緊張與磨擦。而且這樣走下去，終不能不衝破鄧小平目前那種搖擺不定、忽焉在前，瞻之在後的姿態。但到目前為止，卻還一點看不到如何超出目前的困局的契機，不能不令人心中感到焦慮。

其實如果願意採取一種理性的態度去反省中國的前途的話，未來的方向應是十分清楚明白的。但是我們並沒有水晶球，看不出中國人民在將來會遭受到更悲慘或者較美好的命運，我們只能籲求大家在六四一週年，一齊來參與，作深一層的反思！

——原刊於《明報》，一九九〇・六・四

# 三個地區知識分子在改革浪潮中的角色

## ——論今日中國知識分子應取的態度

很快又到胡耀邦的忌辰，實在很難想像大陸民運爆發到現在已近一個年頭。這一年的震盪接二連三而至，由天安門到蘇東波，正如《時代》雜誌所觀察的，現在的歷史簡直沒法子寫，根本就追不上實際世界中所發生的事情。正是在這樣的時刻，中國的知識分子更需要好好反省一下自己所應取的態度。

### 北京政權有危機但未必崩潰

回頭看民運發生，完全是自發性的行動，後來才有政治因素的介入。這次民運之所以能夠搞得轟轟烈烈，主要是靠學生與新聞傳媒，也就是說，主要是靠知識分子的推動。而民運之所以終歸失敗，也是因為推動的力量沒有真正下達到基層。一般民眾雖然痛恨官倒，同情學生，但工人缺乏有組織的動員，廣大的農民缺乏反響，最大的致命傷是缺乏軍人的支持，結果不免遭受到被鎮壓的命運。但民運雖然失敗，卻留下了極為深刻的影響。

天安門事件出現在螢幕上，震撼了整個世界，從此外界對於中國大陸產生了完全不同的觀感。中國大陸的民運無疑對於東歐的民運發生了啟迪的作用，但是東歐與蘇聯接著發生的一連串的革命與改革的運動，又倒回來對中國大陸產生了巨大的衝擊與震盪。

六四以後所造成的思想與意識形態的分裂已經深入到中國共產黨的內部以及高幹子弟的階層之中。所謂國家領導人的文告，都充滿了末世的情懷，連小小的彈丸之地香港也變成了反共顛覆的基地，為之寢食難安，其色厲內荏、心理虛弱的狀態已經暴露無遺，掩蓋不住。而政府根本就無法有效地解決它所必須面對的經濟、社會的實際問題。這樣的政權究竟能夠維持多久是沒有人能夠預料的。

然而情況儘管是如此，六四以後逃亡出來的民運人士預言李鵬政府幾個月之內就會垮臺，仍然是一個錯誤。時至今日，大家必須作出心理上的調整，決不可以為了尋求自我安慰，而訴之於建築在激情之上的幻想。將來中國變成怎樣？實際上的變數太多，難以作出正確的估計。很可能鄧小平一旦死了就會發生大變，但也可能一拖又是幾年，必須作好打持久戰的心理準備。以下我們就略談一下海內外的中國知識分子處在這樣的情況之下應取的態度。

## 流亡海外可能是不歸之路？

先談一談六四之後由大陸逃亡出來的民運分子以及六四以前就到海外而積極支持民運的人士所應取的態度。

很明顯地，除了中國大陸馬上就發生巨大的變化以外，這些人是一時不會返國的，他們必須作出存在的抉擇。表面上看來，關心國是和努力求學是並行不悖的。但真要搞政治，那卻是全職的工作，不是可以與求學得兼的。吾爾開希現在就離開了哈佛，到民主女神號去作對大陸廣播的工作。事實上，在海外並不需要那麼多人出來搞政治，所以大多數人還是應該把心收起來，好好地學習，得到專業的訓練，將來無論繼續留在海外或者回國，都會有為國家報效的機會。

臺灣這幾十年的一筆極大的財富就是在海外儲備的人才。據說大陸有些留學生這一陣子根本無心向學，聚在一起談論國是，或者抓起話筒打長途電話傾吐心聲，每次總是講得痛哭流涕。這樣的做法是不可能長期持續下去的。美國留學生的功課忙碌，壓力很重，不專心就會讀不及格，失去了獎學金，那就會流落下去，絕對不是辦法。真要搞政治，就要了解在國外搞民運的困難，而要不惜一切犧牲，把自己整個投進去。

做政治領袖必須得具備一般人所沒有的條件。一要有品德，不能又要錢，又好色；二要有氣度，不能攬小宗派，妒賢嫉能，排除異己，不能聽別人的批評；三要有識見，了解世界的大勢以及本國的情況，找到有可能實現的真正理想，這才能夠領袖群倫，走上一個正確的方向。而且不可以忘記，將來中國大陸有劇變，主要還是要靠內部的力量。雖說是內外呼應，但已經流放出來的人畢竟仍然只能是一個輔助性的力量，而且時間拖得越久，能夠發生的作用也就越弱。這是一個主觀的願望所不能夠改變的客觀情勢，也是我們必須充分認識而且緊記在心的要點，否則就會造成一種與真實脫節的自欺的傾向。

大陸知識分子的一個很大的限制，是他們不很了解外面的情況。一批民運人士訪問臺灣就曾經受到十分嚴厲的批評，說他們根本不了解臺灣的情況而抱著一種沙文主義的心態。其實這是一種誤解。他們只是抱著切膚之痛，把在臺灣的中國人當作自己的同胞，要大家同心協力來改變中國未來的命運。同時臺灣也的確有許多沾染上資本主義社會習氣的缺點，不是什麼都不可以批評的。只不過大陸的人只能用大陸的觀點來看問題，不能用臺灣的觀點看問題，當然也就呈現了一種嚴重的局限性，這乃是將來必須克服的一個障礙。

至於留在大陸的知識分子，除了少數不幸被囚者和見風轉舵附炎趨勢的風派這兩極端之外，多數的知識分子現在只能夠作暫時沈默下來的大眾。但他們正可以趁此機會好好沈思，並做好仍然可以做的學術工作，而不應該悲觀消極下來。同時，開放的大門並未完全關死，學術與觀念的交流依然在縮小的規模下繼續進行著。社會的各階層都在等待變化，現在的秩序終必要被取代，問題乃在要怎樣才能蛻變出一個未來的新秩序來。

## 臺灣知識分子可促進民主化

有趣的是，正當海外與大陸的學術交流受到沈重的打擊而陷於頓挫的時刻，臺灣與大陸的學術交流卻有一種方興未艾的氣象。臺灣的知識分子固然要肯定臺灣經驗的獨特性與優勝性，但也要真正深切地作一檢討，究竟臺灣獨立是否有一個真實的可能性？我一向認為，臺灣真正的問題是在內而不是在外，如果臺灣真能實行民主，保持經濟、社會的繁榮，沒有外來的因素可以真正威脅到它。大陸攻臺的可能性雖不是完全沒有，究竟是一種不太可能的前景，而過熾的臺灣獨立的呼聲與行動，卻只能給予大陸領導階層內部非理性的傾向一種攻臺的藉口。

一般來說，臺灣的知識分子今日正站在一種十分微妙的地位之上，一方面他們要努力推動改革，作前衛的尖兵；另一方面又要理性平和，發生一種穩定的力量。知識分子常常容易產生深沈的無力感，但在同時又有強力的擔負感，這使得他們在精神上經常處於一種緊張的狀態之中而難以紓解。

從表面上看來，臺灣最近發生的學運與大陸發生的學運有許多類似的地方，但仔細分析，就知道兩方面所面對的情況是完全不同的。在大陸，天下是鄧小平那一班人打下來的，誰要威脅到他們的統治，那就要受到無情的鎮壓與殲滅。但臺灣是完全不同的情勢，李登輝並沒有自己真正權力的基礎，是因為種種因素的輻湊才把他推到臺前的。他的問題是有沒有決心來推動政制改革，以合乎社會與民心的願望。

臺灣由上到下雖然是一團亂糟糟，但畢竟還有一些理性、制約的力量在發生作用。我們衷心希望他們能夠克服危機，轉化出一個真正合乎民主憲政的新秩序來。在這一個過程之中，知識分子能夠發生的作用是不可計量的。

## 海外知識分子關注祖國命運

至於長留在海外的知識分子，他們多數是在專業方面有成就的學者。他們的根本限制，是在他們畢竟不能親身參與海峽兩岸所發生的一切。但他們仍然有深切的關注，同時比較能夠著眼於長遠的目標作冷靜而深刻的思慮。國內發生了什麼事，他們也可以發動一些支援以及輿論的力量，同樣可以作出重大的貢獻。

我們很希望在這三個地區的中國知識分子能夠健康地互動，匯聚成為一股不可輕視的力量，幫助引導未來的中國走上一條康莊大道。

## 不必急於統一等待瓜熟蒂落

最後我要說的一點是，雖然中國過去一向宗奉大一統的理想，而且我們也不希望中國在未來陷於長久分裂的命運，但由短途看來，統一的努力操之過急卻只能夠產生相反的效果。海峽兩岸四十年來不同的經驗以及晚近突然產生的相互間的吸引力，使得「邦聯」成為唯一可以落實的可能性。

東西德的統一決不是任何政客能夠刻意營造出來的結果，但是到了時機，柏林的圍牆自然就倒下來。瓜熟自然蒂落，中國在未來的統一也該作如是觀。中國各地的知識分子都可以根據自己的特殊情況努力作出相應的貢獻，這就是他們在今日應取的態度。

——原刊於《潮流》第三九期，一九九〇・五・一五

# 千島湖與席揚事件背後的思想障礙

## 在日本時的感想

這次春假，由於內人從沒去過日本，七四年京都之會之後，我也有二十年的時間沒有再回扶桑暢遊，於是參加了日航天地的七日旅行團，由大阪、京都、東京一路玩下去。到四月七日轉赴福岡，參加由九州大學名譽教授岡田武彥領銜，他的弟子町田三郎實際負責的「東亞傳統文化國際會議」。大概由於天氣還不夠暖的緣故，我們一直要到福岡，才追到了盛開的櫻花。雖然我們一直留著抗戰以來的心結，也對日本的許多做法不以為然，但在日本看到舉國的整潔，對於儀規與景觀的重視，比起海峽兩岸兩個大垃圾堆，仍然引起我們衷心的讚佩，油然而生「禮失而求諸野」的感覺。主辦者再三強調，福岡只是一個小城，有史以來這還是第一次有這樣的盛會，群賢畢至，受到熱情的款待，真有賓至如歸的感覺。除了基調講演之外，大會分成三組，很自然地海內外的華裔學者經常聚集在一起，有進一步交流的機會。在這一次會議，我才明顯地察覺到八九以後的巨大轉變。大陸學者強調和合，有立論以和為用，以仁為體，還講禮樂教化在現代與後現代的意義，這是大陸中國哲學的新潮流，決不只是對外敷衍的浮辭，而是建築在切身的感受上面。他們對當前一切向錢看的趨勢也提出了批評的反省。研究生收不足額，基礎教育缺少經費是隱憂的根源。四小龍與日本的成功完全是靠人力，而非自然的資源，可以思過半矣！會議的最後一天出了一件尷尬事，晚上臺灣的經濟文化處邀請了歐美港臺的學者，享用上佳的宴席，同時，為了明顯的理由，沒有邀請大陸的學者。國際會議主辦單位與大陸的領事館的領事接觸，希望他們款待這批學者，卻受到拒絕，因為他們還不到副部長的階級，只得由岡田另外設宴款待他們。由這一件事，就可以看到大陸官方對學者以及知識的輕視，背後隱涵了一種反智的傾向。毛澤東的時代雖已過去，但有一些思想上的障礙仍然存在，由晚近發生的千島湖和席揚兩個事件充分暴露了出來。這種障礙對整個國家社會外交各方面都可以造成深遠的影響，故特撰文抉發這些事件背後的思想根源，也以這個角度對當前的中英、中美間的爭拗略說我自己的見解。

## 千島湖事件的震盪

在日本旅行，只有英文的《日本時報》可看，有些電視只有日文的廣播節目，簡直與港臺大陸的消息完全隔絕了。在福岡，臺灣來的學者告訴我浙江千島湖發生的慘劇而語焉未詳，返港之後，立即補課，猛看過去十幾天積累下來的報紙，這才能夠感覺到這一事件對於兩岸關係所造成的巨大的震盪。千島湖一下子死了二十幾個臺胞，出事的船有焚燒過的痕跡。當然這有可能是意外，但連官方也未能排除劫殺的可能性。其實大陸是旅遊的高危險地區，早就不是新聞，空難頻仍，搶劫時聞。八八年我自己作閩北之旅，搭火車由邵武回廈門，就目擊一些奇特的現象。這是由安徽到福建的列車，據云有不少人跑單幫，手中抓著一大把鈔票，賭博打架，無所不為。中途停站，有一個人頭上流血，倉皇下了火車。近幾年來，到處是盲流、人潮，更不得了。去年福建出事死了十幾個臺胞，親屬固然傷痛欲絕，輿論卻並沒有強烈的反應？為什麼這次會有那麼大的不同呢？

我想主要是由於大陸不合理的「黑箱作業」所致。且不說新聞採訪不行，連親屬的合理要求也數度被拒絕，未得他們的同意就解剖屍體，火化滅跡，好像有意要隱瞞真相似的。這才激起了群憤，不期而然又觸發了已經淡化下來的統獨之爭。如今臺灣正式宣布停止旅遊，甚至殃及池魚，暫時中止學術文化上的交流。大陸的損失固然不在話下，連香港的旅遊都銳減了三成，打擊不可以說不大。大陸方面覺得臺灣的反應太過分，卻不想冰凍三尺，絕非一日之寒。大陸在國際政治上一向打壓臺灣，像華航就不許飛成田機場，只能去羽田機場與日本的國內航線雜在一起。而臺胞因為民族、親情、投資、好奇等等原因，仍然一窩蜂地往大陸跑。六四以後一種流行的說法是，現在不再是社會主義救中國，反轉頭是中國救社會主義，而臺灣的旅遊探親客卻救了大陸急速沈下去的經濟。然而在大陸旅遊投資的臺胞卻得不到任何權利的保障，積累到了一個程度，不免爆炸開來。而大陸動輒以正統自居，處處設障，逼得臺灣不得不另謀出路。這才有李登輝以私人身分訪問東南亞之事，如今正可趁機會與大陸關係冷卻一下。大陸方面之不肯正視問題，橫蠻顢頇，終於遭到報復，委實咎由自取，沒有什麼可說的了。

## 席揚事件的荒謬

如果說千島湖事件是處理不當所致，席揚事件的荒謬就更暴露出背後思想障礙的嚴重性了。表面上看來，席揚事件是依法處理的——席揚不該非法刺探大陸的經濟情報，向外間發表這些資料，而且他本人已經認罪，所以獲得「輕」判，要坐牢十二年。宣判下來令人大出意外，連親大陸的徐四民之流都一直不相信會有這樣重的懲罰。大陸的說法是，這一類的事真要重判的話，可以判死刑，如今已經是格外施恩了。但海外認為，席揚並沒有對國家造成任何危害，也沒有真的洩漏了什麼重要的國家機密，合作認罪，應該加以告誡以後釋放，將來不再犯同樣的事情，也就可以了。大陸現在這種做法令人想起流傳在海外的一則笑話——有人在六四以後搞反政府活動，被判刑二年；有人只說李鵬飯桶，卻被判五年，原因是洩漏了重要國家機密。席揚事件的荒謬就在於笑話所說的竟變成了事實，難怪難以令人接受！《明報》的于品海一向與大陸維持良好的關係，面對此事竟然一籌莫展，《明報》的同人要靜坐抗議，香港的輿論除了左派報紙以外普遍對席揚表示同情，更有一種兔死狐悲的感覺，也就是十分自然的了。

有謂大陸故意重判席揚，可以發生一種殺雞儆猴的作用，此說不為無理。處理這件事背後的思想根源，與外賓到訪抓魏京生、王丹、徐文立等是同一個道理。中國完全是依法律辦事，外國不可以干預內政；各國的實際情況不同，人權觀念不可以應用到中國上面。這種情況就比千島湖事件透露出來的消息更為不妙。千島湖處理不當，經過臺灣強烈抗議，大陸的態度有點姍姍的，還有點不好意思的味道！席揚、魏京生一類的事件，大陸卻理直氣壯，因為他們有法律做根據。卻不想他們這樣的法律本身就是荒謬背理的法律，兼之運用之妙存乎一心，事情可大可小，根本就違背法律的精神。而且這裡根本不存在本國與外國界限的問題，本國的人要不是屈於勢，必定會反抗這種不合理的法律。把這種荒謬的東西講得似乎神聖一樣，不免為有識之士所笑。大陸這樣的做法是違背世界潮流的，如此有意展示自己的強項固可以快意於一時，卻不免隱伏長遠的後果。歷史的巨輪終必會把這種不合理的東西輾過去，只不知現世報的時間究竟應在哪一刻罷了。而老鄧逝世將提供許多不可知的變數，坐在火山口上的當權派可不要像四人幫那樣不知戒慎啊！

## 爭拗背後的思想障礙

或者有人會說，你這樣的講法太理想化了，與實際情況有太大的距離。大陸當權派一切以鞏固其權勢為依歸，決不會聽你這一類的空言而改弦更張的。但事實上是，我決不是空談理想，我所分析的恰正是實際情況。堅執意理罔顧現實的恰正是大陸的當權派，他們自以為得計的地方恰恰就是將來他們要受到報應的地方。

先說中英之間的爭拗給我們領取到的教訓。大家都看得很清楚，香港要在九七得到平穩的過渡，必定要維繫住香港的安定繁榮。不幸的是，如今香港的經濟雖然繁榮，政治上卻充滿了不安定的因素。而所以發展到今天這樣子情勢，恰正像麥若彬所說的那樣，李鵬的佛洛伊德式的漏嘴洩露了整個的機密——中方要負最大的責任。無可諱言，六四以後的確是英方轉了態。但彭督初意絕無意與中方搞對抗，他只想在灰色地帶做一點手腳而已！但大陸因為心理的虛弱絕不容許民主在香港有更多發展的空間，而民族大義的激憤使大陸採取了完全錯誤的對策。他們以為只要把炮口對準彭督，就可以把他轟下臺，但他們沒想到，彭督是執行英國政府的政策，英國也不能夠放棄他們的榮譽。這樣衝突升級到了政府對抗政府的場面，以致造成了今日的難局。試想英國臨走之前怎麼可能不撈一票走，如今卡住機場的發展，造成了香港以及未來中國的損失，又硬把彭督這樣一個小小的政客硬塑造成為了捍衛民主政治的英雄，豈不是得不償失。

如今中美之間又有人權以及最惠國待遇的爭拗了。就客觀來分析，美國的人權外交自卡特以來從來沒奏過效，如今柯林頓缺少外交經驗，的確漏洞百出，美國的商人與部分民意就不贊成把人權與最惠國待遇掛鉤的做法。最近大陸忽出奇招，不只對英國不退讓，連對美國也採取強硬的立場。大陸發言人訓誡美國的思想不夠現代化——現在的潮流是政經分離，美國卻趕不上時代潮流還在把政經勾連在一起。大陸的奇招在短期之內似乎奏了效，把柯林頓政府逼得倒退，困在一種進退維谷的難局之下。大陸的如意算盤是一舉可以衝破年年為最惠國待遇討價還價的尷尬局面。大陸如今經濟往上，美國自身問題多多，大陸這一奇招的應用似乎一下子爭取得主動，好像佔了上風的樣子。但大陸不要忘記，美國雖然有它的弱點，但美國的確有強烈的民意反對大陸之罔顧人權，國會有不少反對無條件給大陸最惠國待遇的票。而美國可不像破落的英國，決不是紙老虎。真要把它推到一個不可能的境地，它要反戈一擊，就會造成兩敗俱傷的地步。我們當然不希望看到這一天的來臨。前事不忘，後事之師。我們希望大陸不要像中英爭拗一樣，採取一個僵固的立場，在中美爭拗之中，也把對方逼上絕路，造成損人不利己的後果。

## 外強實乃內弱

總結來說，中共對外的強硬恰好源於中共內在的虛弱。而採取強勢的壓抑政策，對內對外都造成長遠不利的後果，愈想保護自己既得利益集團的權勢，愈有造成自身顛覆的危險。

而中共的虛弱的一個證據就在，幾次三番再三強調，中國有信心收回香港的主權，事實上誰不讓中共收回香港的主權呢？這恰好反映出中共的鬼胎。在這種不平衡的心理影響之下，往往作出違反現實情況的決策，而導致完全不必要的不利的效果。

老實說，到今天這個時代，反共已經是個沒大意義的東西。大陸的青年如今對馬列根本不感興趣。海外的人站在民族的感情上都希望中國做得好，並沒有意思一定要看它垮臺。但不幸的是，中共自毛澤東以來就輕視知識分子，敵視知識分子，結果人才不足，也不敢說真話，缺少智慧與知識方面的交流，往往陷於僵固的意理，作出違反世界潮流以及現實情勢的決策，搬石頭砸自己的腳。我們不知道什麼時候中國可以逐步去除這些背後的思想障礙，把中國帶進一個充滿活力與希望的新世紀。

——原刊於《信報財經月刊》總二〇六期，一九九四・五

# 關於江八點的感想

關於江八點，報章雜誌已有許多報導分析，很難講出什麼新意，所以我的重點放在感想上面。首先讓我總結一下自己對於這個事件的理解與判斷。

## 江八點面對新情況作新解釋

有謂江八點未出老鄧對臺政策「一國兩制」的框架，並無新的突破，這是對的。但謂江八點全無新意，卻是大謬不然。這是江在鄧的指導原則之下對於臺灣的現實情況有了新的理解所作出的對策，所以公佈之後立刻在海峽對岸引起了巨大的震盪。舉其犖犖大者而言之，江現在容許民進黨也參加談判，這表示不再堅持只與國民黨對談；其次，江表示願意與李登輝作高峰會談，這也是過去未表明的姿態；最有趣的是，現在凸出傳統中國文化的共同基礎，回想當年老鄧訪日，竟向日本道歉向東瀛輸出孔子，令日本人為之愕然，今昔的距離可不能以道里計了！臺灣的初步反應是要好好加以研究，必須以審慎的態度作回答，以因應後鄧的情勢。

## 臺灣人對大陸當局兩種看法

要評估江八點在臺可能造成的回響，先必須了解臺灣人對大陸的態度。現在流行兩種截然相反的意見。一種意見以暢銷書《一九九五閏八月》為代表。這種意見斷定，大陸在兩三年內一定攻臺，才能消除其對臺灣獨立的憂慮。這種意見並沒有很好的根據，到目前為止還看不到任何跡象大陸真的有攻臺的意圖或能力。大陸的民心厭戰，大家都想多賺點錢，政府沒有理由作出任何舉動可能危害到臺商在大陸的投資，以及日益頻密的兩岸經濟與文化的交流。T日突襲兵不血刃就順利佔領臺灣是純粹的危言聳聽，大陸增加一些軍費就能使它的軍隊變得如此有效率更是神話式的幻想。中共教訓越南一役已充分暴露其軍隊的弱點，與俄羅斯出兵車臣暴露出弱點正是同類的問題。中共不是逼不得已是不會攻打臺灣的。相反的意見則認為，大陸內部問題叢生，自顧不暇，對臺灣出兵只是虛聲恫嚇，就是臺灣真的宣佈獨立，它也不可能有什麼舉動。這樣的意見同樣沒有很好的根據。大陸當權派口口聲聲說自己是人民政府，其實許多作為根本罔顧民意，所以才導致八九的民運與鎮壓。但有一件事卻的確有十億人民的民意作為後盾，那就是堅決反對臺灣獨立。如果臺灣真的宣佈獨立，那麼不論誰當權，如果不採取行動的話，這個政府必定立刻垮臺。況且共產黨做事，從來不把經濟利益放在第一位，意識形態與政治考慮永遠優先。臺灣要是輕易可以獨立，西藏與其他地區也相繼效尤，那還得了！由此可見，葉爾欽之出兵車臣，實有其不得已的苦衷，結果是兩敗俱傷，誰得到了好處？而國際方面做了什麼？激進的臺獨派迷信中美聯防，這又是墮入另一種形態的神話式的幻想。由這種思想的背景下鼓動的一些刺激大陸情緒反應的行動是有危險性的，對抗性的升級過了某一個限度是會產生破壞性的效果的。

## 去年底選舉顯出選民判斷力

令人感到欣慰的是，急統與急獨的言論雖然佔據了傳媒的注意力，沈默的大多數卻比他們展示了更大的智慧，這由上一次省市長的選舉投票結果，就可以清楚地看得出來。臺灣選民的成熟使他們超越了省籍情結與黨派情結。宋楚瑜雖然是外省人，卻以大比數擊敗了素來享有清譽的陳定南，贏得了省長的選舉，成為臺灣當前最有民意基礎的官員。民進黨的陳水扁則受惠於國民黨與新黨的分裂而贏得了臺北市的選舉。國民黨的吳敦義則純粹靠他自己的業績而輕易贏得了高雄市的選舉。在臺北市的選舉中，黨綱內肯定臺獨的民進黨有意淡化統獨問題，反而以舊國民黨為基礎的新黨掀出李登輝走向臺獨的日程表而激起軒然大波。我早就說李登輝對司馬遼太郎的談話講臺灣人的悲哀必定會有嚴重的後果，那知這麼快就已引發了這麼強烈的反彈，逼使李登輝不得不幾次三番重新肯定國民黨與中華民國的法統，新春還在宣說三民主義的時代意義。臺北市選舉的結果國民黨甚至喪失了市議會的控制權，而造成了三黨鼎立的局面。國民黨的挫敗從局外人來看，恰好是為臺灣未來的民主創造了最有利的條件。最妙的是，陳水扁上臺之後，發表了他改革市政的抱負，卻立即留用了國民黨的人才；而新黨也施展了妥協的技巧，而選出了國民黨籍的議長。這樣臺北的市長將在有延續性的基礎之下進行新的改革。由此可見，在位的溫和的行動與在野的激烈的言論有多麼大的差距！不久以前臺北名記者周玉蔻小姐來香港參加一個座談會曾當眾宣稱，臺灣無論那個執政，都不會蠢到去公開宣佈臺獨。這樣，無論臺灣有怎樣的言論，主政者都不會過分去刺激大陸，但也不會輕易放棄自己在實質上獨立自主的地位。如此江八點的提出決不會造成任何戲劇性的變化，仍會持續一個長時期不統不獨的局面。

## 首先必須有儒家文化的素養

無論如何，江八點的提出是多少放下了身段，即使有統戰目的，也還是跨出了「有益有建設性」的一步。但足夠不足夠呢？顯然是十分地不足夠。大陸一天不能丟下父權中央的包袱，以平等互待的地位與臺灣打交道，就一天得不到真正有實質性的進展。而江澤民既要提倡傳統中國文化，就該明白儒家的做法必須彬彬有禮，據理力爭。而中共大員對外打交道，卻為了對內表示自己不軟弱，經常擺出一副令人難以消受的嘴臉。魯平說要對香港不客氣，是一副流氓以勢凌人的口吻，吳儀對中美談判破裂的反應也擺出一副潑婦相，何嘗反映得出半點泱泱大國的風範！最奇怪的是新華社一官員拒絕面對香港人為何不親中的問題，如果中共的領導人自己肯問這個問題，知道羞恥，努力謀求改進，那麼中國的未來就大有希望了。

——原刊於《香港聯合報》，一九九五・二・一〇

# 後鄧時代的來臨

## 鄧的生死與後鄧時代

近來頗多有關鄧的生死的猜測。本來一個九十老人，真可謂風燭殘年，隨時可以去，一點也不足為怪。但我的看法與流行的見解不同：既然鄧目前對於國家的貢獻就是繼續活下去，又有那麼多醫生、氣功師幫忙，活得近乎植物人一樣，拖個一年兩載，並不是不可以想像的事。但後鄧時代的開始並不需要等到鄧去見馬克思之後，已有許多跡象顯示，這個時代已經來臨了。譬如說，鄧榕謂六四的評價要看將來的領導人的態度而定，這還是鄧自己掌舵的時代可以容許說得出來的話嗎?!有謂江八點的提出顯示江如今在話事。儘管江八點並沒有跳出鄧構思的框架，但其靈活應用已有了一些變化。而鄧榕對外國記者說老父的健康不佳出了格子，近來已作了微妙的轉彎，還特別要大家多注意現在的領導班子。在另一方面，美國務卿克里斯多福也察覺到，在有關知識產權的談判中，大陸的立場特別僵硬，可能正是因為沒有超級強人可以抓主意，下面諸人互相牽制，以致態度改變不過來。這樣的解釋不為無理。《時代》雜誌已經在批評江的調子太硬，可能讀錯國際的信息，而會造成不利的後果。平心而論，由最近洩漏出來的條款來看，美國方面要逼著大陸修改法律，條件的確太苛，盼望立竿見影，事實上根本做不到，不是任何主權國家可以接受的干預內政的做法。但近時中共每每擺出一副怙惡不悛、有恃無恐的姿態，變本加厲地侵害持異見分子的人權，的確令人反感。後鄧時代一開始就要採取這種高壓政策來鞏固政權，在當前開放的情勢之下，玩過了火必引起強烈反彈，是極為自然的！魏京生已經成為了諾貝爾和平獎金的候選人，要是形象與實質的方面都不亟謀改進的話，前景是堪憂的。光是中國市場的吸引，缺少法制、政治的配合，絕對是不足的。這個問題決不只是美國的，也是歐洲的、日本的、臺灣的，投資要得不到足夠的保障與收益，鬼才和你一直玩下去！

## 鄧思想的本質與限制

大陸走開放路線是一條不歸路，後鄧時代自不能改變這一個大方向，其思想的指導意理是鄧小平思想，最近常常聽到學習鄧思的指令，就是一個明白的徵象。但鄧思的本質是怎樣呢？

照中共官方的說法，鄧思是毛澤東思想的延續，但在「毛澤東思想」與「毛澤東的思想」之間卻有根本的差別。後者是毛本人的思想，到了晚年毛主觀的意志膨脹，罔顧客觀的經濟規律，以致犯了重大的錯誤。毛澤東思想卻是馬克思的原則實踐在中國的土壤上的結晶，裡面包含了鄧小平以及其他領導人的貢獻。毛本人原本倡導緩進的新民主主義，五種經濟成分包括資產階級在內都可以發生作用，毛到晚年才採取冒進的策略，發動文革，為國家造成了巨大的災禍。如今要回到馬克思的規模，先發展資本主義，然後才能過渡到社會主義。鄧的策略是採取實用主義，讓一部分人先富起來。文革以後，在鄧的領導之下，大陸的進步有目共睹，但也引發了不少問題。社會的發展不平衡，官倒猖獗，不可收拾，以致激發了八九的民運與鎮壓。這些問題到今天為止並未得到根本的解決，先富起來的仍是有辦法的高幹與太子黨，可謂隱患無窮。

由此可以清楚地看出鄧思的限制。鄧思的根據仍在毛澤東思想，所謂「四個堅持」也並不全是空話，至少必誓死堅持共產黨的領導。但策略上的實用主義卻導致了政策上的左右搖擺。鄧雖掌舵，卻並不獨裁，他的慣技是搞左右平衡。在他底下左右兩派都有發展的空間，緊了就鬆，鬆了又緊，外界把他當作單純的開放派看待，乃是過分簡單化的誤讀。在鄧的領導之下，沒有任何問題會有根本性的解決，這是由於鄧思的本質性的限制所在。到了後鄧時代，反右和六四想必會得到平反，但鄧所樹立的集體領導與左右搖擺的作風大概還會繼續下去。只鄧去後，中樞少了一個夠分量的左右平衡的高手，會顯得一時僵固，一時游移，直到內部鬥爭產生出下一個世代的真命天子為止。

有了以上的理解做基礎，我們不妨對未來作出一些大膽的推測。首先看大陸的形勢。如今流行兩種截然不同的意見。一種認為大陸將來會出現軍閥割據的局面，美國政府最近的一份調查報告即持這樣的意見。另一種則認為新的強人崛起，會一改當前自由開放的空氣，而進入一個與此完全不同的全新的局面。先由後者說起，我認為這樣的可能性不大。任何人當權都必須維持穩定的秩序，而其目的是製造有利的投資環境，與世界其他各個地區做生意。大陸的外匯激升，這是人人樂見的現象，問題是出在利益分沾過分不均，並不是真的要回到文革時代那樣，重新過貧窮鎖國的生活。大陸要是持續經濟對外開放，那麼新的領袖必定是妥協產生的結果。這個時代已無法產生上一代那樣的強人了，這是所謂人的主觀意志不能左右的局面。乃是同樣的理由，使得軍閥割據的可能性不大。鄧的優勢在於他能控制槍桿子，所以他才成為了沒有人可以與之爭衡的領袖。將來肯定沒有人能控制所有的軍隊，而軍隊一樣也要貿利，若要避免熱戰，陷入波士尼亞之類之僵局，那就必須各地方勢力與軍隊，大家一齊訴之於妥協的藝術，才得維持一個大家都需要的統一的局面。

由這個觀點出發，我並不贊成大陸內部搞聯邦制。中國缺乏美式聯邦制的條件，人大是舉手機器，從沒有美式的眾議院，眾議員的職責是為地方爭權益。中國只有軍閥割據的傳統，到時候地不能暢其運，貨不能暢其流，那就會長期留在中世紀的狀態，還有什麼前途可言。我贊許的邦聯觀念只能用於大陸、港、臺三地，彼此大小雖然相差懸殊，但彼此經驗相差極大，一時統一不了，統一也沒有好處，那就不如先通過磋商，由邦聯開始，到將來時機成熟，才談統一之事。如今香港雖很快會被大陸吞下，但我仍看不出如何解決臺灣問題的法子。海峽兩岸必須在這方面有真正突破性的構思才行，憑江八點是擔負不起這樣的重任的！

至於臺灣將來究竟會變成怎樣呢？也有兩派截然相異的意見。一派認為，只要長期拖下去，拖得越久，統一的可能性就沒有了，另一派意見剛好相反，認為拖得越久，獨立的可能性就沒有了。我覺得二者都有其理據與可能性。就前一種意見來說，雙方的經驗既是差距越來越大，在臺灣長大的年輕人對大陸越來越沒有理解，沒有感情，而國際情勢則越來越難以動武，美日都寧可看到臺灣獨立，久而久之，自然而然就越來越往獨立之路走去了。就後一種意見來說，臺灣與大陸的經濟關係越來越密切，到時變成了同一個中華經濟圈不可分割的一體，彼此語言、文化、風俗、習慣、宗教都沒有根本的差別，再加上通婚、親情、友情交織在一起，久而久之，自然而然就越來越往統一之路走去了。

就我這一代的外省人來說，在情感上當然希望看到將來會走上第二條路。但先決條件是，大陸的做法千萬不要讓今天住在臺灣的人覺得以做中國人為恥。不幸的是，大陸不此之圖，常常在國際上打壓臺灣，令他們心生背離，對統一產生一種恐懼與抗拒，將來的前途就難以預卜了。

## 結語

最後我打算作幾句簡單的結語。徐道鄰先生曾說，臺灣搞民主是弄假成真，我現在則希望江八點講傳統中華文化的共同基礎也弄假成真。我並不認為儒家的理想是完全的空想。今日世界的地球村大家要和平共處，海峽兩岸要統一，臺灣內部講生命共同體與族群和諧，都得要訴之於接近儒家式的仁愛和平的理念。我們希望將來人能夠結合傳統與現代，在人權（外）與倫理（內）的平衡追求之下找到更豐盛的人生。

——原刊於《香港聯合報》，一九九五・二・二〇、二一

# 當前臺海形勢的分析

## ——戰爭是否迫在眉睫？

大陸兩次導彈演習在臺海製造了緊張的形勢。戰爭是否迫在眉睫？香港有報紙社論認為：因為臺灣訂購的新式武器快要運到，防務日固，所以大陸會在短期之內發動戰事，解決臺灣問題，以免長期拖延，終於走向臺灣獨立的局面。我覺得這是十分片面的看法，未能掌握當前臺海的形勢，新一期的《時代》雜誌（八、廿八）有遠更符合事實情況的分析。

從表面上看來，兩邊的軍力似乎不成比例。大陸不只擁有洲際飛彈，部隊總數接近三百萬，戰機超過五千架，戰船百艘，潛水艇約五十隻，其中還有一艘是核子潛艇，而臺灣只有四十多萬軍隊，不到五百架戰機，戰船不過五十幾艘，潛艇只有四隻，簡直不成比例。但大陸真要發兵打臺灣的話，那就不是這麼回事了！要知道臺灣海峽寬度是英倫海峽的三倍，大陸的裝備陳舊，又不習慣三軍聯合作戰，根本沒法把優勢兵力運過海峽，而臺灣軍隊的唯一目的就在本島的防禦，可謂訓練有素。照軍事家的分析，大陸必須以超過三十萬人的兵力，迅雷不及掩耳，在一個星期以內打下臺灣，才能避免國際——特別是美國——的干預，如果在時間上超過兩個禮拜的話，大陸便可能支持不下去，而導致江澤民政府倒臺。由此可見，大陸沒有把握，未必敢輕啟戰端。美白樂琦發言，一方面說明臺灣關係法並沒有明文規定美國要怎樣做，留下了迴旋餘地，另一方面則明言，並未看到雙方在短期內進入熱戰的跡象。這是符合事實的分析。前一陣李光耀撰文，也只說雙方進入長期神經戰的局面，新加坡必須小心應付，以免犯錯誤。李光耀這次與王鼎昌一同訪大陸，他擔當不起調停的角色。但他顯然會傳達新加坡方面的關注，臺海情況不穩會造成對於這一地區經濟的打擊，對大家都不利，他必定會用高度的外交辭令籲請大陸採取比較節制的態度。

儘管大陸如今與美國關係轉壞，並撰文警告第二冷戰時代的來臨，但文革鎖國的時代已經過去，這樣的文章之刊登恰正表示大陸無意自處於國際秩序之外。國際婦女會議還是照預定要在北京舉行，而美國也不可能真的圍堵大陸，故在臺海緊張的現階段表現了出奇的低調。但美國內部有民意牽扯，絕不會輕易改變國策。而菲律賓的羅慕斯已提出對大陸在海上擴展勢力的關注，日本則聲援抗議大陸核試。總的來說，亞洲政治也正處於一種神經戰的緊張情勢之下。臺灣當然更希望臺海的問題國際化，許多因素都可以微妙地影響未來局勢的發展。

# 臺灣的總統選舉形勢的分析

由亞洲政治宏觀的視域來著眼，就可以明白，大陸目前的高姿態並不是熱戰的前奏，它的目的有二，一則表明自己維護國土完整、阻抑臺獨發展的決心，二則將李登輝定性為臺獨加以猛烈抨擊，希望能影響臺灣的總統選舉的結果。大陸這樣的目的能否達成呢？可以說到目前為止，他們的做法的確產生了一些影響，但能否達到他們所謂要把李登輝扔進歷史垃圾堆的目標呢？只怕未必。

到目前為止，總統選舉共有五人參選：國民黨的李登輝、林洋港，民進黨的彭明敏，新黨的王建煊、與獨立的陳履安。從臺灣歷來民意調查的結果來看，急統急獨的擁護者都是極少數。彭明敏打正了臺獨的旗號，只是表明了臺灣某一部分人的看法，可以得到一定比例的選票，卻一定不會當選。新黨其實代表舊國民黨的看法，打出大中國的旗號，同樣沒法子當選。國民黨主席李登輝的主流派控制了黨代表，輕易贏得黨的提名，林洋港根本不是對手，所以拒絕參加黨的初選。其實即使改成直選，除了多費一番手腳之外，結果看來不會有什麼差別。然而李登輝的做法的確分裂了黨，林洋港提出的「誠信」也的確成了問題。但這一切都不足以阻擋李登輝參選，乃至當選。儘管大陸罵他「不自量力」，根據客觀的衡量，沒有分析家不許他為頭馬——

如果沒有意外的話，將在明年三月贏得總統的選舉。

而在這一個禮拜之內，臺灣政壇最熱門的話題便是陳履安的參選。陳履安一向有相當民望，尤其因為得到佛教界的支持，即時成為一股不可輕侮的力量，在民意調查下僅次於李登輝居第二位。無疑陳履安的決定出來參選，是受到當前臺海形勢刺激之下產生的結果。就這一點來說，可以說是大陸近期表現強硬姿態策略的成功，很明顯在臺灣民意之間造成了分化。順著大陸的如意算盤，甚至香港一些中立人士的願望，最好陳履安與林洋港搭配起來，贏得選舉，這樣兩岸之間的緊張情勢便會緩和下來。然而這樣的情況是否可能發生呢？且不說陳林二人在過去磋商多時，各不相下，未能達成協議；即使二人協調成功，甚至加上新黨的支持，就能夠擊敗李登輝嗎？只怕未必。

由這個角度著眼，如果大陸的目標和民進黨一樣特定，只是要凸顯臺灣有一定比例的選民傾向於改善對大陸的關係的話，那麼這樣的目標是可以達到的。但如大陸的目標是徹底摧毀李登輝，那麼這樣的願望多半是落空的。試看香港的選民專門喜歡選大陸討厭的民主派，殷鑑不遠，為何又重蹈覆轍呢！大陸把李登輝和彭定康一樣定性為千古罪人，既摧毀不了肥彭，更摧毀不了代表臺灣人出頭天的李登輝。如果到明年三月，民意調查結果仍然有利於李登輝，那麼大陸的對策是什麼呢？當然大陸可以老羞成怒，攻擊金馬，逼臺灣再戒嚴，使臺灣民主化的進程受到頓挫。但這樣做同樣是延長李登輝的統治，對大陸有什麼好處呢？

# 兩岸問題的唯一解決之道

由當前的跡象看來，大陸在近期會繼續在臺海製造緊張空氣，詆譭李登輝。但若沒有意外的話，李登輝仍然會當選臺灣第一屆民選的中華民國總統。大陸的領導人如果不想把自己封閉在一個僵固的思想圈套以內的話，就得想出一套如何與李登輝當國的臺灣打交道的對策。

我曾幾次三番撰文說明，臺灣只要在國民黨繼續執政的日子，就沒有真正的臺獨問題。李登輝就不斷聲明，他繼承的是中華民國已存在了八十四年的傳統。但大陸卻不顧這樣的事實，硬要用全力攻倒李登輝，試問把國民黨分裂弱化了，豈不是在幫助包括臺獨在內、反對國民黨的對頭人嗎?而且吳伯雄講得很對，問題的癥結根本不是在李登輝，而是在大陸的意識形態；只要不承認臺灣是中華人民共和國的一省，任誰當政都必會被大陸視作臺獨。而臺灣只要不宣佈獨立，大陸就沒有藉口用洲際飛彈、核子武器殘害自己的同胞。拖到後來，大陸自己的政局有了變化，而臺灣因受到大陸的打壓，日益與之背道而馳，到了那一天由民進黨上臺執政，結果會怎麼樣，那就不言而喻了。

故此大陸的領導人要真有遠見的話，就必須在國民黨執政之日，即便是千古罪人李登輝當國，也得採取一些實際步驟；永絕臺獨的後患。我認為，海峽兩岸的唯一解決問題之道，就是儘早成立中華邦聯，才能使中國在未來走上一條康莊的大道，在這裡我必須特別強調的是，我倡議成立的是中華邦聯，而不是聯邦。中國過去的歷史一向大一統，故不適合聯邦的方式，而各地方要求自主，只會增加中國的問題，不會減少中國的問題。但臺灣的歷史已經分裂分治有一百年歷史，中華民國也決不可能成為中華人民共和國的一部分，則只有在二者之上成立邦聯架構，才有可能結束彼此間敵對的關係，慢慢走向統一的未來，而臺灣也可以在大陸的引介之下進入聯合國。顯然這樣的想法在眼前來說像是在癡人說夢，但等雙方都冷靜而清楚地認識中國的政治經濟現實之後，就會覺醒到，這是兩岸問題唯一可以真正解決的道路，別無他途。

——原刊於《香港聯合報》，一九九五・八・二八

# 憂患餘生憶抗戰

## ——從國共抗日到兩岸分治

抗戰勝利那年我十一歲，我們可能是對抗戰還保留一些清晰記憶和印象的最後一代人了。

### 淪陷區的兒時回憶

我們留居上海淪陷區。由於大多數日本人住在虹口，我們則住在法租界，所以絕少有機會見到日軍的蹤跡，但還是能夠感受到日本統治的陰影。上海人還是把汪精衛、陳璧君、陳公博、周佛海等當作漢奸。當時實行保甲制，糧食要配給。到了抗戰末期，上海頻臨空襲。初時少不更事，老想探出頭去，看一看我們那一邊飛機的英姿。後來，有一次一枚彈片打中我家樓房靠近屋頂的牆壁上，炸出像面盆那麼大的一個口，這才知道厲害！勝利前夕祖母逝世，我們一家人要到海會寺去做法事。中途遇到空襲警報，穿著顯眼的白衣在路邊疾走，心裡忐忑不安。那時流行著種種恐怖故事，一個婦女坐三輪車，感覺路線有些不對，打開簾子，車夫已經沒頭，卻還在蹬三輪車。我們這一代，就這樣在戰爭陰影的籠罩下成長。

在抗戰之前的中國，雖然受到列強的欺侮，但對我們造成最大災害的畢竟是日本。五四運動的背景就是抗日，從小聽到的就是七七、九一八等一連串的事變。蔣介石在當時的態度是盡量忍讓，胡適也不贊成抗戰。蔣的私心是想先解決共產黨，看來他的確有遠見，知道共產黨才是他的心腹之患。但日本軍國主義豈容中國統一？不斷挑釁，終於逼迫中國走上全面抗戰的道路。而老蔣一旦下定決心抗日，就義無反顧，焦土抗敵。

抗戰能夠得到勝利真是一個奇蹟；中日國力、軍力根本不成比例，中國只能用空間換取時間，以血肉築成長城，高志航、張自忠的英勇事蹟深入民心。我在三、四歲時最早學會的歌就是「大刀向鬼子們的頭上砍去」一類的抗戰歌曲。由於祖父不肯離開上海，我們全家才在逃難之後折回上海，苦撐待變。我從小是品學兼優的學生，門門功課不是九十分，就是一百分，只有日文一科不及格。當時教我們日語的那個女人塗著厚厚的唇膏，我們給她的綽號是「猴子屁股」。補考時六個小學生坐一桌，把課本放在桌子上，抄到六十分就交卷，多一分也不要。這使我日後做學問時無法使用日文材料，乃是我為少年時代的愛國主義情懷所付出的代價。

## 國共抗日都有功勞

抗戰時期國共雖仍勾心鬥角，但大家抗日都有功勞，殆無疑義。大陸今日只強調共產黨的領導是不符合史實的。當年毛澤東、周恩來曾到重慶去談判國共合作，向老蔣輸誠。座師方東美先生與一批知識分子訪毛時，曾親眼目睹毛澤東在開門時打破玻璃杯之後的狼狽情況，恰像《三國演義》劉備在曹營故事的再現。老蔣在當時的領導地位是不容懷疑的。

抗戰勝利，萬眾歡騰。我跟著父親到跑馬廳去慶祝勝利，簡直擠得水洩不通。老蔣訪滬時，我們又隨著群眾擠在霞飛路（今淮海路）兩旁，但求一睹他的英姿。車隊經過時，他穿著軍氅，向群眾揮手。那時絕沒有人要暗殺他，他要是死了，就是我們最偉大的民族英雄，正好像老毛要是在建國後死了，永遠會是人民共和國的英雄一樣。然而命運弄人的是這兩個人偏偏都老不死，接續下來的就是我們中國半個世紀以來的噩運。

憑良心說，你到全世界哪一個角落都找不到像中國那樣馴良的百姓。勝利之後，淪陷區人民手上抓的貨幣被宣稱為偽幣，以不合理的低價換取法幣，還滿心充滿著感激之情，完全沒想到自己是受到日本人和本國政府的雙重剝削。對未來的美好憧憬和希望很快就破滅了！緊接著抗戰的是內戰。國民政府對民間的搜刮簡直是羅掘俱窮，法幣之外有關金，後來又換成金元券、銀元券，終於整個經濟、金融的體制崩潰，同時也徹底喪失了民心。共產黨迅速席捲大陸，國民黨退到臺灣了，有賴韓戰之爆發，始得以苟延殘喘，終於發展成為後來兩岸長期分治的局面。

## 毛鄧寬恕日本侵華荒謬之至

抗戰勝利之後，國民政府與人民政府的對日政策完全罔顧中國人民的利益，只是牽就當時政治現實的狀況而已。國民黨號稱以德報怨，其實是一方面要加緊對付共產黨，另一方面則屈於美國聯日制蘇的全球性戰略，以至日本從來未向亞洲各國道歉。如今右派政客竟然重申抗戰時期日本領導黃色人種建立大東亞共榮圈，抵制西方帝國主義侵略的謬論，實在是匪夷所思！相形之下，德國對歐洲盟國與以色列，卻發出了出乎至誠的道歉。

而人民政府與日本談判建交，不但不能改變國民黨的錯誤，反而為了爭取日本迅速的承認，更助長了日本自以為是的氣燄，以致長年累月慰安婦、軍費賠償的問題都得不到合理的解決。但近時連《時代》雜誌（五、二十二）都說，要我們「原諒」(forgive)是可以的，但要我們「忘記」(forget) 是不可能的。

大陸近來官方態度似乎也略有一些改變，至少不壓制民間向日本索賠的活動，同時出版了大量抗戰的史籍，七七當日多份報紙有社論主張向日本討回公道。或者正是為了迎接抗戰勝利五十週年紀念的緣故，才會感到有必要在態度上作出這樣的改變罷！

無論如何，這比老毛、老鄧的表現要好多了。據說老毛竟謂，日本何須道歉，共產黨是靠日本幫忙才能夠有今天；真正乃「是可忍，孰不可忍！」而老鄧則向日本道歉，謂中國不該向日本輸出儒家，令日本人為之愕然。他不明白，日本在中國文化輸入之前連書寫文字都沒有，實在是莫名其妙！難怪當年徐復觀先生曾加以痛斥，並誓言天安門上掛的馬列史像不取下來，他決不回大陸去訪問。可惜的是徐先生逝世太早，來不及看到大陸如今也在提倡儒家，儘管只是政治化的儒家！比起當年，畢竟是有了相當根本的變化，不只是市場向外開放而已。

## 大陸政治與時代脫節

一九七八年我首次回大陸，在北京要向朋友借解放裝扮啞書童，才得混進北大去看一看未名湖的景象，還看到貼在布告欄內譴責翦伯贊的大字報。今年七月初第二次再去北京，由儒教聯合會、北大哲學系與民族大學哲學系三個單位邀請我作有關當代新儒學的公開演講，與北京研究中國哲學的學者坦承地交換彼此的意見，這是以前無法夢想的事實。由北京去上海，在一個比較小型的集會中，我也作了類似的報告，同樣得到熱烈的回應，收到了交流的效果。

在閒談之中，我更無保留地說出了自己對於當前政局的見解。我自不期待他們同意我這些見解，我的用意只是要刺激他們對於這些問題作出反省，並通過適當的管道把一些意見反應上去罷了！我認為當前大陸所以會在國際政治上遭逢困境並在兩岸交流上陷入低潮，乃是由於觀念上的僵固與人才的缺乏所致，簡直完全趕不上時代的節拍。

美國參眾兩院無異議通過發出簽證讓李登輝訪美，柯林頓總統還能做什麼？他要否決的話除了導致自己被打耳光之外，不會有任何效果。而大陸對美國的態度竟聲稱要它悔過，並保證以後不再犯過錯。試想今日父母對子女都不能如此，更何況是一個弱勢國家對強勢國家打交道的情況。中國的內政自不容外國干涉，但外國的確關注中國的人權現況。人們理解中國在實質上難以很快加以改進，但擺出一副怙惡不悛的樣子，在臨近「六四」的時節再抓幾個人，這種做法著實令人難以消受。試問在外面世界，誰能同情大陸這樣的態度？

## 建立邦聯是兩岸和解之道

大陸領導人完全不明白今日的世界已經進入傳媒時代，不像文革時期可以鎖國，根本無須理會外界的反應。如今的中國又想辦世運，又要加入世貿組織，卻又處處倒行逆施，焉能不飽受挫折。再要弄得不好，恐怕連美國最惠國待遇都保不住，甚至連累到香港，也不是不可能。

尤關緊要的事是，兩岸之間關係的正常化。臺北於七二年被踢出聯合國之後，已接受了國際政治的現實，現在輪到大陸來接受臺灣在政治上是分治的實體，經濟上有一千億美元外匯存底的現實了。試問臺灣有這樣的實力，焉能無限期地被排拒在正常的國際活動之外？老實說，在國民黨執政之日根本決不會有臺灣獨立的問題，到民進黨執政之後情況就難說了，而大陸近時所作所為只會進一步增強臺灣民眾的反感與離心的傾向。

為今之計，唯一可行之道是盡快成立「中華邦聯」，承認兩岸分治的現實，才能永絕臺獨之患，日後我將另文發揮此一論旨。中國人一向勇於內鬥，殘害自己的老百姓比日本人更甚，以致未能團結一致對外爭取整體的利益。故此在今日紀念抗戰勝利五十周年，我一點也沒有歡欣鼓舞的心情。恰正相反，只感受到深刻的憂患意識，唯有馨香祝禱，希望中國的領導階層不要因循苟且為自己的僵固與愚蠢所困，以免為廣大的中國人民，帶來下半個世紀更大的噩運！

——原刊於《開放》總一〇四期，一九九五・八

# 成立邦聯是最佳出路

## ——試論海峽兩岸問題的解決之道

當前海峽兩岸的關係陷入空前的低潮，而這是兩岸三邊的老百姓所不欲見的情況。也就是說，目前政治情勢的發展，一點也不符合民心的願望。十二億人民所嚮往的，只不過是多賺一點錢，好好過安定的日子，做生意的做生意，做學問的做學問，滿懷著希望走向二十一世紀。

### 兩岸困局雙方要負責任

兩岸關係之所以會陷入當前的困局，當然是由多種因素造成的，而雙邊都要負很大的責任。照我看來，大陸方面要負更大的責任，主要是它拒絕去理解以及承認二十年來國際與中國情勢的發展與變化。我曾經指出，一九七二年中共進聯合國，臺灣如喪考妣，簡直不能接受美國罔顧數十年的交誼，背信棄義的行為。但臺灣終於接受了冷酷的現實的挑戰，如今成為亞洲四小龍之一，外匯存底有一千多億美金，僅次於日本。臺灣是個有這樣強大經濟實力的政治實體，它能長期被摒棄在正常的國際秩序之外嗎？如今是輪到大陸來接受臺灣以及國際政治的現實了。

稍微了解美國政治的人，就知道在參眾兩院無異議的支持下，李登輝回到母校康乃爾大學訪問得到簽證是勢所必然之事，決不是柯林頓總統所可以否決得了的，而他是民選的總統，當然必定順從民意。中共要在這一類事上糾纏不已，除了自找沒趣之外，不會有任何其他效果。然而中共如今又不能像文革時期那樣可以鎖國，畢竟錢其琛還得與克里斯多福見面，於是雙方維持某種不得不維持卻又十分彆扭的關係。吳弘達事件以及驅逐外交官都是浮現出來的表徵。但美國雖然會忍讓，卻絕不可能改變國策，試問中共究竟還有些什麼牌可以打呢？要怎樣做才能保持長遠的利益呢？到目前為止，似乎還看不出站在前臺的當政者提出了什麼通盤的構想？不免令人失望。

然而中共恰恰是那種為了政治原因可以不顧實利做出損人不利己的行動的政權，臺灣偏偏就不了解這樣的政權的本質，卻又過分把眼光局限在島內的政治之上，於是作出舉動，一而再，再而三地激怒中共，以至陷入當前的困局，也要負相當大的責任。現在是雙方冷靜下來，好好想一想的時候了。

先從臺灣說起，臺灣要在國際上爭取一點空間是完全可以理解的，然而操之過急，不免欲速則不達。李登輝訪美也就罷了，緊接著連戰訪歐，再擺出一副想用錢來買聯合國入場券的姿態，還配合上軍事演習，你能想像中共會沒有激烈的行動來回應臺灣的挑戰行為嗎？於是中共在臺海作導彈演習，一下子就把臺灣打亂了陣腳，股值頓挫七個百分點，臺匯直線下降，辜汪會談延期，雙方罵戰升級，為臺海平添了許多不安定的因素。

臺灣為什麼要這樣做呢？或者是要為即將來臨的選舉造勢。但這樣做，豈不是把海峽對岸的巨大軍力包括核子武器在內當作紙老虎看待麼？事實上，我的確聽過一些臺獨的同情者喜歡誇誇其談：即使臺灣宣佈獨立，大陸積弱，自顧不暇，經濟已瀕臨崩潰邊緣，軍隊也不能號令，它能有什麼作為？我曾不憚其煩地向他們解釋，大陸的當政者做很多事，往往假借民意而行，唯獨反對臺獨一項，的確有堅強的民意基礎。臺灣宣佈獨立，如果無當機立斷之行動，政府馬上會垮臺。面對近時的爭拗，如今大陸既未出兵，也未封鎖臺海，只是區區幾枚導彈演習演習，臺灣就已窮於應付，遑論其餘。

目前發生的事態，對於臺灣來說應該產生一種清醒的作用了。由最近的美國民意調查可以看到，七成美國人民根本就在實質上把臺灣當作一個政治實體看待，但萬一臺海發生戰爭，六成以上的美國人民並無意介入。這很準確地反映了美國人民的心態。由此可見，真要臺海有事，美國人是絕不可靠的，否則就會像七二年那樣同樣地失望，更何況現在的美國乃是失去了越南以後的美國，不比從前。大陸當然不至於輕啟戰端。但臺灣為了島內選舉，不斷去刺激大陸的神經；又自說自話，不得到大陸的支持，硬要設法進聯合國，這些決非什麼「務實」外交，必須徹底檢討，改弦更張才行。

反過來再看大陸，大陸固然有維護領土完整的決心，但也千萬不可低估臺灣兩千多萬人維護自己的生活方式的決心。臺灣可不比香港，有強大的軍力自衛，也沒有人願意接受大陸的統治。我可以承認，大陸如果要把臺灣玉碎，是可以做得到的。但大陸絕沒有能力以傳統式的兵力輕易攻佔臺灣。如果大陸只是得到一個玉碎的臺灣，唯一能夠產生的是兩敗俱傷的結果，所付出的是過分沈重的代價。臺灣的資金人才迅速流失，留下來的只是一片焦土與嗷嗷待哺的民眾，更沒有條件來支援大陸，空虛的勝利只有更深一層地把自己的泥腳陷入在中世紀之內。而更弔詭的是，中共的大軍在摧毀了最重要的假想敵之後，也就不得不遭逢自我萎縮的命運。當然沒有人願意看到這樣的情況發生。但兩方面千萬不要一步一步緊逼，不斷刺激對方往備戰的道路走去。

中共最無可救藥的是，自己弄出一套僵固的辦法，底下的人照章行事，完全缺乏靈活應用的手腕。迄今為止，「一國兩制」的構想只產生了兩個「千古罪人」：先有彭定康，後有李登輝，必去之而後快。偏偏到現在為止，效果適得其反，彭定康仍在職，李登輝的聲望在導彈事件之後，更上升到八成以上。由此可見，大陸只想把意志貫徹到港臺二地，而罔顧當地人民的意願。

然而臺灣的情況畢竟與香港不同。香港沒有國防，只能靠港英與大陸斡旋，在隔縫中找尋一些空間。臺灣有強大的兵力，無須如香港一樣就範，而臺灣已建立了民主制度，不容中共加以破壞。這樣，近期香港的發展對臺灣來說恰好變成了反面教材，任何中共炮製出來的香港模式，必受到臺灣強烈的抗拒。這樣是否臺灣遲早走上獨立的道路？雙方終必一戰，造成玉石俱焚的結果，難道這是歷史無法避免的悲慘的結局!?

## 兩岸中華邦聯是最佳出路

事實上，我認為，只要雙方有智慧、有見識、有決心、有行動，就不至於走上這樣的道路。大陸應該認清楚，只要國民黨仍在臺灣執政，就沒有臺獨問題，無論李登輝心裡想什麼，搞什麼小動作，都不相干。但到民進黨上臺，將來會如何變化，就難以逆料了。在這樣的情形下，大陸目前的政策不是妄想取代李登輝，而是在國民黨還掌權時做一些措施以永絕臺獨的後患。國民黨與共產黨共同的是一個中國的想法。但臺灣絕對不是中華人民共和國的一部分，說得更明白一點，除了在兩敗俱傷、玉石俱焚的情況下，就決不會成為中華人民共和國的一部分。而國民黨在這方面恰好因為弱勢的原因，反而對形勢有了較早的覺醒。李登輝幾次三番提到「中華民國在臺灣」就是明白體認到，中華民國的管治權僅及於臺澎金馬等地，而不及於大陸。在這樣的情形之下，唯一可以打破僵局、解決問題之道，就是盡快成立「中華邦聯」，在「中華人民共和國」與「中華民國」之上，再增多一層架構，這才能夠永絕臺獨的後患，將臺海戰爭的危機消弭於無形。

我在這裡必須強調的是，海峽兩岸組織「中華邦聯」，並非「中華聯邦」。中國過去一向是統一的局面，故不適合聯邦的方式。如果各地方如西藏、新疆，各行省如廣東、四川都要求變成聯邦，那麼中國問題只會變得更複雜，不會變得更簡單。我近來想得越來越清楚，「中華邦聯」的芻議應只適用於大陸與臺灣兩個政府，除了承認當前的大陸與臺灣為事實上兩個分治的政治與經濟實體之外，不多也不少。但這樣做的好處是，立即可以減低雙方之間的疑慮，增加雙邊的接觸與合作，彼此和平共處，自符合廣大中國人民一致的願望。在這樣的安排之下，即可以由中共採取主動，把臺灣引進聯合國之內。到二十一世紀，敵對情緒降低，經濟差距減少，那時才可以考慮其他——包括統一——的可能性，但那已是另一階段的問題了。

或謂，你這樣說是在做白日夢，現實上決沒有實行的可能性。我的答覆是，誰能想得出比這更好的解決問題之道?「知其不可而為」，這是孔老夫子以來中國知識分子一貫的傳統，到了那一天，不可能的也變成可能的，那就是中國人民之福了。

——原刊於《開放》總一〇五期，一九九五・九

# 兩岸僵持下的文化溝通

## ——香港紀念抗日五十週年

由香港珠海書院亞洲研究中心主辦，其他六個單位：香港中國近代史學會、臺北中國歷史學會、香港文化協會、香港崇正學會、香港紀念抗日受難同胞聯合會、香港索償協會協辦的「紀念抗日戰爭勝利五十週年」學術討論會，已於九月十一至十二日在京華酒店舉行。在當前兩岸關係緊張的氣氛之下，有相當數量的大陸學者能夠先去臺灣開會，然後偕同臺灣學者折回本港，兩岸三地的學者加上少數幾位來自海外的學者能夠共聚一堂，提出四十多篇論文，坦誠地交換意見，可謂難能可貴。我臨時受命主持綜合討論，大家發言踴躍，有的論點針鋒相對，頗爆出了一些火花，故撰此短文，略誌自己的觀感。

首先我要提出「正名」的問題，我們的會是為了紀念抗戰勝利五十週年，所用的名稱是正確的。然而最近有電視臺播出有關「終戰」的特別節目，內容包括美日戰爭浴血琉璜島的珍貴片斷，相當精彩。但所用的名稱卻是有欠考慮，無知地追隨日本人對二次大戰的用法，決不可以為吾人所接受。

## 抗日戰爭並非「終戰」

先說中文根本就沒有「終戰」這樣的表達方式，其次這種說法代表的是日本人的觀點，他們認為這只是一場戰爭的終結而已，完全不理會這一戰爭的性質，這是中國人可以接受的觀點嗎?對於中國人，無論日本右派怎樣設詞狡辯，講什麼「大東亞共榮圈」，這確是日寇帝國主義侵華的戰爭，絕無疑問。中國被迫抗戰，犧牲慘重，以空間換取時間，在二次大戰初期，發生了與英國在歐洲抗德類似的功能，最後美國參戰，才扭轉了整個的情勢。最近「美國在日本投原子彈」變成了一個問題，引起了廣泛的爭論。由日本軍方不惜一切犧牲也要打下去的情況看來，投原子彈的決定不能算錯，否則有可能導致雙方更大的傷亡。而原子彈的投擲固然造成浩劫，卻也產生了一種阻嚇的作用，使得全球並未爆發熱戰，半個世紀以來，以冷戰的方式維持了世界的和平，直到柏林圍牆倒塌為止，如今世界各國正在努力探索未來新秩序的形式。

## 各地學者觀點的差異

由會議中熾熱的辯論來看，兩岸三地與海外學者的立場，還是有相當大的差距。臺灣的學者傾向於批評大陸學者未能充分尊重材料，概念上不夠嚴格，也未注重外文的訓練與國外資訊的掌握。香港學者則傾向於批評臺灣學者對於日本的評估不免失之於過分寬容，隱隱然似乎透露了某種臺獨的傾向。日本來的學者又批評香港學者的自我反省不足，苛於責人而未省察自己如何面對港英殖民地的統治，並要求大陸對香港的回歸應汲取臺灣「二二八事件」的教訓。來自美國的學者則指出中國事務很少不受到國際的影響。

大陸學者受到各方質疑，不得不再三澄清，文革過去以後，「以論代實」的作風，已經不再流行，學術正在起步之中。其實大家並不是不明白大陸學者的難處與作出的努力和成就，也同意在學術會議上不談政治，但大家仍不時流露大陸政治對於學術研究有所干預的憂慮。而大陸傳媒與有些地區性的做法也實在叫人看不過眼，不能要學者噤若寒蟬，連實事求是的觀察都不能說，那就未免太過，只要沒有越位過當的情緒性的反應就好了！其實臺灣學者當眾說明參加這個會議的都是統派，只是恨鐵不成鋼，必須大家一同努力，才能希望有一個美好的未來。

## 對抗戰的觀感與未來的希望

我不是研究這個題目的專家，所以不提論文，但這不表示我對抗戰勝利沒有我自己的觀感，最後我也利用綜合討論的時間，發表了一些個人的意見。首先，我認為回顧抗戰必須尊重事實，國共對抗戰都有貢獻，不能單強調一方的領導，抹煞另一方的功勞。而雙方在抗戰時期若確有互相掣附之事，也應該將之如實展示出來。

其次，在今日紀念抗戰勝利五十週年，我並沒有絲毫歡欣鼓舞之情。抗戰勝利，我們兩個政府都怯於外勢，勇於內鬥，為了某種政治原因，不向日本索償。這種做法使得日本長期拒絕向亞洲各國道歉，村山如今走出了一小步，雖然是很不足夠，至少已開了一個頭。廣大的黎民長期忍氣吞聲，正義不得伸張。如今我們固然不能期待政府層面另訂和約，至少希望官方不要再壓抑民間的索賠行動。其實這一步如果真的走了，反而有助於恢復日本與亞洲各國關係正常化，可以讓日本在國際政治上扮演一個比較重要的角色，與其雄厚的經濟實力更為相稱。

在與學者談論時，我感到最令人喪氣的是，大陸各方面雖然還相當落後，不料特別在八九鎮壓民運之後，偏要擺出一副怙惡不悛的神態。中共的惡形惡狀由國際傳媒散布世界各地，為中國威脅論加添了好多證據，令圍堵論死灰復燃。這樣發展下去將令國際對日本之發展軍備視若無睹，不免教人感到深切的憂慮。而兩岸關係搞得這樣糟，臺灣方面固然是做了一些小動作，得負部分責任，然而主要的癥結在於，大陸拒絕承認臺灣分治的事實，不讓一個有一千二百億美金外匯存底的經濟實體，以一種正常的方式參與國際秩序。老實說，「中華民國在臺灣」，除了玉碎之外，決不會成為中華人民共和國的一部分。海峽兩岸如真要兵戎相見，波士尼亞當為前車之鑑。在討論會不談政治的原則之下，我沒有在會上提出解決兩岸問題之道的建議。但我在近來想得越來越清楚，只有在國民黨當政之日，在大陸和臺灣之上，成立一個「中華邦聯」的架構，才能永絕臺獨的後患，為中國在二十一世紀開創一個走向光明的遠景的嶄新局面。

——原刊於《開放》總一〇六期，一九九五・一〇

# 兩岸責任八比二

## ——化解海峽兩岸爭端應有之道

中共為了遏制臺獨的傾向在臺灣大選之前舉行了一連串軍事演習，造成了當前的緊張形勢，其效應究竟如何呢？很明顯，這的確向全世界顯示了其維護領土完整的決心，也使得臺灣民眾去搶購糧食美鈔，拖累股市下瀉。但卻在同時引發了兩項非預期的效應。一是最新臺灣民意調查顯示，支持統一的比例直線下降，支持李連配的比例直線上升，使得李登輝以大比數差距當選的機會大增。二是美國調遣艦隊達到越戰以後的最高水平，密切注視臺海發展的形勢，並明言警告中共切勿輕舉妄動，否則會有嚴重後果。這是李登輝用錢也買不到的收穫，卻由中共一力促成，不能不說是一巨大的諷刺。

### 對臺政策背後的意識形態

中共所以會這麼做，顯然決不是偶然的結果。自從李登輝訪美以來，大陸對臺政策步步抽緊。最近江澤民演講要照著本子唸，連錢其琛開記者招待會，都得照本宣科。這表示中共高層已經有了集體的決定，差不多上升到了意識形態的層面。其內容大體可以歸納成為兩點：首先是把李登輝定性成為臺獨，其次是認定李所以敢於這樣做，乃是由於外國勢力，主要是美國的撐腰。有了這樣的意理做背景，針對臺灣美國在態度上乃變得日趨強硬，甚至近乎僵固的程度。把臺灣下降成為一個省，採取文攻武嚇的手段，逼使臺灣就範，流露了一種急迫感，都是前所未見的新徵象。

中共這樣的轉變並不是不可理解。大陸近時提倡民族主義，由正面看，頗校正了共產黨以往的缺失，重新正視並努力恢復傳統的資源；由負面看，卻也在同時喚醒了存在於民族靈魂深處的屈辱感與危機感。這裡面包含了強大非理性的火種，一旦點燃爆炸開來，後果將不堪設想。

## 中共策略所呈現的兩面性

對於外國人來說，中國人從來就是不可測的。檢視中共採取的策略，往往呈現一種奇詭的兩面性。論者或謂，中共是個極其危險而非理性的政權，經濟上的得失從來不是他們首要考慮的目標。現在的情況與韓戰前夕頗有相仿之處，中共不斷提出警告，西方置若罔聞，結果韓戰爆發，完全出乎人意料之外，誰也沒有得到什麼好處。也有人指出，中共是個盤算精密、十分理性的政權。因此文革鬧得那麼兇，香港依舊安然無恙。即在金門炮戰時代，老毛也曾下令，不准有一個炮彈打到美國的船隻，以免遺人挑釁的口實。

由中共之收回香港，天安門的無情鎮壓看來，決不能排除其武力攻臺的可能性，他們的確會做出一些外國認為非理性或者不可能的行動。但在另一方面，他們的舉動也的確經過仔細的盤算，自有其一套邏輯。中共的言論雖然不斷升級攪得人心惶惶，其實極為小心謹慎，基本上排除了擦槍走火的可能性。尤其近年來中共學會了一些怪招，一方面堅拒蘇東波，不肯追隨著西方的號角起舞；而另一方面卻又實行開放政策，舉國向錢看，而且學會了西方那一套修辭。最近大陸發表萬言書，譴責美國只知攻擊別人罔顧人權，其實自己國內的人權遭到踐踏，羅列了二十多個方面謂美國的人權狀況不如中國。究竟中共是順應時代潮流，還是違背時代潮流？不免令人感到困惑。

## 完全不了解外面的選舉文化

在目前的境況之下，與中共討論，真是有理講不清，但由長程來看，中共的對臺政策是昧於內外形勢有害於國家利益的決定，不能不嚴加辨正。

我覺得中共因李登輝訪美而作出「臺灣因受到美國的慫恿與支持而走向獨立的道路」的定性是錯誤的，必須徹底加以扭轉，未來才有轉圜的餘地。

為什麼中共對李登輝訪美產生這樣大的回響？儘管中共在皮毛上多少了解外面世界的情況，但他們對於民主政治的選舉文化完全缺乏理解，以致在研判上發生錯誤，進而作出錯誤的推論，制定錯誤的政策。

李登輝因為要為國民黨贏得選舉，所以有一些言論與作為，不只大陸不喜歡，在臺灣的外省人也不喜歡。大陸過去將李登輝定性為「獨臺」，有別於民進黨的「臺獨」，這種判斷是切合實際的，看不出有什麼理由要把他改判成為「臺獨」。李登輝繼承的是國民黨的法統，競選的是中華民國的總統，他心裡有什麼感觸，口裡有什麼言詞，都沒法改變客觀情況的本質。其實即使民進黨執政，也未必一定會宣佈臺獨。這由陳水扁當選臺北市長淡化統獨問題便可看出端倪。但臺灣有一成左右的民眾，有急獨的傾向則是一項無可否認也不容抹煞的事實。

美國總統在競選期間為了拉票，一樣會把激烈的言論升高，尤其是在野黨的候選人更有口不擇言的傾向。舉例說，共和黨的杜爾就說會支持臺灣進聯合國，其實只不過是一句空話。而執政者也不容示弱！我相信美艦巡弋臺灣海峽有很高的成數是基於政治的決定。中共對這樣的選舉文化缺少深切的了解，更不明白其遊戲規則，只對外表現象作出強烈反應，宣洩長期累積心中的憤怒，政治領袖人人都要爭做強人，不甘屈辱，互相激盪，最後恐成不了之局。

## 防止義和團心態再現

更令我擔心的，是某種義和團心態的再現。現在的中國是核子大國，遠非慈禧時代的中國可比。然而目前的危險根源也恰正在這裡。對於世界列強來說，這個睡獅醒來，正是他們最擔心的一件事情。現在中國雖強然無論軍事經濟，比起超強的美國，還是差了一大截。但為了臺灣問題，中國卻在此時硬要展示自己的肌肉，不惜與世界輿論為敵，試問會產生怎樣的效應呢？中共不要一廂情願地認為，臺灣純粹只是內政問題。現在的世界決不存在單純的內政問題。美國仍是太平洋區的超級海權國，而美艦由日本的基地開出，東南亞的小國已表示願借基地給臺灣使用。由此可見，各國已在事實上肯定有中國威脅存在，大家的同情在那一方已經十分清楚。加上中共出售與核子有關的材料裝置給巴基斯坦和伊朗，表面上似乎坐實亨廷頓的中國文化與伊斯蘭文化聯合對抗西方的理論。

## 李登輝的不務實外交

我並非只是單向地批評大陸對臺政策，李登輝的言行要為目前臺海的緊張形勢負上一定的責任。李登輝想要在國際上開拓更大的空間，以臺灣目前的經濟實力來看，確實無可厚非，但怎樣達到這樣的目的，卻有不同的途徑可走，未必一定要去激惱中共，引火焚身，造成兩敗俱傷。但在一段時間之內，李登輝的確變得意氣風發，忘其所以，訪美之餘，企圖大灑金錢，購買小國的支持，爭取重返聯合國弄得遺惡無窮，引致大陸強烈反彈，不能不說要負上很大的責任。

李登輝應該明白，臺灣的實力是在經濟，而經濟繁榮的先決條件是在政治安定，否則資金人才流失，還有什麼前途可言。李登輝的政策要真務實，首先就必須修好兩岸關係，避免口舌招尤。大陸也未必一定不容許臺灣拓展國際空間，譬如雙方可以共同努力加入世界經貿組織。但臺灣想要加入聯合國，中共不支持，既不可能，也無實效。這是不務實的外交，必須暫加擱置。總之，李登輝當選之後，必須對此重作考量，雙方或可恢復談判，謀求一個雙贏的局面。

## 衝出兩岸爭端困境之道

我把當前緊張形勢形成的責任，百分之八十歸之於大陸，百分之二十歸之於臺灣。兩岸一旦開戰，中國將陷入萬劫不復之地，後果不堪設想，不只臺灣玉碎，大陸也將長期遺留在中世紀。大陸近時流行一種理論，斷定二十一世紀是中國人的世紀。但大陸在民族主義旗幟下的反美浪潮只是義和團心態的再現，中國還沒有變得真正富強，就聽任一種逆反心理膨脹，與世界為敵。那麼不需要等待二十一世紀，二十世紀末就將是中國的末日。

中國所迫切需要的是對於內外形勢的一種如實的理解以及對於自我的深切反省。中國並不需要去學習一些西方的說詞去反駁西方或者為自己文過飾非，譬如當前的導彈、軍事演習硬說只是針對李登輝，不是針對臺灣的老百姓之類。李登輝在臺灣能夠拿到大量的選票，這就表示臺灣民眾大多認同於李登輝的想法，這不是大陸的文攻武嚇所能改變的事實。而臺灣當前沒有人要做中華人民共和國的一個省或者特別行政區，這同樣是無法否認的事實，決不是李登輝一個人能炮製出來的輿論。但在另一方面，大陸只要不過分緊逼，多數生活在臺灣的民眾也不會反對「一個中國」的原則，最好讓時間慢慢造成統一的條件。操之過急只能造成玉石俱焚的惡果，變成中國人的浩劫，沒有中國人願意看到這樣的結局。

最近李光耀講兩岸形勢，真是句句金玉良言，出自肺腑。他說兩邊都是朋友，真正爆發熱戰，不只中國受害，甚至禍延東南亞。兩邊必須儘快談判，無論以聯邦、邦聯或一國兩制的方式，訂定統一方案，解決兩岸的爭端。據說大陸如今積極倡導新儒家的倫理思想，那麼希望大陸多學習一點儒家的王道思想，不要訴之於以武逼和的做法。而中國傳統最富實用智慧，決不為僵固的意識形態所縛。兩岸領導人口口聲聲以民意為念。很明顯地，老百姓要的是安定繁榮，真要打仗，受苦的還是老百姓。盼雙方真能以民意為歸，才能下定決心，捐棄成見，找到衝出當前困境之道。

——原刊於《開放》總第一一二期，一九九六・四

# 輯六

# 香港的政治、教育與文化

# 香港一九九七

香港是亞洲所謂四條小龍之一。一年多前，還好像前途未可限量的樣子，美金兌港幣的匯率一度曾低於一比六。但自從鐵娘子訪問北平後，政治前景不明，在一九九七的陰影籠罩下，去年（八三）九月的一個黑色星期六，美金兌港幣的匯率竟然跌破一比九點五，黑市更跌破一比十，好像整個要崩潰的樣子。桃園國際機場曾經一度拒收港幣。現在情況當然穩定得多，通過港府的干預，美金港幣兌換率固定在一比七點八左右，但一九九七的陰影並未真的消除。這一年多不是親身經歷，很難想像去年九月連超級市場的米都被搶購一空的震盪。但到最近，股票直線上升，大家準備過舊曆年，又是一副歌舞昇平的模樣，不像外地人傳聞的那樣可怕。隔岸觀火，總不免有隔靴搔癢之嫌。故此願意把個人的觀感與想法提出來與臺灣的讀者共享。

## 英國錯打如意算盤　中共方案造成紊亂

從各種跡象看來，九七問題是英國首先主動向中共提出談判的。理由很簡單，新界和九龍界限街以北的土地是租借地，過了一九九七，英國就失去了治理這個地區的法律根據。而工商業的發展，要作較長期的打算，簽訂契約決不能越過九七年的期限。故此英國急於與中共商談，簽訂新約。英國人打的如意算盤是，中共每年在香港套取百分之四十的外匯，決不會要殺死這隻會生金蛋的鵝。他們的底案是歸還香港（包括割讓地）的主權，來交換香港的治權，繼續保持香港的安定繁榮。中共本來完全無意談判香港問題，讓它就這麼糊裡糊塗地拖下去算了。那知英國這麼一提，不意突然喚醒了中共的民族大義，據說鄧小平曾謂，他沒有可能做李鴻章第二。鐵娘子與中共辯論不平等條約的合法性，兩方面完全談不攏，結果陷入僵局。敏感的香港人在電視上看見鐵娘子一蹶，感覺到兆頭不妙，股市在幾天之內就掉了兩百點。鐵娘子大約是被福克蘭島的勝利衝昏了腦袋，外相卡靈頓調職之際，竟然沒有在事先達成任何起碼的協議，就貿貿然來遠東，結果碰了一鼻子灰，實在令人難以想像。香港根本無險可守，絕對沒有軍事行動之可能。而中共現在的領袖們，恰正如美國漢學家白魯恂指出的，所謂的務實派在處理外交事務上未必一定著重實效或富有彈性，反而在毛澤東大權獨攬的時代，對香港完全採取實用政策，這才容許香港在過去三十年間，創造了邢慕寰教授所謂一塊岩石的奇蹟。

現在我們可以看得很清楚，中共在這一年來提出的那些方案，包括所謂「港法（人）治港」、「小憲法」等，當初絕無成算，都是後來逐漸臨時推出來的方案，並非深思熟慮的結果。他們下決心要收回香港的主權與治權，其實不是基於香港本身的考慮，而是把收回香港當作一步棋，作「收回」臺灣、統一中國的張本。中共老一輩的領袖到了日薄西山、行將就木之際，突然間警覺到了收回臺港、統一中國的「神聖」歷史使命，於是展開了一連串的統戰活動。但是他們似乎沒有了解到，現在並沒有任何現實的條件，可以在短期內促成中國的統一。儘管他們現在容許「一個國家，兩個制度」的做法，但只要他們一天仍然要四個堅持，就沒有可能使中國統一：香港人可憐，自己沒法主宰自己的命運；臺灣卻沒有任何理由要接受中共的招降，而且這不只是政府的意思，而是絕大多數臺灣居民的意思。由此可見，中共目前統一的意圖必定會落空的。而在這種不切實際的指導之下，匆促決定收回香港的方案，立刻對於香港的安定繁榮產生了不利的後果。不論他們每天口口聲聲像唸咒一樣，宣稱要保住香港的安定繁榮，這樣的咒語是缺乏真正的實效的。

## 香港面臨信心危機　中共苦於沒有良策

香港這個地方完全缺乏自然資源。一方面靠港英維持法治，一方面靠大陸供應物資，主要還是靠香港人的勤勞與創造，才能夠開創出現在的局面。驟然之間聽到中共要收回香港的主權治權，直如晴天霹靂，嚇得六神無主，惶惶不可終日。此中最重要的一個關鍵就在信心危機間題。香港人回大陸，只要取得一張回「港」證，就可以自由出入，對於那邊的情形可謂瞭如指掌。中共統治大陸三十多年，不斷搞運動，把經濟攪得一團糟。文革之後，雖然略為復甦，大陸與香港生活水平的差距還是大得不可以道里計。如今中共宣稱要收回香港的主治權，儘管他們一再保證，香港人可以照舊跑馬、上夜總會、買賣股票，但卻沒法子令香港人放心。原因很簡單，其實中共這種保證對香港人來說，根本是一種侮辱。意思好像說，為了要香港幾個臭錢，不得不容忍香港人繼續他們墮落的惡習，那麼等到有一天真的收回香港之後，客觀情勢有所改變的話，不把香港人整得死去活來才怪。這種意識形態的根本差距所引起的疑懼，決不是幾句空話的保證所可以解消的。

從客觀形勢來看，中共選了這樣一個時候來搞統一，是極為不智的。因為他們眼前的急務是內部的換血，要把文革時代不學無術、濫竽充數、步調與當前政策不合的幹部替換下來。要這樣做，就不免要整黨，一面反左，一面反右，最近的反精神汙染，就弄得滿天星斗，結果並無實效，徒然弄得大家心理不安而已！在這樣的情形之下，要向海外去搞統戰，搞統一，豈不像是緣木求魚，怎麼搞得起來！

經過一年多的教訓，中共現在比以前多少了解香港問題的性質。很明顯地，中共確無意要搞垮香港的安定繁榮，否則不但完全得不到向臺灣示範的效果，而且會產生惡劣的反效果。但中共雖確定了收回香港的主治權的原則，卻提不出具體的辦法來確保香港的安定繁榮。他們提出的那些方案極為曖昧籠統，不能對症下藥，找到解決問題的良策。所謂港人治港，究竟怎樣算是港人呢？依據現行移民法規，在香港住滿七年就能取得香港的永久居留權，中共很容易派一大批幹部出來，在這十幾年間，建立他們港人的身分。事實上王光英（王光美的哥哥）來港之後，中共在香港的投資大幅增加，由現在開始，每年有幾萬幹部出來，將來如果由這樣的港人治港，那麼在實質上與「京」人治港何異？如果情形並非如此，那麼所謂港人，是否包括英國人在內呢？據說英國人不可以任港督，只可以當顧問，或做行政工作，然而這樣做不見得能收到多少實效，因為他們淪為雇員身分，還有什麼分量、什麼權威可言？親英的華人想必作鳥獸散，既走得了何必留在此地受活罪；準備投效的人不免要聽中共的指令行事，還有什麼獨立自主性可說？中共向不了解法治為何物，憲法都可以幾年改幾次，那裡拿得出什麼客觀的保證，絕對不會在將來干預香港的自由自主！

## 對於香港缺乏了解　作態示好弄巧成拙

照中共現在的說法，將由他們制訂小憲法，而後徵詢香港人的意見。基本上同情港人治港的香港觀察社成員去北平訪問，只不過提出應由港人起草修訂小憲法，回到香港之後，就被左報狠狠地修理一頓；未來的事，應該可以想見了。其實小憲法只不過是人代制憲三十一條下面的一個條款，而人代歷來不外是橡皮圖章，中共憲法的序言寫得明明白白，指導原則是四個堅持，再做文章也只是在這個框框之內打轉，為了實用目的所作的一種臨時措施而已，試問怎樣能叫人對這樣的東西存好大的幻想！故此小憲法的保障根本不是什麼保障，真正的保障還是中共領導人的意向！可惜的是，鄧小平已經八十歲了，九七年他大概已經去見了馬克思，十三年後的事他已經保不了，更何況九七年以後五十年的事呢？所謂港法治港也是問題多多，目前法院判例多以英文為準，這些法律翻譯成中文，就是一項浩大的工程。當然肯講法律總比不講法律為好，聽說中共內部經過激烈的爭辯以後，終於答允終審權在香港，不在北平，但技術上的問題還沒開始著手研究，由於英、中法律的精神截然有異，將來還有得瞧！

有一些有膽量有見識肯對中共講真話的人所感到最大的挫折是，和他們談話根本談不通，因為他們對你所提的問題就聽不懂。舉個例來說，中共要員說，將來香港可以發你們自己的護照，這是笑話。護照簽下來要國際承認才行，否則那裡旅行也去不了，豈不形同廢紙。據說有高幹對香港人說，你們為什麼那麼關心美金的價格，那跟你們有什麼關係？他們完全不了解，港幣是一種國際貨幣，人民幣卻不是。人民幣可以掛任何牌價，那個要跟大陸做生意，就非得承認這樣的牌價不可，但只要脫離了大陸的干係，就不知它還有什麼價值！中共動不動就要港府去干預經濟。但若港府真聽了中共的那一套，那香港就不成其為香港了。

當前的問題是，中共確想保持香港現有的安定繁榮，卻又不明所以。如果中共在香港只要滬式繁榮，那簡單到極點，根本不需要與英國談判，派員來接收就罷了！他們確想儘量維持現狀，但他們又不了解維持港式繁榮的條件是什麼，於是陷入兩難之中。這一年來，他們往往作一些措施，目的是為了安定人心，結果效果卻適得其反。好像不久前他們收購一批地產，本意是要表示他們對香港的支持，結果消息公布之後，雖然有人認為這是中共安定香港人心的作法，但也使香港人覺得賣價太便宜，把這件事解釋成為港英要撤退的跡象。結果港幣股票大跌，完全出乎他們的預料之外。近來胡耀邦說話，竟謂大陸在深圳學習到經驗，將來處理香港事務不會有問題之類，殊不知這正是香港人最怕聽的話。深圳弄得一塌糊塗，貪汙走後門，不尊重契約，香港要用深圳的一套來弄，不消多少時間，立即就垮臺了。中共領袖表現出這個樣子的「智慧」，就不能不令人對前途有深刻的憂慮了。香港如今是世界三大金融中心之一，它的基礎是靠信用與效率，這兩個條件去除，香港不消一夜之間立刻完蛋。新加坡、東京、乃至關島都在密切注視之中，各有圖謀，想取代香港的地位。但香港所佔的地利不是任何其他地區所可以比擬的，無端將它弄垮，還說這是為了民族大義的緣故，不能不令人齒冷。

## 港人治港說得好聽　實際情況禁制太多

毋庸諱言，中共講港人治港，對於某些香港人是有一些吸引力。這些人決不是喜歡中共的一套，他們的「拒共」的態度並不下於反對港人治港的一些知識分子。只不過他們認為，中共既這樣說，就不如死馬當作活馬醫，把它當作一個機會，在香港爭取民主的實施，這種想法在充滿理想與熱情的年輕人之間特別有影響力。但香港原來只有自由，而無民主，港英是一個諮議式的政府。試問中共會容許一個真正實行普選的民主政府留在臥榻之側麼？中共顯然是利用這些人打頭陣，去削弱港府的威信。先把這批人統戰起來，左右輿論，等到形勢得到控制之後，所謂「港人（民主）治港」，就變成了新華社長許家屯所謂：「社會主義是最廣泛的民主」那種意義之下的「民主」了。最近中共港澳辦公室主任姬鵬飛說，將來以議會方式治理香港，議會的成員三分之一親英，三分之一親中（共）、三分之一中立。試問如果是經由普選，怎會剛好得到這樣的比例？如果是遴選，那時誰還願意掛著親英派的名義？中立的定義是什麼？站在中間的人本無定見，很容易擺向當權派那一方面，到時制衡的作用何在？香港民主人士如今在猛批這種三三三的說法，無論中共是否會堅持這一底案，但他們會不會改變排拒真正民主普選制度的本質與態度，就非我所知了。

由於香港是一個現實問題，只能由現實的角度來考慮。香港的地理排除了英國用武的可能性，其他外力更是鞭長莫及，幫不上什麼忙。好像美國，早就聲明不會過問這一檔事情。這個問題終究是要由中共、英國、香港人民三方面來解決的。儘管中共在理論上否決三腳凳的說法，這並不會改變問題的實質。中共的麻煩是，他們有太多文字上的禁忌。譬如在大陸內部，他們諱言「異化」，談香港問題則諱言「信心危機」，但實際存在的問題，不是在文字上變花樣所可以抹煞的。但與他們打交道，首先要避開文字障，然後可以引導他們作比較現實的考慮。

香港很明顯的是一個國際問題，但若明白向中共提出，要覓取國際保證，那中共一定會拒絕，一定會堅持這是中國人自己的問題，不容許國際的干預。但事實上香港的紡織品出口配額，是香港以 British Commonwealth 的一個成員的身分爭取得來的獨立配額，等到香港改隸中共之後，是否能夠繼續保留這樣的配額呢?這就要經過國際的磋商，不是中共單方面可以決定的事實。鐵娘子堅持不平等條約的合法性，結果碰了大釘子，如要堅持在九七之後保留某種正式的身分——所謂 British Presence after 1997，只怕一樣要碰釘子。但中共在實際上需要英國人的幫忙來完成過渡，在九七年之後繼續維持香港的安定繁榮。美日對中共的策略乃是一種現實主義的策略，儘量增加與中共的商業上的連繫，乃可以減少它在遠東鋌而走險的可能性，並利用它作為一步棋來防蘇。這是現實主義的外交策略的應用。雷根總統四月將訪中共，決不會減弱美國對臺灣的承諾，在這一層上無所用其憂慮。

## 審視現實前景難好　展望未來仍未可知

同樣，在姿態上，中共不許香港人參加會談，因為在他們看來，只有中共才能代表中國人民，包括在香港的中國人民。但在實際上，中共不能不在某一程度下尊重香港人民的意願。如果香港可走的人才都走光，留下的人採不合作的態度，那麼維持港式繁榮的美夢將淪為泡影，對任何人都沒有任何好處。所以香港人也不必太過沮喪悲觀，只要本著香港的現實情況，極力爭取自己的權益，在目前的特殊環境之下，也未始完全無望。而香港這樣一塊小小的彈丸之地，對中國整個情況的衝擊，其影響是不可以計算的。總結來說，對香港的前景決沒法子看好，在九七陰影延伸過來的時候，香港人決無法在未來絲毫無損地享受到現在所享有的自由、安定、繁榮，更無法避免在未來反覆的危機。但在另一方面來說，對香港的未來，也不必想得太過灰黯。文革一類的事件畢竟難以重演，只要中共在位者不完全喪失神智的話，那麼香港的安定繁榮，或者可以在九七之後，保持個十年二十年，乃至三十年五十年，也未可知。到了那時候，想必中國整個的情勢，已經發生極巨大的變化了。

在海外的知識分子，由於沒有任何條條框框的限制，比較容易有機會作一些突破性的思考。大陸、香港、臺灣的相對關係，不會永遠維持現在的樣子，將來究竟要往何處去呢?筆者既沒有水晶球，自不能預言未來的事態，但依理逆推，卻可以構想一些可能性。

一種可能是，臺灣與大陸的經驗差距越來越遠，香港的示範作用徹底失敗，乃逼著臺灣往自立的方向走。不錯，臺灣與大陸的居民大多數是同文同種，但英國與美國也同文同種。又有謂臺灣的幅員狹小，只是一個小小的島嶼，缺乏自立的條件，但新加坡比臺灣更小，一樣可以自立更何況臺灣呢？惟一有力的論證是歷史文化的連繫，臺灣自鄭成功驅走紅毛以後，島上主要的居民是來自福建的移民，清朝更正式納入版圖，日治時代雖被日本統治了五十年，但光復之後又回歸中國的懷抱。如今在臺灣長大的外省人與臺灣人之間的差距越來越小，狹隘排他性強的小臺獨的主張根本不符合現實的情況，而為大多數臺灣的居民所唾棄。今日真正的問題是，如何把政治搞得清明，經濟保持繁榮，只要島內的事務辦得好，根本毋需過分憂慮外來的侵略。但大陸和臺灣的關係卻可以變得越來越疏遠。如果彼此文字不同——大陸如今用簡體字，思想、觀念形態不同，政治、經濟、社會的結構不同，文化、生活的水平差距越來越大，過去的歷史的關係便不容易把大陸和臺灣永遠鎖在一起。

當然我絕不是說，臺灣一定會往自立的方向走去。往這條路走確存在著許多嚴重的障礙，不只國共雙方都自奉為正統，而且一方面大陸並未排除武力侵臺的可能性，臺灣也未放棄反攻大陸，以三民主義來統一中國的目標。在這種意理的籠罩下，臺灣自立的可能性是難以想像的，但卻不能排除在未來數十年間臺灣對大陸的離心傾向越來越嚴重的可能性。

另一種可能是，中國終必統一。生為中國人，包括許多華裔外籍人士在內，幾乎沒有一個不樂見中國的統一。但統一要有統一的條件，不能勉強統一。今日在大陸講四個堅持的當兒，就缺乏這種統一的條件。在目前，中共顯然不能放棄四個堅持，也沒法放棄毛澤東的神主牌，否則就可能會導致內部的不穩；在這種情形下，中共無論用葉九條、鄧六條的手法，都不可能使臺灣接受。由此可見，中國實際上的統一還遙遙無期，但卻不能阻止人去思想中國前途模式的可能性，而在這種可能性的實現過程之中，將決定中國（包括臺灣、香港與大陸）在未來世界中的命運。

——原刊於《中國論壇》第二〇五期，一九八四・四・一〇

# 關於「不變」的「迷思」的解剖

## ——中共對港政策與八八直選

近來香港的政治情況不很穩定。儘管鄧大人不斷向香港人大派定心丸，先說五十年不變，後來又說一百年不變，可惜的是，神經纖弱的香港人偏偏消受不了，信心危機仍舊不變。據說最近又掀起了第二次移民潮，那麼毛病究竟是出在什麼地方呢？

平時有關「不變」的讕言聽多了，感覺上已經麻木，簡直沒有什麼反應。最近才猛然醒覺到，「不變」原來是一個「迷思」(myth)，各人對它的了解不同，根本缺乏共同的認識，必須加以徹底解剖，或者才可以找到問題的癥結來。

### 莫非是活在「雲深」不知處？

戳穿層層的煙霧，我們便會發現，自從中共宣佈其意圖，要尊重歷史現實，在一九九七年終結英殖民主義在香港的統治，主治權一起收回，香港就進入了一個新的「變」局，不可能維持「不變」了。一個最明白的分界線是，在英國的統治下，港督是碧眼黃鬚的鬼佬，效忠於英女皇，根本沒有愛國不愛國的問題，而香港卻享受了長時間的安定繁榮。而鄧大人卻說，將來的港督必須是「愛國」的，這一個變化就對香港的前途籠罩下巨大的陰影，再沒有人能夠安心。這是客觀的現實的情況，拒絕接受這樣的事實，而去空談民族主義，這若不是自欺，便是活在「雲深」不知處，根本接觸不到眼前的現實。

很明顯的，中共搞香港根本缺乏通盤的成算，行事顛顛倒倒，老在那裡張皇失措。本來是打如意算盤，準備接收這一隻生蛋的金鵝。後來才發覺，這一塊肥肉吞不下去，於是幾經周折，才提出了「一國兩制」的妙策。一方面國內搞四個堅持，肯定「社會主義的優越性」，只可惜人民不大能夠享受這樣的優越性。另一方面讓香港繼續搞資本主義，舞照跳，馬照跑，股票照買，這樣才說出什麼五十年不變、一百年不變來。說穿了就是要香港這個地區的「經濟效益不變」。只不過中共完全缺乏搞香港這樣模式的經驗，也不明白要怎樣做才能保持香港的經濟效益不變，於是落入了一個進退兩難的境況之下。中共一方面要香港經濟繁榮，另一方面又要香港完全在他們的勢力籠罩之下，卻不了解這兩方面是有嚴重的矛盾衝突的。於是這樣兩邊拔河，造成了當前這種進一步退兩步的局面。

## 香港安定繁榮的成功因素

我們要客觀分析一下香港所以成功的因素。大陸的「支援」誠然是一個因素，但不是最重要的因素，大陸真要把它全部好的東西搬到香港來，香港早就垮了，也就不必要什麼一國兩制了。香港的成功必有其與大陸不同的因素。香港的社會組成有三個重要的成分，一是上層的鬼佬，二是華人的精英分子，三是一般的市民大眾，三方面的合作和努力使得香港成為一個充滿活力的社會。其表現不只超過大陸，也超過英國本土，而成為了亞洲四條小龍之一。我們要看一看這三個成分怎樣扮演他們的角色，發揮他們不同的功用。

首先，上層的鬼佬人數雖不多，卻代表了一種象徵：即行政的效率與法治的精神。而這恰恰是中國大陸所最缺乏的兩種東西。我們要注意，香港雖沒有民主，但它背後的支柱卻仍然是英國的精神。香港法律最後的解釋權在英國，這就構成了司法獨立的保證。將來的終審權要落在北京，那就免不了「和尚打傘，無髮（法）無天」的憂慮。還有一點要注意的是，香港政府盡量造成許多有利的條件方便人做生意，但政府的高官畢竟不是生意人，他們要看管住生意人，不讓他們作非法牟利的行為。而廉署的設立則又看管住公務員，自然發生一種制衡的作用。中共以為抓住幾個生意人，讓資本不流失，將來把政權過渡到他們手裡，香港的安定繁榮就可以保住，這是把問題看得過分簡單了。政府為公，商人為私，公私有別；中共目前的政策過分仰賴香港的一些大富豪，這正是把公私的界限弄模糊了。把英國人趕走之後，免疫力消失了，要不能夠找到對策，應付這個變局，將來就會出大問題。現在的英國人是跛腳鴨，搞不出什麼名堂來，也許他們是想把事情做好，以便光榮撤退。而中共為了面子，為了自己的方便，破壞了支持香港的基石而不自知，這才是歷史最大的諷刺。

其次，華人精英分子乃是香港成功的最重要的功臣，英國人只是撐住個架子在那裡，真正的工作是要華人來做。而在現代的經濟社會中，蓋爾勃萊斯(Gailbraith)早就指出，最重要的因素已經不是資本家，而是經理人才(managers)。有了資本，必須要勤力工作，善於經營，才能夠一本萬利。有資本的人不會經營，便只能出高薪，請有能力的經理人來做。香港是一個競爭激烈、充滿了活力的商業社會。由七十年代經濟起飛到現在為止，大大小小的經理人才、專業人才都已積累了一些財富，最低限度，這些人都有資格到外國去做移民。如果這班人對香港的前途有信心，有機會讓他們大展鴻圖，他們當然會留下去，誰願意離鄉背井，另起爐灶，到人生地不熟的外國去打天下。但是風吹草動，他們要感覺到對自己的財富、前途、乃至生命都有威脅時，他們當然都會溜走，誰會蠢到留在這裡挨整，跟自己過不去，甚至還要禍延後代？要留住這些人在香港，有兩個關鍵的因素：一則要開住太平門，隨時可以離開，就不怕留下來幹，一直到幹不下去以後才撤退；一則要盡量爭取這些人參與，真正要讓他們有機會出力量來創造香港的前途，其中一個途徑，就是開放一些議席直選，不是只做什麼政協、諮委之類，借用以前黃信介的名言，所謂「廁所裡的花瓶」而已！這些人是否肯留在香港發展而不溜走，對於未來香港的前途，顯然會產生決定性的影響。

再其次，一般的市民大眾。這些人是走不掉的，他們將毫無疑問地繼續在香港居留下去。而且將來香港的居民，會有很大一個數目是由大陸來的，包括合法與非法的移民。中國的老百姓，比較起來，一般都是循規蹈矩，刻苦耐勞，當然也有少數不走正道，誤入歧途的。故此對於這些人來說，最重要的乃是社會的體制。在某種體制之下，人人都能勤力工作，即使不能發財，也可以做到家道小康，溫飽無慮。而且中國人多數把希望放在下一代身上，子女教育程度慢慢提高，只要努力，就可以攀升到社會較高的階梯上去。但在另一種體制之下，那就做也三十六，不做三十六，人人變得好吃懶做，沒有一點希望。香港當然不是一個天堂，有任何大城市有的罪惡和問題。但大陸把香港描繪成為墮落的象徵，這卻不免過分遠離事實。任何由大陸跑到香港來的人都知道，在香港搵食不是那麼容易，在香港工作的辛苦不是大陸人可以夢見的。但大陸人卻只看到香港人的物質的享受，這是大陸自己的偏差，不能把賬賴在香港人頭上。

## 八八直選有利香港

如果以上的分析不太離譜的話，那麼香港未來前途最重要的關鍵在什麼地方就可以看得很明白了。在這個大變局之中，英國人要走，留下來的空檔要填補，但不是由大陸的一套來填補，必須要香港自己弄出一套來填補，否則一國一制就得了，還用得著搞什麼一國兩制！香港的一般市民大眾也不是造成差別的最關鍵的因素，他們既走不掉，只有盡量適應於未來的體制，這一個體制將決定他們的勤惰，得到較大或較少的收益。故此可以造成最大的差異者，就是可以留也可以溜的那些經理人才。如果照目前的趨勢下去，要這些人一直留下去的可能性似乎不高，而其中一個關鍵性的問題，正出在當前有關直選的爭論之上。

中共的根本問題在於他們只知道要香港在未來的經濟效益不變，但他們並不知道怎樣做，才能使得香港在未來的經濟效益不變。他們就只知道去托起市況，這樣做當然可以讓香港人在現階段得利，但一點也不能夠幫助他們解決在未來的難題。

當前對於香港未來的前途可以有兩種截然不同的看法。一種是大陸的看法，把經濟和政治當作分立的二元，經濟上要開放，政治上一切仍然要歸之於共產黨的領導之下。表面上看香港和大陸的情況不同，大陸的領導人已聲明四個堅持不會用到香港，甚至連罵罵共產黨也沒有關係，好像對香港人照顧得仁至義盡。但一年來的經過使我們明白地體認到，這只是表面上的分別，只要香港人表明的意願與大陸的領導人的意願不同，就一定被扁扁地輾過去。大亞灣是一個明顯的例子，八八直選又是另一個明顯的例子，先是許家屯拍桌子指責有人不按本子辦事；最近李後在《瞭望》上的談話又說，八八直選不合聯合聲明的精神。後來李後雖然否認這是他的說話，但誰都知道，這樣重要的講話不經本人過目、上頭權威的批准，是不可能登出來的。大概這是一種試探氣球，能把香港人唬住就唬住了，想不到反對聲浪這麼大，就改口算了。這能夠贏得香港人的信心麼？而在大陸報紙發改正新聞時，又誣賴香港報紙歪曲報導，卻不知香港報紙的報導完全是根據《瞭望》的訪問稿，這更落實了大陸對香港的偏見。最近大陸的表現簡直有點張皇失措，許家屯說吳學謙與衛奕信見面未談直選事，吳後來自己卻承認談過直選事，如此的新華社豈不成為了一個謠言總匯。

另一種意見是香港支持民主改革人士的意見。正因為中共自己並不知道怎樣才能達到維持香港安定繁榮目標的方法，一些熱愛香港不願意輕易離開香港的人士這才挺身而出，提供出可以具體實行的方案。既然現在已經證明，港府的綠皮書並未違反聯合聲明的精神，李後只不過是重複大陸官方的立場，擔心八八直選不能與基本法銜接而已！但是直選派根本沒有要求議席完全直選，最高限度只不過是四分之一的議席直選而已！這是非常合理的提議。既然中共官方並沒有反對直選，那麼否定八八直選，除了面子問題之外，那會有什麼實質上銜接的問題呢！

由純經濟的觀點著眼，專家如港大的陳坤耀教授已經指出，直選決不會損害香港的安定繁榮，那麼反對八八直選的理由顯然不會是經濟效益的理由了。但在沒有充分的理由排除八八直選的情況之下，左派卻發動一切力量來扼殺八八直選的幼苗，那麼唯一證明的，就是他們要樹立在香港的絕對權威，而這恰好是與「一國兩制」的精神相反的舉動。香港人信心危機最深的根源，就是害怕中共的干預，而大陸現在表示出來的是：根本不需要等到一九九七，他們主子的面孔已經明白地擺出來了，這樣的變化怎麼可以達到五十年不變、一百年不變的效果呢？故此為了要試探中共實行「一國兩制」的誠心，不只當前民意的搜集是必要的，而且應該積極支持八八直選。如果證明中共除了放放試探氣球之外，果然忍手不去干預香港的政制改革，順利地填補了英國人離去以後的空檔，那麼香港未來的前途的確還有一點希望。而這不只是幫助了香港人自己，也是幫助中共達到他們想要達到卻不知怎樣達到的目標。

我自己從來不迷信民主，更不相信直選可以解決香港未來所有的問題。但過去一年來香港少數幾位民選議員的表現，使我對於問題採取了完全不同的看法。我現在相信議席的部分直選是有其必要的。而我支持八八直選，正是因為我相信，越早起步越能夠建立新的體制，克服信心危機，在銜接上越不構成問題。如果由現在開始，九七還在十年之後，一切已經唯中共之意旨是從，那麼「一國兩制」便變成一句沒有意義的空話。不錯，中共的強大壓力到來，多數意志力薄弱的人一下子席捲過去。但我倒要奉勸中共，切莫沾沾自喜，因為這樣做的效果只能夠使得實際情況走上了與他們想達成的目標相反的道路。而且中共不應該低估香港有一些有獨立思考有毅力勇氣的人士的努力，並不容許中共的權威把他們輾過去。

## 民主自由的潮流不可逆轉

以上我只論列了香港地區的形勢。事實上整個東亞的發展包括中國大陸都已進入了一個全新的階段，不容許我們走回頭路。菲律賓馬可仕垮臺，艾奎諾夫人執政對人們有一種啟示性的作用。如今韓國的發展，我很懷疑全斗煥能夠一直用高壓的手段控制住整個的情勢。如果亞洲各國還是以前那樣封閉的情況的話，那當然很難說了。但如今大家都走開放的路線，消息封鎖不住，事實上是經濟帶著政治走開放的路線，那就沒法子阻擋得住爭取民主自由的潮流了。臺灣如今開放黨禁，廢除戒嚴法，表面上造成許多鬧劇，但事實上臺灣的確是在往前進。而大陸方面，有趣的是，在許多地方恰正在向臺灣學步。臺灣黨外的人坐牢，造成好幾位夫人當選議員的事實，而大陸現在也有了方勵之夫人當選人大代表的例證。大陸如今也不能不承受廣大輿論的壓力：劉賓雁、王若望、方勵之被開除黨籍，引起了海外學人，以及上萬大陸留美學生的抗議，這些都發生了作用，而大陸學者的抵制，使得「反資產階級自由化」不能無限制地擴大。過去毛澤東之所以能夠橫行，正是因為人民，包括知識分子在內，迷信領袖，缺少獨立思考、批評精神所致，現在的情形是有了根本的改變了。這不是可以驅除幾個看不順眼的人就可以解決得了的問題，在香港和在大陸情形都一樣。

總結起來說，鄧小平所說的「不變」只是一個「迷思」。事實上在「不變」的口號之下是一個巨大的「變」局。我們要以睿智和勇氣來面對這一變局。

——原刊於《潮流》第五期，一九八七·七·一五

# 香港基本法制定對臺灣的「反」示範作用

## 基本法草案制定的背景

### 東方之珠蒙上重重陰影

香港的五月是回潮的日子，身上總是黏黏乎乎的，感覺上很不舒服，卻正好碰上基本法草案徵求意見，市民的反應十分冷淡。要了解這樣的情況，必須略作歷史的回敘，然後再加以討論分析，便會體現到原來香港基本法的制定，會對臺灣產生一種「反」示範的作用，這決不是中共的衰衰諸公能夠預料得到的結果。

說來有趣，一九九七原來是英國方面首先提出來的問題。英國是個守法的國家，訂約時效過去之後就失去留下來統治香港的根據，所以主動向大陸提出續約問題。那知大陸方面的反應完全另外一個模式——只要問題不通過外交途徑正式提出來，就可以裝聾作啞，置於不聞不問之列，一旦提出來就觸發了帝國主義侵華、維護民族大義的大問題：看來鄧小平決不可以與外國簽訂「賣國」的條約。妙的是中共一方面根本不承認清廷所訂的不平等條約，那麼一九九七應該是個沒有意義的年份，但在另一方面他們又聲稱要尊重歷史、尊重現實，決定收回香港，於是吹皺一池春水，使這一顆東方之珠蒙上了重重的陰影。

可惡的是，前任港督麥理浩訪北京早就知道了中共這樣的意向，但卻祕而不宣，完全把香港人矇在鼓裡。香港人多在一廂情願地做著美夢，大概中共不至於要殺這一隻會生蛋的鵝罷！當時甚囂塵上的一種說法是，英國可以用歸還主權來交換治權，那就毫無問題地可以保持香港的安定繁榮。這樣的構想本來不錯，中共得到了面子，港英得到了實利，港人可繼續對「祖國」作出實質的貢獻，應該是一個皆大歡喜的局面。但是柴契爾夫人訪北京時的一蹶，卻跌醒了香港人的殘夢，緊接著而來的是香港股市急瀉的風暴，幾乎使香港人惶惶不可終日，那麼毛病究竟出在什麼地方？

## 矛盾衝突處未能消解

說來可笑，原來中共對於目前的香港根本缺乏了解。他們以為只需要把民族大義的大旗一幌，香港人就會肝腦塗地，歡迎王師降臨，洗雪百多年來的國恥。他們一點也不明白，香港人如今所患的乃是恐共病，他們所怕的並不是過氣的英國帝國主義殖民政府。正好相反，毛澤東的「和尚打傘，無髮（法）無天」才是香港人真正消受不了的東西，而港英雖然缺乏民主卻維持法治，文革的動亂香港人得以倖免，正因為香港是殖民地。現在忽然聽到祖國要收回香港，怎會不令香港人不寒而慄。

據云中共決定收回香港還有一個十分重要的考慮，就是把它作為收回臺灣的張本，以完成統一中國的歷史任務。其實，這兩件事的性質完全不同。香港與大陸接壤，根本沒有國防，民生所必須要的物資乃至連食水，都要依靠大陸的供應，故此大陸作了任何決定，決無香港人置喙的餘地。香港人唯一可以討價還價的，就是這一地區的經濟收益。但臺灣與大陸隔著臺灣海峽，又有雄兵駐守，沒有理由要接受共產黨的統一方案。中共硬把這兩件不相關的事拉在一起真可謂異想天開，他們的夢想要實現根本缺少現實的基礎。但中共的決策，一向是政治先於經濟，一旦作了某種政治決定之後，經濟的考慮就退居第二位，更何況中共有一個如意算盤：即使收回香港得不到現在這樣的經濟收益，那也無妨，有個六成收益就可以滿足了！只不過事實的發展並不符合中共的預想。有一次鄧小平在北京召見香港的一批大富豪，他們當著面個個信誓旦旦，說支持大陸收回香港的決策，一轉背就立刻套買美金把匯價炒到大漲。中共這才警覺到事態的嚴重性，並且了解到香港的資金隨時可以撤走，香港的現代經濟是京官們處理不了的問題，這才促使他們對香港採取懷柔政策，由「港人治港」、「高度自治」的口號喊起，一直到後來才定實為「一國兩制」的方案。

## 人權要有實質法律保證

由香港與大陸交涉的過程中，我發現大陸對港人有一種十分奇怪的情意結。一方面是極端地不信任，聽說香港人想要參加談判，就說這是三腳凳，加以否決，因為談判是中英雙方的事，香港人是中國人，只能由大陸來代表。當香港民主派要求八八直選時，就無情地橫加打擊，終使其胎死腹中。另一方面卻又對港人百般敷衍，好話說盡，簡直像是黃大仙，「有求必應」。尤其對香港的資本家倚仗甚殷，恨不得把政府的權力一下子就過渡到他們手裡，以為這樣就可以保住香港的安定繁榮。但這卻擋不住香港精英、管理、專業階層的移民潮。儘管不久以前吳學謙還在否認這是一個問題，及後港督衛奕信赴京已經公開承認這是一個問題，要求大陸加以正視，以免情況進一步惡化，必須謀求在實際上有效的對治之道。

所謂中英聯合聲明就是在這各方面力量牽扯之下誕生的一個怪胎。當這個聲明剛出來的時候，香港立法兼行政局議員李鵬飛還十分高興謂中共自定限期，為了不失面子，趕在限期之前發表聲明，結果做了許多讓步；他那時對於香港實行民主選舉、組黨一類的活動還是十分樂觀的。但是自從香港新華社社長許家屯敲桌子說「有人不按本子辦事」之後，這樣的美麗肥皂泡就再一度被無情的真實戳破了。其實不可以違背的並不是本子本身，而只是中共對於本子的解釋。當然中共這樣做決不是想要把事情搞糟，其實正是因為香港的情況只許勝不許敗，他們不免格外操心，才會有這一類令人吃驚的演出表現。從此以後中英聯絡小組不斷開會，加強彼此之間的溝通，卻不料這樣做只能更坐實香港政府的跛腳鴨形象，而令香港人有被兩邊出賣欺矇的感覺。其實中共在概念上完全明白，越少干預香港，保持香港安定繁榮的機會就越大。但實際作為上卻因關心者亂而難以完全放手以致造成一些不利的後果，這可以用信報社長林行止所說的一則寓言來說明：一隻蠍子在岸邊要求烏龜背牠渡江，並保證不螫牠免致兩敗俱傷的結果，那知到了江心，仍然螫了烏龜，不免共沈江底，惟一的理由只是蠍子改不了一貫螫人的習慣。這一則寓言確含很深的意義，事實上要中共不干預是一件比登天還難的事。中共為了草擬基本法，在香港廣邀草委與諮委，其名單可謂網羅一時俊彥。但其結果如何呢？在香港資本家包玉剛與大陸官僚胡繩的領銜之下，由於不諳民主的開會與作業程序便鬧出了一連串的笑話。選舉在他們看來不外就是拿出一個既定的名單來作提名選舉。乃至到基本法公佈的前夕還鬧出了笑話，有幾個提議未來港督選舉的方案忽然無故被刪除了，經抗議後又得京官的保證答應考慮放了回去。這種一切以大陸為馬首是瞻起草的基本法焉能取得任何人的信心？用這樣的基本法草案來示範給在臺灣的人看，豈非只能產生「反」示範的效果！而要進一步了解這一份文件內部包含的矛盾不通之處，那就需要對它的內容，加以比較詳細的分析與檢討。

## 基本法草案內容的分析

### 令香港人不寒而慄

香港基本法草案的內容在簡短的序言之外共分十章：第一章、總則，第二章、中央和香港特別行政區的關係，第三章、居民的基本權利和義務，第四章、政治體制，第五章、經濟，第六章、教育、科學、文化、體育、宗教、勞工和社會服務，第七章、對外事務，第八章、區旗、區徽，第九章、本法的解釋和修改，第十章、附則，並包括三個附件，有關香港特別行政區行政長官、立法會議、以及第一屆政府和立法會議的產生辦法，還有一個匯輯，列述了部分委員對所擬條文的意見和建議。起草委員會成員共五十九人，其中包括香港各界人士共二十三人，諮詢委員會共一百八十人，由香港各界各階層人士組成。經過了兩年多的工作，草案於四月二十九日公布，現在是徵求意見的階段。由於參與起草的人數不少，背景各異，意見分歧，有許多矛盾衝突處未必能夠完全消解，但重要的是背後有一隻有形的手在指揮，雖不能演奏出一闋和諧的交響樂，然而主調是定了的。以下即對草案的內容加以分析，細節處自不可能逐條考究，也沒有這個必要，重要的是要抓到幾條中心的線索，以指明一些有關鍵性的問題之所在。

序言首先說明，於一九九七恢復對香港行使主權，是實現了長期以來「全中國人民」收回香港的共同願望，這裡自不消說是誰代表了全中國人民！將來也必定是全中國人民長期的共同願望要臺灣回歸祖國。序言接著說：

「為了維護國家的統一和領土完整，保持香港的繁榮與穩定，並考慮到香港的歷史和現實情況，國家決定，在對香港行使主權時，根據中華人民共和國憲法第三十一條的規定，設立香港特別行政區，並按照『一個國家，兩種制度』的方針，不在香港實行社會主義的制度和政策，由我國政府在中英聯合聲明中予以闡明。」

## 太上皇掌握基本法解釋權

基本法草案總則的第四條乃明言規定：「香港特別行政區不實行社會主義制度和政策，保持原有的資本主義制度和生活方式，五十年不變。」

很明顯的，香港基本法的制定是中共現行政策下的產物。我們通常說：「法令」，意思乃是法在先，令在後。但香港的基本法卻是把法放在令後面，其地位可謂不言而喻。我早就指出，中共的憲法序言肯定四個堅持，卻在憲法第三十一條規定，在香港不實行四個堅持。這樣說，人大居然可以根據憲法制定根本違憲的下級法令，這只有在罔顧法律、用辯證法的方式任何東西都講成合法的情況之下才可以辦得到。反過來，到了有一天政策有所改變，這樣的法的保障力量是可想而知了。

總則第二條規定：「全國人民代表大會授權香港特別行政區依照本法的規定實行高度自治、享有行政管理權、立法權、獨立的司法權和終審權。」

這一條看來很不錯，尤其是終審權放在香港，似乎可以使香港人感到安心。但是且慢高興得太快，在基本法第九章第一百六十九條卻規定：

「本法的解釋權屬於全國人民代表大會常務委員會。」

原來太上皇掌握了對基本法的解釋權，那還有什麼話說！第一百七十條緊接著規定：

「本法的修改權屬於全國人民代表大會。本法的修改提案權屬於全國人民代表大會常務委員會、國務院和香港特別行政區。香港特別行政區的修改議案，須經香港特別行政區的全國人民代表大會代表三分之二的多數，香港特別行政區立法機關全體成員三分之二多數和香港特別行政區長官同意後，交由香港特別行政區出席全國人民代表大會的代表團向全國人民代表大會提出。」

## 中共要百分之百控制香港

這個條文所遺漏的比包括進去的內容更有意義，人大常務委員會與國務院的修改提案權為什麼沒有詳細的規定呢？是因為它們天生就有修改提案權？最可怕的是第二章第二十二條：

「香港特別行政區應以法律禁止任何破壞國家統一和顛覆中央人民政府的行為。」

什麼是「破壞國家統一」的行為呢？試想解釋權是掌握在太上皇手裡，那就要令人不寒而慄了！譬如我寫這篇文章，算不算破壞國家統一的行為呢？

第三章第二十六條規定：

「香港居民享有言論、新聞、出版的自由，結社、組織和參加工會、罷工的自由，集會、遊行的自由。」

看起來似模似樣，但論者指出，列舉人權清單首先要全面，其次要有實質的法律保證，不能只是行政指令而已，與西方一般接受的清單相比，這一條被砍去的是人有生存的權利，不受苛刑、勞改的自由等等，部分剪去的是，旅行的自由要看是否拿得到護照，公平審判的權利（不作自我損害的供詞）等等。這些方面要制成法律就要寫成十分詳細的規定。在怎樣具體的情況之下才能限制人身的自由與權利，否則就成為具文，沒有任何實際的效用。

第四章第五十條規定：

「行政長官可解散立法會議。」

在一般情況之下，這樣的規定並不算很特別，但在香港這樣缺乏信心的非常時期，是否應給予行政長官這樣大的權力呢？特別是這樣的行政長官多半是由協商提名選舉出來的結果。

第五章第一百零五條規定：

「香港特別行政區政府財政總收入和財政總支出，在若干財政年度內，保持基本平衡。」

第一百零七條規定：

「香港特別行政區繼續實行低稅政策。」

這樣的立法用意無疑是好的，但香港的實際經濟情況如何，不是可以由立法人決定的。能不能平衡收支或者是否要加稅？這是行政方面的權責，不可以寫在基本法裡面，但由此可以看到習慣於指令或計畫經濟的思想模式在發揮作用。

## 擋不住移民潮

其他項目不及細論，將來的香港人拿怎樣的旅行證件或者護照的問題也是有爭論的，在附件中列出了五個產生行政長官的辦法，主流派無疑是經過協商之後的提名選舉。

由香港基本法的制定可以看出，中共是要把香港百分之百的控制在他的掌握之下，只是在它所容許的範圍之下實行所謂的「高度自治」罷了！對於這樣的基本法香港人要怎樣反應呢？有的人用腳投票，乾脆移民去了，有的人覺得吵也沒有用，走又走不掉，不如現在多賺點錢，到時候做順民算了。但這樣的態度畢竟太消極。嚴家其訪港時答覆我的尖銳的問題時說，中共的憲法還是可以修改的，而中共對外的承諾即使在文革時期也是有信用的。故此基本法細節條文的修改還是值得去爭取，有法至少比完全沒有法還是多出那麼一點點保障罷！

中共現在顯然也感覺到有一些問題，所以不斷派大員到港來安撫。但問題在他們是不是真有一些覺悟，對於基本法願加以徹底的修訂，給予香港人貨真價實的高度自治。如果缺乏這樣的覺悟，那麼總有一天他們會發現，大陸雖大，並不能真的為所欲為，臺灣和香港並不是說造，就可以造幾個出來的。徒有主觀的意願，對於客觀現實缺乏足夠的尊重，弄出來的結果只有使得多災多難的中國受到更大的損害。

——原刊於《百姓》第一七一期，一九八八・七・一

# 香港當前情況的評估

香港最近因為政改問題引起了巨大的震盪，對於當前情勢亟須作出新的評估。首先我們必須作一回顧，追溯問題癥結之所在，再進一步，才能夠探索如何走出目前困境的方向。

## 英方的轉態

當前困境的形成，無疑正如大陸所聲稱的，是由於港英態度的改變所造成的。在制定基本法的過程中，港英一直採取一種十分被動的態度。學者們早就指出，基本法的解釋權、修改權完全操在人大手裡，港人極少迴旋的餘地。但在當時英方急於簽署聯合聲明，雖然中英文的版本略有差別，多少有點各說各話的意味，畢竟是以中方的馬首是瞻。但到六四以後，英國的輿論改變，認為英方過分軟弱。衛奕信慘澹下臺，易之以與首相梅傑有親密關係的彭定康。履新之後，肥彭建立親民形象，大刀闊斧改革，令人耳目一新。立法、行政局改組之後，接著推出政改方案，在條文上仍遵守基本法的規定，在九五年選舉並不增加直選名額，但功能組的席位則大事擴充，區議會的組織也有根本性的變革。彭督雖說他提出政改方案僅只是建議，要廣徵民意之後，經過立法局的審議、修改而後通過。但這樣的做法不只立法局的周梁淑怡早就說承擔不了這樣的重任，更觸犯了中方的忌諱。中方一向反對三腳凳，不承認立法局的法定地位，彭督這樣做根本違反了中英協議的精神，立即加以強烈的指責與炮轟。客觀來說，中方的態度的確未變，轉態的確是英方。而肥彭這樣一搞造成了極為詭異的效果，使香港原有的政治勢力都受到了損害。港同盟本來是持異議分子的大本營，如今都變成了港督的追隨者與支持者。啟聯幫原來是親英派，如今卻由權力中心疏離了開來，轉向中方靠攏。親中派上次在選戰雖然失利，但表現並不太差，現在正打算推出一種新形象，卻逼得不能不在中方的炮火後面搖旗吶喊。如今直通車的構想是完蛋了，中方誓言要另起爐灶，使香港的政治陷入空前的混亂、不定的變局。

## 中方的反應

平心而論，彭督只是想搞一點小動作，在基本法未作詳細規定的灰色地帶之內耍一些花樣。

這樣可以取悅英國本土與香港的輿情，給中方一點壓力，但決無意與大陸搞全面性的對抗。無疑英方希望在九七以後維持若干影響力，在經濟上爭取一些利益，卻不想會激起如此軒然大波！其中一個主要原因就在於彭督只熟悉英倫的政治，根本不了解與中國大陸打交道的外交政治，難怪當年幫忙做成中英協議的柯利達要為之感到痛心疾首。中方會有某種反應，這是在各方意料之中的，但反應得如此強烈、不留餘地則是沒有人可以意料得到的。中方竟然無限上綱到民族大義的層次，什麼國際陰謀，八國聯軍，不做李鴻章第二等都搬了出來，實在是令人費解。彭督的方案既非定案，也不違反基本法與中英協議的條文，而且是以行政作為主導，當時很花了一些心思鑽空子，符合此地的現實情況設計的一套東西，那麼中方何須如此大加撻伐，擺出絕不妥協的高姿態呢？分析原因不外有二：一是傷了中方的面子，二是低估了中方對民主的恐懼症。由後來中方的一致口徑對外的跡象看來，無疑是把問題提到了最高層次。據說老鄧的指示是，對美國要忍，對英國絕不退讓，這是很高明的策略。但後來的做法簡直僵硬到了缺乏半點彈性的地步，有熟悉大陸內情的朋友說，這不像老鄧處事的作風，可能是反映上層老化而下層側往一邊的現象。令人感到憂慮的是，他們似乎完全不明白這件事在國際上對他們所造成的損害是多麼的嚴重。魯平有一次盛氣淩人地問，你們知道香港人最怕的是什麼？就是得罪中方。還虧得魯平是個高級知識分子，居然說得出這樣的話，試想在聽眾方面會造成怎樣的效果呢？豈不似南霸天得意洋洋地自吹自擂，老百姓最怕的是什麼？就是南霸天的惡勢力。中共的國際形象自六四以後一落千丈，這兩年稍微恢復了一點，如今又沈落谷底。而加入關貿協定組織，爭取美國最惠國待遇，好多問題都在未定之天，中方必定會付出沈重的代價。

## 當前情勢的評估

了解中英爭拗的背景以後就不難明白當前所以陷入僵局的癥結問題所在。英方打的是經濟牌。只要中方不願殺死這一隻會生蛋的鵝，那就不妨對之強硬，多爭取一些輿情做本錢，以之交換未來實際的利益，達到光榮撤退的效果。而中方偏不容許這樣的如意算盤打響，奇怪的是，他們同樣打的是經濟牌。只要香港的經濟基礎穩固，對著港英硬幹，拚著有限的損失，也要把彭督趕跑，以絕心腹之患，絕不容許香港的民主空間在英方的主導之下擴大。在這樣的情形之下，兩方面的爭拗是不可能有解決之道的，這就是我們在目前所陷入的困境！

而令港人啼笑皆非的是，雙方都在打民意牌。不錯，肥彭在香港的確為港人所接受，他的政改方案在多次民意調查之中都得到百分之五十以上的支持率。但不要忘記民意是飄忽的，到了香港的經濟轉壞，失業率上升，民意就必然會轉向。而當前大多數的民意並不贊成與中方搞對抗。而中方的民意牌更令人失笑。中方委派的人大代表聽到李鵬要見香港代表，竟然喜不自禁，而香港的民意調查百分之六十以上反對李鵬的講話。還有一位政協委員更妙，竟然提議組織民眾上街遊行示威，香港的民意調查百分之八十以上反對。這樣的民意牌不打也罷！坦白地說，中共在香港根本沒有失去人心的問題，因為他們從未得過香港的人心。而香港的未來畢竟不取決於香港本身的條件，而有賴於中國大陸在未來的發展——大陸在未來也終必由經濟的開放帶動某種政治上的改革，這是不能逆轉的趨勢。

當前中英之爭已陷入意識形態之爭，這樣是不會有任何結果的。兩邊的政府都死要面子，置港人的利益於不顧。而傷害香港的利益遲早會傷害到中英本身的利益。我們呼籲雙方各退一步，恢復談判，改變一點態度，特別是中方必須學習如何成為國際社會的一員。要不能與時推移，終必會受到時代的揚棄！

——原刊於《香港聯合報》，一九九三・三・二七

# 論中英爭拗問題

最近港督經歐返英述職，雖然他口稱不打國際牌，其實沿途爭取人支持他的政改方案，而且措詞強硬，不免引人關注，不知雙方的道途會不會越走越遠。最新消息傳來，雙方要回到會議桌，雖未必能解決所有爭端，總是走了極有建設性的一個步驟。

彭督如今把自己裝扮成為一個民主鬥士，不免令人失笑。英國統治香港那麼多年，從來不搞民主。事實上彭督本人所提方案也不過是在基本法未有詳細規定的灰色地帶鑽空子而已！增加幾個功能議席只是增加一些特殊利益的代言人，談不上什麼爭取民主。真要爭取民主，就得爭取直選議席。如果英方一直在作這樣的爭取，甚至六四發生時體現到香港主權轉移以後的危機而即時改弦易轍，那麼英方的努力至少可以在道義方面立腳，得到高舉理想主義旗幟的知識分子的尊敬與支持。然而英方不此之圖，一直把香港人賣豬仔，附和大陸，否定三腳凳，將基本法的解釋權與修改權幾乎完全歸之於人大。如今忽然幡然改圖，難怪中方會憤怒地譴責英方違反了基本法的精神。當前的困局肇因於英方之轉態，這由當年參與中英協定草擬的柯利達所發表的言論應可得到明證。彭督上臺，完全不明白中國人的心理與處事方式，不免會受到挫折，這是很容易想像的事，但僵到這樣的程度則非預料所及者。我基本上相信彭督的說法，他提的政改方案本意的確是可以討價還價的。但他把皮球踢到立法局，責以重任，則是不倫不類的做法。不久以前賴瑞・金在香港主持座談。由功能組選出的麥理覺攻擊李鵬飛從未參選，李鵬飛指出在他身邊的陸恭蕙與他是在同一條船上。而陸恭蕙直承他們這種委派的議員根本就缺乏合法性，這就把一切都化歸於荒謬了。因為從民主派的觀點看來，當前的立法局根本就缺乏足夠的民意基礎，而彭督卻以之代表民意的旨歸，這豈不是笑話嗎!?然而在目前，香港民主走不上正途之際，支持彭公案竟變成了擁護民主的象徵，這一場荒謬劇場的話劇怎麼會演成這個樣子呢？

說也奇怪，造成目前困境的主要責任卻不應由英方來負。如前所述，英方的確是攪了一些小動作，但需要中方動這樣的大陣仗來應付嗎？很坦白地說，完全沒有這樣的必要。如果說英方錯誤地估計了中方的情勢，那麼中方更錯誤地估計了英方以及國際的情勢。如果中方為了民族大義必須顧全臉面，英方就不需要為了光榮撤退必須保存榮譽嗎？客觀來說，沒有人會懷疑九七以後香港的主權會歸還中國，要把香港攪壞了，英國在此至多只有四年的管治，所失者小，對中國卻是百年之計，所失者大，怎麼會在這種地方拿捏不到分寸呢？這是由於中共的民主恐懼症，加上忍不住氣，無限上綱，必訴之於鬥爭手段而後快，希望將彭督一舉鬥垮鬥臭，結果逼他走上了一條不歸路，硬把他塑造成為一副民主鬥士的形象，反而增加了他在英國政治的本錢。而中方沒有明白，他們那種漫天蓋地的攻擊在國際上造成了怎樣的形象，香港本來是囊中物，何需要擺出這樣的嘴臉，威逼利誘，無所不為，這豈不是得不償失嗎？國際上如今正流行「中國威脅論」，近期《時代》雜誌更以此為封面故事，而中方的領導人竟還沒有醒覺過來，豈不是咄咄怪事。要知道今日的中國大陸已不是文革時期的中國大陸，它的開放經濟仰賴國際的交流互利正殷，怎麼可以老在那裡做搬石頭砸自己腳的蠢事。

最近看「哭泣的遊戲」電影，聽到一則寓言，訴說青蛙背蝎子渡河，在中游遭蝎子螫，一同沒頂的悲慘故事。寓意是蝎子本意不是要害青蛙，但因歷來積習，乃不免害人害己。共產黨歷來最會搞分化、鬥爭的手段，可惜的是這些東西並不適用於當前香港的情勢。然而他們歷年的積習一碰到挫折就把慣用的手段拿出來使用：他們要把彭督由英國政府分化開來，把民主派與其他黨派分化開來，集中力量予以打擊，結果即使成功，只不過為香港造成一批民主鬥士而已，絕對無助於保持香港的安定繁榮。我不知道怎樣可以打開中英爭拗的僵局，但如雙方不能修正自己心目中的圖像，互相妥協，即使回到談判桌上也沒有用，那就無可避免地會把香港推入一難以超拔的死局之內，相信這是真正愛國、愛港的人民最不願意見到的一個局面！

——原刊於《香港聯合報》，一九九三・四・一八

# 避開文字障——與中共鬥智之道

中英的爭執如今已進入死胡同。錢其琛說中方為了臉面決不會在原則上有任何讓步，難道英方就不要臉面嗎？事實上，中方發動對彭督的攻擊的策略是未奏效的，因為彭督是政府政策的執行者，英方在這方面一樣不能退讓，否則威信盡失，無法下臺。如此，雙方同樣不得不面臨騎虎難下的局面。

## 中英之戰害苦了香港人

中英之爭如今已演變成為意識形態之爭，一方面高唱主權原則，一方面高唱責任原則，這個樣子是解決不了問題的。雙方各派一個代表或代表團的爭執已落入形式主義的爭辯，而意氣一動，不免大傷感情，如今政治又帶上經貿問題，真有不知伊於胡底之勢！

而奇怪的是，中英所以可能作如此的爭執正是基於同樣的理由，兩方面打的同樣是經濟牌。英方看準中方不能殺這隻生金蛋的鵝，於是執意推行政改。而中方猛轟彭督並沒有把投資者嚇跑，於是擺明車馬對著幹。但香港的前景不明，就長遠來看，勢必對於香港造成難以估量的損害，據說現時公務員移民的數額又有急遽上升的趨勢。而雙方卻罔顧現實，整日在唱高調。口頭上都說有誠意重開談判，事實上根本缺乏這樣的意願，而儘量把責任推諉給對方。

這樣子僵持下去害苦了香港人，他們辛辛苦苦締造的繁榮卻被中英雙方用來做拑制對方的本錢。雙方都在猛打民意牌，口口聲聲都說為了香港的未來，其實搞了許多不利於香港的動作，卻不明白這樣的做法，終究也會傷害到中英雙方的利益。到時候香港機場建不成，中方無法取得美國最惠國的待遇，以至殃及池魚，逼著香港走下坡路。要是香港的投資撤離，失業率高升，社會就會動盪不安。但是大人先生們仍一定要堅持原則，不見棺材不流淚，那就非庶民之福了。

## 中共態度強硬勢必付出代價

有人提到香港現在需要一個所羅門王，靠他的明智把孩子判歸親生的母親。但這個比喻並不適合於香港的情況，因為香港只有一個養母，一個後母，誰也不理會孩子的健康或死活。英方自己在本土把經濟搞得一團糟，在香港一百年從來沒搞過什麼民主，臨行之前忽然發現了自己的責任感，難怪中方會有深刻的憂慮！而英方已在國際上淪落成為二三流的國家，所以傳說老鄧才會下指令，對美國要忍，對英國不要作任何讓步。這是很高明的策略，可惜中方自身也同樣有很大的弱點，它在六四時已經自毀形象，如今因國內採取經濟開放政策，情況略為改善，不想現在又擺出如此的高姿態，不啻搬石頭砸自己的腳。事實上，大陸至今還未加入關貿協定組織，柯林頓上臺以後，美國方面的態度轉趨強硬，中共在香港的做法在國際上造成惡劣的觀感，勢必要付出沈重的代價。

就客觀的形勢來分析，香港的優勢和劣勢都由於它的地理環境。平心而論，它的安定繁榮一半出於大陸所賜，它源源不絕地供應香港以物資與廉價勞工，又不把政爭延伸到香港，並聲稱九七之後五十年不變，這些都是有利於香港的條件。但在另一方面，香港也就無法獨立於大陸的干擾以外。香港要搞民主，就只能在大陸一國兩制的模型底下搞，要出了格子，就不免於被封殺的命運。誰要是在這裡有不切實際的幻想，就是沒有理解香港的客觀形勢。總之，香港只能在中共顧慮投鼠忌器，不願搞壞香港的經濟、損害國際關係的條件下，做一些中共不喜，卻又不能不容忍的活動。這個活動的空間是狹窄的。

## 另起爐灶只會導致一國一制

六四造成了香港與大陸差距的表面化，其實這也恰正是當前政改風波後面的背景。有人認為必須在九七之前樹立一些不易被摧毀的民主力量。而中共在當前所採取的則是經濟開放、政治保守的政策，意識形態的力量逐漸上升。最近周南更明言只有「愛國者」才能在將來扮演角色，這樣就使得一國兩制的精神完全喪失。「另起爐灶」的結果是，只有投靠者爭寵去做未來的新貴，一國兩制其名，一國一制其實，這樣的趨勢是頗令人感到憂慮的。

實則由比較長遠的觀點看來，香港的前途並不完全取決於香港本身的條件，至關緊要的還是繫於大陸本身的發展。大陸的開放已經走上了一條不歸路。去年哈佛的傅高義教授在中文大學接受榮譽博士學位，他的講詞就說明，經濟的改革無可避免地必然帶動其他方面的改革。根據他的看法，大陸如今已採取步驟，提供能夠促進改革及經濟發展的行政架構。這離開我們所嚮往的民主還相距得很遠。但內外的經濟差距減少，其他方面的差距也一樣會減少，這是一個不可抗拒的自然的趨勢。

## 直接搞對抗將是欲速則不達

但香港方面，任何加速政改的步驟都會引起大陸的疑慮，直接搞對抗反而會造成欲速則不達的效果。而多次民意調查結果都顯示香港人民並不願看到中英的爭執，亟盼雙方早日回到談判桌上，免得時機延誤，等到造成實質的傷害，那就後悔莫及了。

由這一役令我們領取到的教訓是，與中共打交道必須繞過多年以前我就指出的所謂「文字障」，不必去觸犯他們的「禁忌」。強如美國用人權原則去要挾中共尚且得不到任何效果，何況是破落戶的英國！但只要不扯破顏面，中共在實際上並不是不看重國際輿論的反應，他們會用釋放王丹、王希哲，讓魏京生亮相一類的手段來減輕國際的敵意。但中共自己也應該明白，必須進一步學習瞭解國際現勢，去尋覓因應之道，現行的做法是還不足夠的。閉鎖在自己的意識形態以內一意孤行的做法會留下許多後遺症，在今日打民族主義牌是沒有意義的。要是仍然故步自封，不能努力趕上時代的步伐，就缺乏條件真正加入走向二十一世紀世界秩序的陣營。

——原刊於《開放》總七六期，一九九三・四

# 描繪了家長式的運作

## 《聯合報》樹立了一塊里程碑

《香港聯合報》到今年五四不覺已經出了一年，報紙的編排與內容一向比較整飭。但評者或謂這份報紙的臺灣味太濃，未必投合香港人的品味。《聯合報》進入第二年，增加篇幅，調整版面，正是為了適應這樣的需要。尤其令傳媒界感到震撼的是《許家屯回憶錄》的發表，一時造成洛陽紙貴的現象——報紙銷量超過倍增尚且供不應求，真可說是出了一個絕招。對《香港聯合報》來說，這份回憶錄的發表像是樹立了一塊里程碑。

## 許回憶能啟發局外人思路

短短一個禮拜以內，對於這份回憶錄已經有了相當熱烈的討論，我也來談一談自己的初步的反應和感想。許家屯初初出走的時候，曾經說過他不會發表任何東西，尤其不會作出任何有損於國家利益的言論。現在他既出回憶錄，當然不免略改初衷，但想必他仍然相信自己所作所為無背於國家乃至於共產黨的利益。只是時勢轉移，老鄧南巡以後大陸走開放的道路，為了他個人以及客觀的需要，這份文件的寫作與見光，乃成為了一件十分自然的事情。論者有謂許發表的回憶還是有所隱諱，對鄧的批評也太過保留。我覺得這樣的說法不免流於皮相。我們不要忘記，許始終自認為是一個忠誠的馬克思主義者，這樣他的寫作會保留一些框架是不足為奇之事。但許的回憶之所以值錢恰正是因為他是一個熟悉中共內部運作的工作者，用他們的特別的目光來看事態的發展，才能夠給我們這些在外面的人以啟發。要是許對中共對鄧的批評與看法與我們完全一致，那麼我們又何貴於許的視域呢？故此千萬不要一上來就戴著我們自己的有色眼鏡去讀這份回憶錄，這才不會造成對這份文件的誤讀。

在短短一個星期之內，許的回憶已經為我們提供了許多有關大陸政治的睿識：它生動地描繪了大陸家長制的運作方式，各派系與個人之間的矛盾緊張關係，以及大陸如何處理對外，包括對香港的關係。以下即針對這幾個項目略加討論，作出一些個人的觀察。

## 沒有上層的支持寸步難移

在回憶之中，許詳述了八三年那次見鄧作長談的經過。鄧無疑是個頭腦比較開放而且極為精明的領導人物，他也能夠欣賞許家屯這樣的隸屬官僚體系下面的實幹行政人員。他本來有意支持許在江蘇繼續幹下去，後來阻力太大，乃轉而支持他去香港另外開闢天地。許對廖承志的描寫更是傳神。由此可見，在共產黨底下做事，要缺少上面的支持，簡直是寸步難移。鄧小平雖然比較肯用能幹的人，但他明顯地在搞平衡，對他個人更是絕對不能觸犯，許對他的態度可以說是小心翼翼。鄧是在以他自己的方式重新解釋官方的意理，他的世界與毛的世界的確是有本質上的差別。是在鄧的領導之下，逐漸把中國大陸開放給世界，這在許看來，乃是一種「和平演進」的體現。

但由許的回憶可以看到，在中國大陸僵固保守的力量是多麼的強大。他在江蘇本有一套想法與做法，卻完全不能落實，最後只能鞠躬下臺，慘澹收場，卻不想被調到香港來，開始了他的另一個政治生涯。他的前任王匡並不僅是地位低的問題，腦筋本身就是十分僵固。而港澳辦的李後對他根本就不假以詞色，拒絕給予任何協助，並不時加以掣肘。反而是地方官像任仲夷、梁湘等頭腦比較開放，也有辦事的魄力。由此可見，中共對外的言論表面上看都是一致口徑，其實內部並非鐵板一塊，充滿了不同派系與個人之間的矛盾緊張關係。

## 墨鏡的笑話與難得的人才

由許家屯之派駐香港，可以看到中共對外人才之缺乏。許對香港的情況絕無了解，由他的服飾不合時宜開始，隨後戴了墨鏡去巡視九龍城寨，鬧了不少笑話。但許家屯畢竟是個人才，學得快，也有意願與外交通。但弔詭的是，他對外面的了解越深，與內部保守派的矛盾也就越大，最後終於因六四問題的裂口而遭到擯棄的命運，終於導致他下定決心出走，流亡異域。

如果把許的回憶錄與其他資料配合起來讀，就會對中共目前的運作方式有更深的理解。在王震死後鄧的女兒毛毛寫文章紀念鬍子伯伯，提到王軍由於不斷為鄧家傳遞消息要求回報的事，回答竟然是要什麼官都行，可見公私之間的界限根本不存在。而羅孚之見斥則可見中共根本不珍惜自己培植的人才，一切都不能免於捲入政治鬥爭的旋渦之中。中國大陸離開現代化的道路畢竟還有很遠的距離！

——原刊於《香港聯合報》，一九九三・五・一四

# 回顧中英談判

續讀《許家屯回憶錄》，精彩迭出，爆了不少當時的內幕，證實了一些以往未經證實的猜測，提供了過去中英談判的背景，展示了彼此之間意識形態的差距，對於當前雙邊談判所碰到的問題與困難也給予了我們難得的啟示與睿識，因有二評之作。

## 新華社的改組

由許的回憶我們可以看到，當時新華社的改組曾經過了一番鬥爭的過程。對內方面，許停止了過去打小報告、整人的作風。對外方面，許閱讀大量資料，主動與各界接觸，並組織研究班子，希望能夠真正了解香港實際的情況，的確花了不少心血。他把新華社由一個一百人的機構擴大為一個四百人的機構，不只香港人把它看作影子政府，大陸人也把許當作中方駐港的「總督」看待。

## 港英的態度與中方的決策

由許的回憶與其他來源，我們現在清楚地知道，香港問題決不是中共主動提出來討論的。七九年港督麥里浩訪華就要求談九七問題，鄧小平明確地告訴他，中國屆時一定要收回香港主權，但加上一句，請香港的投資者放心。麥里浩回來只報導了後面那一句話，徹底誤導了香港人，這才造成了八三年九月二十三日「黑色的星期五」港元急挫到近十元兌一塊美金以及恐慌性脫售股票的危機。八二年九月柴契爾夫人訪華，還堅持三個不平等條約有效的說法，結果在鄧小平那裡碰了一頭灰，走下人民大會堂臺階時，栽了個跟頭。大概英國也是有不得已的苦衷，如果不另簽新約，英國就失去了九七之後在法律上管治香港的基礎。而香港的輿論則眾口一辭，盼望以主權交換治權。但鄧小平堅持主治權一同收回，決不做李鴻章第二，寧為玉碎，不為瓦全，港英就沒牌打了。中方又堅決拒絕三腳凳的辦法，不許尤德、鍾士元代表香港發言。之後顯然是英方退讓了，才有中英聯合聲明的簽署。

由此可見，中方的立場是始終一貫的。鄧立定了原則以後，就沒有得改變了。耿飆與黃華說解放軍不會進駐香港，就被鄧小平嚴厲指斥為胡說八道。許是完全根據鄧的原則行事的。中間有一些小插曲也很有意思，像怡和的西門・凱瑟與許的交往就是一例。總結當時中英談判的經驗，我們可以說，當時香港的下情不能說沒有上達，香港人通過各種不同的渠道把自己的意見表達了出來。而中方也不能說不了解香港的情況，至少許十分明白，香港的土地容易收回，人心不容易收回。但兩方面意識形態的差距是不可以消解的。香港富豪的一位公子把「一國兩制」理解成為：「那（香港）不變成中國的殖民地了嗎？」許認為他的腦袋中已視香港非中國領土，自己是具獨立性的香港人了。對中國來說，這樣的態度是不可以接受的，兩方面的摩擦是難以避免的。中國收回香港的勢是不可阻擋的，但真要實行一國兩制，那就不能急遽地剷除在長期積累下形成的香港人的心態。而適應是雙方面的事，不是一方壓服另一方勉強得來的事，要那樣就不如一國一制算了。

## 對於當前情勢的啟示

理解了當時中英談判的背景，就明白中方為什麼會對彭督之提出政改法案表現出如斯之義憤的態度。但光憤怒是解決不了實際的問題的，雙方經過了一個時期的罵戰之後，終於坐回到談判桌前，這是一個十分明智的決定。而既重新開始談判，就不容許失敗，即使是困難重重，各說各話，也不能不弄出某種雙方多多少少可以接受的結果。由這一期《鏡報》所報導老鄧的言論看來，可見中方的底線並無任何改變。我認為即使是鄧突然死了也不會有任何大的改變，試想繼位者在權力鞏固之前誰膽敢對既定的國策作出任何改變呢？在這方面香港人不必存有任何幻想。但近時中國對立法局憲制小組決定討論彭督方案作出如此強烈的反應，表示大陸對香港的運作方式缺乏起碼的了解。大陸實在需要多培養幾個像許那樣的人才，對香港作比較有彈性的處理，才能保證香港未來的安定繁榮與平穩過渡。

——原刊於《香港聯合報》，一九九三・六・二七

# 全面檢討香港教育，思想必須突破現有的瓶頸！

## ——關於香港教育透視報告書的兩點討論

《香港教育透視：國際顧問團報告書》，經過千呼萬喚始出來。由於報告書兼顧到香港民間反映上去的許多意見，也的確觸及了香港教育的一些癥結問題，所以各方交相讚譽，有人甚至建議港府根據這一文獻從速作出綠皮書報告，並儘快付諸實施。

我本人並不是香港教育的專家，而且也很欣賞上述報告書的一些分析與建議，好像不必急急撰文來唱反調。但我覺得該報告書既然是對香港教育作全面性的檢討，就應該在觀念上有更進一層的突破，不能過分遷就現實，折衷了事。由於視域不同，我的意見也有許多不同。在這篇短文中，我只想提出「母語教學」與「學制改革」兩點來加以討論。我知道我是在走進一個爭論極多的領域中，下文所講的純粹只代表我個人的意見，希望能夠拋磚引玉，對於這兩個問題作出一些更深刻的反省。

## 粵語不過是方言

首先我要談談母語教學的問題。《香港教育透視：國際顧問團報告書》（以下簡稱「報告書」）指出，在幼小時用母語教學是最有效的方法，幾年之後才用雙語教學，這些意見我是十分同意的。我所不同意的是報告書對於普通話的態度與建議：報告書只輕描淡寫地指出粵語與普通話有一定程度的關聯，並建議把普通話定為小學三四年級及以上學生的課外學習科目，由學生自由選讀。報告書顯然未能掌握到問題的真正核心所在。這只怕和撰寫報告書的海外專家的根本思想形態有所關聯。究竟粵語乃是一種語言，還是一種方言？海外專家對此常常缺乏清楚的觀念與中肯的意見。

記得在七、八年前，有一次李卓敏校長（編按：前香港中文大學校長）為即將離港的法國文化參事餞行，席間引起了一場非常有趣的辯論。這位法國參事說，粵語在香港有四、五百萬人講，就有足夠的條件成為一個語言。但好幾位中國學者即席表示異議，指明粵語不能稱為一種語言，只不過是一種方言而已！就歐洲的經驗來說，這位參事會採取那樣的意見是一點不足為怪的。歐洲小國寡民，有些語言只怕還沒有四、五百萬人在用在講。由這樣的觀點出發，當然粵語具備有構成一種語言的充分條件了。但就中國的觀點來說，四、五百萬並不算個很大的數目。粵語固然外省人聽不懂，然而這情形與臺語或其他方言的情形一模一樣，說的方言不同，寫起文章來則還是用同樣的方塊字，無論文言也罷！白話也罷！全中國都可以通用。

中國的情形與印度不同。印度號稱有國語，其實並無國語，各省的語言文化根源不同，結果真正大家通用的語言仍然只是英語，獨立以後的印度，情況並沒有任何改變。但中國自秦漢以來，書同文，車同軌，早就有了統一的規模。地方和中央儘管可以有對立緊張的關係，但已被吸納入同一語言文化系統之內。言文之間固然不能不有分別，而中文的統一並未妨害到方言之雜多，彼此間的差異大到無法用口語交通的地步。這樣乃構成了一種奇怪的現象，很多香港到外國去的留學生，都是在外國學會說國語，而在不會用普通話以前，來自臺港等不同地區的華人，只有用書寫的方式來表達自己的意思。很明顯的，沒有人會說自己寫的不是中文，同時也沒有人否認自己說的是方言：如廣州話、閩南話、四川話、上海話之類。

就傳統來說，邊陲地區的人必定要參與中國文化的主流，才能算是個有教養的人。由此可見，讀書識字是多麼的重要。但一旦加入主流之後，則濂、洛、關、閩，地域有異，而文化一統！大名鼎鼎的萬世師表如朱夫子也只不過是出身福建地區之一窮儒，但他一樣可以繼承道統，不會受到歧視的待遇。這是中國語言、文化的特色，只怕不是海外專家所能深刻體認的一個現象。

如今中國大陸、臺灣兩地都成功地推行國語，只有香港一地例外。除非香港獨立，或者永遠做殖民地，否則就沒法避免普遍推行國語的問題。報告書有關普通話寥寥數語的建議顯然避重就輕，搔不到癢處，無法令人滿意。

其實就是在中國學者內部，也有好多互相歧異的意見。去年香港中文大學祕書長陳方正兄請楊振寧教授午膳，在座另外還有劉殿爵教授。大家談起香港為什麼產生不出第一流的文學作品的問題。劉教授的意見是，語文分家是一個最主要的原因，楊教授還提議，是否可以捐一筆錢來提倡粵語方言文學創作。當時似乎只有我一個人獨持異議。我的論據是，語文分家，江浙人也有同樣的問題，但魯迅兄弟卻可以寫出那麼好的文字來，反過來，上海的小報用方言寫作，從來沒見寫出什麼第一流的作品來。由此可見這一層只不過是次要的問題。只有邊陲地區的人自己拒絕去參與文化主流的時候，才會造成文字表達不雅馴的問題。

廣東在清末民初之時，還是文風薈萃之地。梁啟超的筆鋒略帶感情，全國人都愛讀他的文字，並沒有人特別感覺到他有廣東味，或者他的母語是廣東方言對於他的文字表達有什麼妨礙。老舍的寫作最富北京味，他的方言表達對他的寫作當然是一大助益。但他必先會寫中文，然後加入生動活潑的方言表達，才得以構成他所寫的文字的特色。我們於此切不可以倒果為因。五四時代「我手寫我口」的見解到現在看來是一種誇張。語文之間的距離是不可能完全消除的。學文言必先學典範，而後求變化。說話當然是先由方言學起。但要參與文化的主流就一定要超越方言，掌握中文的基本語法，此處不能不經過摹仿的階段，到最後要推陳出新，乃又可以酌量採入方言的表達，始得以生動傳神。

故我雖不反對一開始以母語方言教學，但中間必須經過強迫學習國語國文的階段，好像「買菜」決不可以容許其寫成「買餸」之類，最後才可以變化自如，兼採方言入典範，作創造新風格的嘗試。報告書見不及此，就不能算是一份夠徹底夠全面的檢討報告書。

## 中學六年、大學四年

其次，我要討論有關學制改革的問題。報告書指出，香港教育的毛病是考試太多。讀中六、中七預科教育的人多數都進不了大學。報告書提議修改預科為連貫的兩年制課程，內容可包羅廣泛，既綜合而又有多重用途，方便學生接受專上教育、就業及留學之用。

報告書雖承認香港中文大學有其特色，卻又建議廢除中大入學試，逼中大四改三，認為有了新的兩年預科教育，就沒有理由再保留香港中文大學一年級的普通課程。這樣，香港的專上學校有了統一的入學資格，就可以免除當前的混亂狀態。報告書並建議在未來十年間大量增加專上學額，以適應社會需要。

表面上看來，報告書所說的一套頗言之成理。今日接受預科教育的人的確多數進不了大學，兩個大學的入學資格不統一，學生要考兩次入學試，考試壓力大，情況相當混亂，這些都是事實，但報告書所提的建議能夠解決當前以及未來香港教育的問題麼？我個人是有很大的保留的。

大學的學額不足，這是事實，應該作適量的增加，但決非無限度的增加，那樣並不一定符合社會的需要，港府在經濟上也負擔不了。即使香港辦第三間大學，入學的競爭仍然是非常激烈的。實際上能夠進大學的人數雖少，但人人都存萬一之想，誰願意放棄考大學的權利呢？在這樣的情形下，理論上我們可以把兩年預科教育的設計弄得多元化，但事實上考試的壓力既在，就必有主副科之分，通識教育起不了作用，任何理想的設計都不免徒勞無功。不如坦白承認事實，既然長痛不如短痛，我個人認為預科教育不可多過一年。中五會考之後，立即劃分二途：非預科的中六課程既不必與大學入學試掛鉤，乃可另行設計；預科的中六課程主要是作好升大學的準備，一年之後如果沒有升學機會就可以改弦更張，另作打算，不必再念一年中七，慘受凌遲取死的酷刑。真正的遲熟者則不妨可以等到未來，還有念大學的機會。

由此看來，中學六年，大學四年是比較合理的安排。但報告書見不及此，一味只是遷就歷史現實，為了統一學制乃橫施壓力，逼使香港中文大學改制，意謂中文大學的大一課程，可以以中七課程代替，這是一個十分荒謬背理的建議。

考進中文大學之後，入學試的壓力去除，大一的課程是全新的設計，大學新生抱著一種興奮而輕鬆的心情參與校園生活，在自己的生命史上翻開了新的一頁。這和多讀一年中七，不知歸宿何處，猶如芒刺在背的那種感覺、那種味道，簡直是天差地遠，怎可混為一談，用中七的預科課程來取代中文大學的大一教育。除了那些立志非念香港大學不可的人以外，凡進入中文大學的同學，相信沒有人會願意作這樣的交換，這解釋了為何數年之前香港中文大學師生，由上到下全力抵制外來逼迫中文大學四改三的壓力。但是這種壓力與日俱增，不知中文大學究竟能夠抵拒到何時？

回想在香港中文大學成立之初，本意是要與香港的中文中學掛鉤。但二十年來，中文中學的成長率由於種種實際理由竟遠遜於英中。如今中大所收的英中畢業生比例越來越多。此外浸會學院改制，理工學院都採取三年制，使得中文大學的形勢越來越顯得孤立。而學制不統一的確造成了許多問題，所以不久以前香港大學黃麗松校長說，香港的學制應該統一，或者中文大學四改三，或者香港大學三改四，問題才可以變得單一化，但香港大學改制花費鉅大，言下之意是要中文大學改制；報告書更明白地提供了這一主張。如果光從香港目前的現實來看，這一提議未始無理。把中文大學吸納入七—三的主流架構以內，許多的混亂現象可以得到改善。但是從一個更廣闊、長遠的觀點來看，所推衍出來的結論就未必一定如此！

我無意在這裡辯論：究竟是英式的三年、學位試制好，還是美式的四年、學分制好。兩方面可說各有千秋。如果香港的大學能夠辦得像牛津、劍橋一樣好，那當然是十分理想了。只不過香港現時的情況與英國完全不同，不能外表形似地抄襲英國的制度。英國是一整套的貴族、精英教育，由伊頓到牛津、劍橋，除了學業以外，更重要的是生活教育；同時教授的責任並不在講課，直接帶學生的是助教，每個學院養了一大堆的fellows，事無專職，主要是在知性上互相刺激；大學的文憑並不是為了用來謀生的資具。連英國本身都感覺越來越難以繼續維持這樣的傳統，香港則根本沒有這樣的人力物力，更缺乏條件來學這樣的制度。香港兩間大學每年收的學生許多來自中下層階級，取得大學文憑，為了找一份較好的職業，得到較佳的社會地位，有人在就學期間，已經找到一份臨時工做，情況與美國的情形反而比較接近，應該取學分制，不必太過硬性規定修業年限。再從整個中國的情勢著眼，臺灣和中國大陸都取六四制，只有香港一地取七三制。但是香港不會永遠做英國的殖民地，與英國永遠掛鉤，現在硬逼著中文大學四改三，將來又大家一齊三改四，這豈不是笑話！報告書完全避免考慮這方面的問題，而提議學制改革，焉能達到真正全面性檢討的效果。

## 中大採取混合的學制

現在我要從純個人的觀點來談一談香港中文大學在眼前所面臨的困境。如前所述，中文大學在香港教育的體制以內越來越陷於孤立的境地。同時中文大學師生雖極珍惜自己的四年制，然而中文大學的通識課程則始終辦得不如理想，這是毋庸諱言的。我個人認為最癥結的問題在，中文大學採取了一種混合的學制，結果花費了很多力氣，而效果卻互相抵銷，發揮不出應有的作用來。譬如說，中文大學採取了美式的學分制，卻又保留了英式的學位試制。結果是講課的時間縮短，五月間全校師生都忙著搞學位試的工作。事實上任何學生上了一年課，考核合格，已經取得該學科的學分，就沒有必要再架床疊屋，去考學位試。

有人擔心廢除學位試會降低畢業生的標準，這是一種過慮，不考學位試的大學，遠如哈佛、耶魯，近如臺灣大學，水準決不比考學位試的香港大學、中文大學為低。由此可見，考學位試並非保持畢業生水準的唯一方法，它只對平時不定時上課的英國制學校，才是一項重要的措施。中文大學既已採取美式的學分制，卻又要保留學位試的儀式，於是弄得兩邊都靠不了岸。再保留學位試的結果，乃不得不劃分學位試課程與非學位試課程。在這樣的情形下，通識竟淪為次要課程，試問要怎樣才能夠辦得好？

此外，中文大學硬性規定主副修的組合，這也造成了許多實際的問題。為什麼不可以在這方面給予較大的彈性？既可以有雙主修、主副修的組合，也可以有單主修的可能性。譬如藝術系本身就有學科、術科，東方藝術、西方藝術的分別，再要硬性規定選一科副修，就會構成十分沈重的負擔。如果中文大學下定決心放手去做，真能發揮四年制的好處，說不定可以對香港的教育產生重大的影響。

總之，無論在中文大學的情形，或者在全香港的情形，全面性的檢討香港教育，思想必須突破現有的瓶頸，問題才有解決之道。

我個人的意見自不必正確，但願意提出來籲請有影響力的香港與海外的教育專家好好想一想，構思一些比較合理的計畫，付諸實施，則香港的學子幸甚！

——原刊於《百姓》第五一期，一九八三・七・一

# 有關香港未來高等教育的爭議

## ——對教統會三號報告書的質疑

教育統籌委員會三號報告書出來，建議香港未來高等教育統一學制，採用英國模式：一律三年制，只保留少數四年榮譽班。這樣的建議如果被接納，那就是說，港大不可以三改四，而中大則必須四改三，影響不可以說不深遠。教統會採取與兩大徹底對抗的立場，究竟有什麼堅強的理據呢？抱歉的是，筆者站在一個高等教育工作者的立場完全看不出來，故草此文，對於該項建議有所批評、商榷。

### 英國模式並非常道

令人感到十分詫異的是，通篇報告書內幾乎完全沒有提到有關高等教育的理想。它所唯一強調的是，既然香港政府已經接納中學五二制，大學就得改三年制，學制才會統一，可以省錢省事。這樣的論辯完全是把車子放在馬前面，缺乏任何信服力。

報告書提到尊重香港的歷史與特殊環境，這一點沒有錯，但從來香港高等教育的特點就是，政府尊重兩大在學術上的自主權，這是香港的優良傳統，不能為了某種方便設施而毀於一旦。教統會顯然未夠尊重香港高等教育的歷史與現實，企圖用外在的力量來横加干預兩大在未來的發展，顯然是越了圍，不能不引起有識者的關慮。

筆者不攻中等教育，對於此一問題不擬多所置喙。但站在一個做過家長的過來人的身分來看，實在看不出五二制為什麼一定好過三三制。五年會考，預科兩年，面臨很重的考試壓力。三三制中學畢業，面臨升學就業的歧路，要痛只痛一次，遠好過五二制的凌遲處死。五二制在一義下還差過五一一制。我的孩子去年讀完中六，就到柏克萊去升學，做了一年「新鮮人」，很喜愛他的大學生活。他的同班同學，讀完中七，今年申請去柏克萊，多讀了一年，仍然要由大一讀起。請注意，這裡完全不在辯論大學究竟是三年制或四年制較佳。世界上有很好的三年制大學，也有很好的四年制大學。但如要唸四年制大學，六四是自然的連繫。教統會強調要採用英國模式，請問有什麼數據可以證明現在去留英的學生比留美或去臺灣乃至大陸讀大學的人多？港大如果三改四，有沒有人因為它改成四年制而不去唸它？到一九九七年，香港殖民地的地位喪失，還有什麼本質上的理由要和英制掛鈎？這一連串問題，教統會諸君好像鴕鳥把頭埋在沙裡，根本拒絕去看它們，這是理性的態度嗎？

談到中學與大學接榫及教育經費的問題，教統會的說法用的是導致思緒混亂的兩面語言。教統會說要提高中學的語文水準，這很不錯；又說有許多人只要讀中學，不要讀大學，這也不錯。但教統會說要擴大中學的課程，請問有沒有作過調查，究竟有多少學生為了要接受通識教育，寧可在中學多讀一年？如果沒有很堅強的數據作支持，現在規定要中文中學也辦中七，這不是浪費納稅人的金錢是什麼？一方面教統會說進大學的只是少數，辦中學不能只是為了準備少數人升學，這很好。這些人既是少數，那麼讓他們脫離主流好了，應該無關宏旨，但教統會又說兩大的招生打亂了中學的學制，那麼這樣的事怎麼可能發生呢？教統會似乎不肯面對一個事實：如果不是為了升學，究竟有多少人要唸中七呢？如果教統會要辦中七真的是為了它本身的目的，那麼港大的辯論就很站得住腳：即使港大改成四年制，唸完中六離開主流去升學的人既然只是少數，那麼教統會又何必緊張，不喜歡港大改成四年制呢？根本的癥結是教統會把英國的模式當作不可以改變的常道，卻不了解時勢在轉移中，勉強堅持一些東西是收不到實效的。更何況它所堅持者也並不真正是英國的一套。英國由伊頓到牛津、劍橋，有一定的傳統，香港有這樣強固的傳統嗎？最妙的是，報告書建議大學一律採取學分制，這可不又是「背叛」了英國模式？究竟還有多少東西是真正可以堅持下去的呢？

## 兩大都擁護四年制

大學教育並不只是知識的傳授，同時還是一種生活方式的陶冶。對於一個立心進大學的人，四年大學一定好過三年大學加上一年專門為了準備入學試的預科。

創校二十多年來，中大內部有許多問題，也有許多爭論，但唯一師生同心、堅決擁護、不容動搖的就是中大四年制的理想。現在港大師生也決定採取四年制，這是一個明智的抉擇，而且這樣的決定，並不是為了現在就學的同學，而是為了將來進港大的學生，也可以過更完整的四年大學生活。

港大建議增加基礎年，他們已經提出了相當堅強的理據，不需我在這裡多贅。而中大同學對於四年制的堅持，甚至還超過中大的教員。三年前負責檢討中大通識教育與學制的委員會曾經作過一個建議，如果中大放棄學位試，採取學分制的話，有些優秀的學生選了足夠的學分，似乎也可以考慮不需要四年就可以提早讓他們畢業。完全出乎意料以外的是，最強烈的反對來自列席的同學代表，他們要堅持四年制。現在中大所實行的新制就是四年的學分制。

十年來，中大沒有什麼熱烈的學生活動。現在韓國的學生運動已經鬧得不可收拾，北大的學生在示威，臺大的學生在搞普選，中大的學生好像一直在沈寂之中。但千萬不要以為校園的生活永遠是沈寂的，任何一個問題觸發，都可以發生學生群眾運動，這只要問中大已經卸任的李校長和馬校長就可以知道。如果三號報告書不是教統會提出的文件，簡直會令人懷疑這是一項陰謀，藉故來刺激中大的學生，交付他們一個題目來搞群眾運動。

最令人不解的是，報告書竟然明白說，政治因素不在考慮之列，認為儘管海峽兩岸都搞四年制，卻完全與香港沒有關係。這是懵話，最典型的掩耳盜鈴的做法。試問有沒有考慮到逼中大四改三，搞得兇了，會不會有人去告「中」狀呢？又試想，現在逼著人花許多時間精力就學制的問題去吵架，沒法子好好安心去讀書做研究工作，打得頭破血流，兩敗俱傷，究竟是何居心？而且就算照教統會的估計，也至少要花六年時間才能把制度改過來。剛剛弄完，一九九七即臨，倘若到時又要花大勁去改回四年，這樣有百害而無一利的事情能夠去做嗎？現在報告書出來，已經造成劍拔弩張的情勢，怎樣才能夠化解這種因欠考慮而搞出來的人造危機呢？

## 不應強求統一

香港的好處是自由，壞處是亂糟糟，從來就沒有一套統一的東西。就教育制度來說，大學有三年制，有四年制；中學有六年制，有七年制；又有英中、中中的區別；委實搞得人眼花撩亂，不能說沒有問題存在。但香港雖亂而不失其序，不要到了臨尾，連這一點都保不住了。過去香港有充裕的時間去搞統一，卻從來不把它當作問題，現在到了「開到荼蘼花事了」的季節，卻要大力來搞統一，走反潮流的方向，這樣的做法可以行得通嗎？

教統會對於香港未來高等教育的發展總算留了一個地步，它只是對兩大提出建議而已，現在還在徵詢意見的階段，多少還有轉圜的餘地。希望大學理工撥款委員會成員千萬不要像教統會諸君一樣的糊塗，用經濟去卡兩大，以致激發出無窮事端來。為今之計，我個人的意見認為，只有睜開眼睛認清事實，放棄不切實際的統一幻想，找到一個調和折衷、兩全其美的方案，才能夠跳出目前的困局。以下我就粗略地提出一些構想，供有識者參考之用。

香港高等教育本來包含兩個成素：一方面是大學，一方面是理工一類的專科。兩者性質本來就不同，沒有理由將之勉強統一。專科可以保留三年制，它的課程以實用為主，本無須向大學看齊。大學則可以統一為四年制，而且這決不是來自外力干預的結果。中大本來就是四年制，全校師生既然本來滿意這樣的制度，沒有理由逼它去四改三。港大出於它本身內在的要求計畫三改四，這樣恰好與中大的學制統一。這在幾年以前簡直是人所不敢想像的發展，現在走上統一的道路。如何還要加以種種的干擾與阻撓呢？第三間大學既然還未開始，可塑性最大，更沒有理由先把它釘死為三年制，它也可以與其他兩大看齊。近來兩大都往研究方面發展，這是一個正確的方向。專科則仍以實用為主，這是兩條不同的發展的線索，正可以趁此機會劃清範圍，沒有理由糾纏在一起。現在的問題是，由於以往缺乏規劃的緣故，也容許專科辦少數學位課程。

如果不把這些學位課程歸併到大學去的話,那麼只可以承認這是學位課程的一種非主流的變型。正常的大學是四年制,專科讀學位的學生由於缺少了港大所提議的基礎年,或者中大的通識教育,當然比較不夠全面而有所憾。但他們的學業成績經評定相當於大學的程度,也就可以頒發學位給他們。不過在觀念上決不可把這認作常態,倒過來逼著大學向專科靠攏,而喪失了大學四年制為社會培養各方面領導人才的理想。這並不是歧視專科,而是要肯定分工合作,彼此的功能不同,正好像師範學院的功能又有它自己的特色一樣,不能夠一鍋煮,弄得一塌糊塗。

## 高等教育是重要的投資

報告書呼籲要增加大學的學位,這是不錯的。但在劃分經費時,卻又要增加中學的經費,減少大學的經費。這豈不等於要大學降低它的質素。教統會在這方面的思想好像有強烈的社會主義、平等主義的傾向,而這種動勢恰正發生在大陸要由這一套移開去的當兒,也實足令人驚詫。一個社會把它的財富放在高等教育的擴展上,作為一項投資而言,是會有它的巨大收穫的。臺灣、韓國、新加坡乃至香港的經濟發展所以令人側目,一個重要原因是這些地區一般教育的水平較高。而大陸還有大量的文盲,現代化就不容易搞得起來了。我們越往前走,所需要的受過高等教育的人才越多,這是鐵一般的事實。教統會要真有崇高的教育理想的話,正應該建議政府多加重視高等教育，撥足經費，而不可以把高等教育當作中等教育派生出來的東西看待。

或謂中大成立的一個考慮是照顧中中畢業生，現在中中也改為五二制，中大就沒有理由再維持四年制。這是把歷史發生的問題，與體制構造的問題混為一談，犯了方法上的謬誤。二十多年來中大已經有了自己的生命與特色，不容許由於外力的干預而將之毀於一旦。

政府要撥款給中學去辦五二制，我們雖對之採取保留的態度，但並不一定堅決反對政府去作這樣的嘗試。但如政府聽從教統會的建議，為了省錢省事，看不到大學教育本身的目的，偏偏要去迎合一個未必辦得有成效的統一中學五二制，這就是香港高等教育的災難，希望我們不必要看到這樣的悲慘的日子的來臨。

——原刊於《九十年代》總二二三期，一九八八・七

# 香港英式教育的困境及出路

最近七位大學校長提出三改四的建議，引起了熾熱的爭論。雖然科大吳校長選擇發言的時機、地點不當，觸發了有關政治性的猜測，不免令人遺憾。但香港教育的確存在有嚴重的問題。我在香港從事高等教育工作已經二十多年，特別在近時，目睹許多怪現象，如骨哽在喉，早就積蓄了好多意見，正好趁此機會宣洩出來，一吐為快。

## 精英教育還是普及教育？

首先我要指出的是，最近有一些批評大學校長建議的言論，根本就偏離了論爭的本題。譬如有人認為，這樣的建議是反映了大學的霸權與反民主思想。這樣的說法根本是無的放矢，莫知所云。大學的設立是以真理的研究與傳播為職志，儘管這樣崇高的理想難以落實，但近代以後，政教分離，學術獨立，大學的確發揮了一定的作用，不能一切都用權力宰制來解釋。目前大學內部有強烈的自我批評的傾向以及要求民主化的趨勢，便是一個明證。但真理的追求與傳播，畢竟不可以靠投票來決定，也不能用市場價值來衡量。學術教育自有其規範與演化的軌跡。中國傳統教育之不能延續下去，是因為它趕不上時代的要求。而我們必須改變自己的方式向西方學步，是有它的理由的。然而西方的教育制度並不統一，像英式的大學教育是三年制，美式則是四年制。我們知道，傳統英式教育是徹底的精英制，由伊頓而牛津、劍橋，是整體的兼生活與知識的教育，這樣的教育雖好卻無法維持下去。連牛津這樣的名校在暑假時都要變成學店，靠教授英文來增加收入，這樣的措施想必會令牛津的先輩在墳墓裡都難以安息。美式教育是普及性的，中學教育程度參差不齊，故大學教育必須四年。在大學必須學通識，多一點時間體會一下大學的生活，當然也包含有港大提出來的基礎年的意味。香港中學根本缺乏生活教育，與英式教育只得形似而已，卻以此維持了與祖家的聯繫，而切斷了與大陸和臺灣實行的六四制的一致性，實未見其是。其實國際上的承認不是什麼問題，這樣的情況是不可能永遠繼續下去的。更重要的是，人類的知識接近爆炸的程度，真正是日新月異，四年都學不了多少東西，何況三年！有的大學已經有走向五年制的趨勢，要進修讀研究院的人數也越來越多。即使在英國，也難株守由傳統遺留下來的規模維持一系只設一位講座教授的制度。總之，英式制度是不符合現在世界要求的。通過行政措施，或者可以將之苟延殘喘於一時，長久來看，終不免於被淘汰的命運。這不僅在香港這塊殖民地上為然，即使在英國本土恐怕也是一樣會有不斷的改變，殆可斷言。柴契爾夫人訪港時曾注意到香港還保留了英國早已放棄的古舊方式，這令她大為詫異。

有謂大學的經費太貴，培養一個大學生就可以培養十個中學生，不應該把錢花在培養少數的精英上面，而應該讓更多的人受惠。表面上看來這樣的說法似乎冠冕堂皇，無懈可擊，政府撥款正是根據這樣的準則。事實上這是一個十分誤導且不能成立的論證。打個比方說，我們買東西，究竟是要買價錢略貴而物有所值的東西，還是要買價廉而質地差根本用不上的東西？

## 中學辦通識課程

香港中學七年是五二制，兩年預科，顧名思義是為進大學作準備。但預科一年就夠了，為什麼要兩年呢？中七那一年純粹是為了考大學而拚搏，考試的壓力巨大，政府卻說要在中學多辦一些通識課程，讓中學生也有受到比較全面的教育的機會。這是自欺欺人的天方夜譚！試問心情緊張的考生會花精神在這種與進大學不相干的課程上嗎？如果大學的通識都辦得不理想，中學有什麼條件辦得好呢？中大如今被迫承認中七的學分，讓學生可以在三年以內畢業。但中七是把一切其他東西擱置下來只為準備考試的過渡年，它能夠代替考進大學滿心歡愉去追求新知享受新生活的新生年(freshman year)嗎？現在大學四年課程被壓縮成三年，不只學習上要縮水，結果又要像中學一樣填鴨。加上學費高漲，學生要去做兼職，三年匆匆過去，哪裡還有什麼特別可以回味的地方！而中學應該注重語文教育，基礎教育（如數理）與公民教育，六年已足夠了，無論是三三或者五一制。

## 大幅增加學額的危機

更離譜的是，政府這幾年間忽然大舉增加大學學額。幾年之前陶德爵士應邀訪港，早就提出警告，高等教育擴展，不是這樣搞法。但政府置若罔聞。如今大學根本收不足額。科大開辦時本來堅持要收英文D級的學生，現在即使降為E級都大成問題。據說幾間大學的物理系竟被迫要收英文不及格的學生，另開補習班教他們學習科學上的英文用語。而檢討今年收生不理想的情況，政府官員竟說將來改善的辦法是，把題目出得更容易一點，就可以讓更多的考生達到及格的標準。試問這是什麼辦教育的方法？如今語文程度普遍低落，將來再把水準降下去，更不知伊於胡底？很快便有一天大學得教一些根本沒法教的學生，試問這是資源的節省還是浪費？而這樣教出來的大學生能夠適合社會的需要嗎？到時文憑氾濫，大家都找不到工作，未必合乎辛辛苦苦節吃儉用供子女讀大學的家長的期望。傅斯年在近半個世紀之前就已提出警告，不能無限制地擴展大學學額，而要提倡職教，開辦專科學校，與社會的需要互相配合，這是真知灼見。不想如今為了普及大學教育的虛名，恰恰走上了與傅斯年所說的正好相反的道路。而政府官員竟然奢言，將來多餘的大學畢業生可以去大陸做事，這又是不負責任的天方夜譚！大陸自己畢業的大學生已經在發愁找不到適當的出路，還要僱用港英培養出來的大學畢業生？政府這樣的說法有半點說服力嗎？

本來香港的大學學額偏低，也的確應該加以適度調整。但理工與大學是應該有本質上的差別的，理工多收學生，是符合社會實際需要的。然而把兩間理工都升格為大學，卻造成了天下大亂的結果。理工的設置原來是為了實用的目的，並不是為了做學術研究與傳播。如今理工突然變成了大學，於是造成了身分角色的混亂。過去在香港，完全不注重做學術研究，即在大學也是如此。故此一位中大的前研究院院長竟謂中大的研究院是個「私生子」，因為它根本沒有自己獨立的預算，須要由大學經常費用劃撥出來才得加以維持。近年來香港經濟繁榮，有較多的錢可以用在高等教育上面，於是聽從專家的建議，突然把以前無法想像的經費注入研究方面。這本來是一件好事。然而卻也產生了一些意想不到的效果。隨著高等教育的擴展，一些從來不做研究、也不知做研究為何物的人也提出研究計畫，希望能分一杯羹。這倒是人之常情，不足為怪。但有人因受到爭取研究經費的壓力，竟弄到要逼別人為自己做事，侵佔別人的研究成果，有的還要鬧上法庭，有辱學術界的清名，那就不免貽笑大方，不足為訓了。而目前的發展對文科特別不利。做研究有的要花許多錢，有的不需要花什麼錢，如哲學、純數學之類。本來各種不同的研究各有其不同的價值，難以一概而論。現在一切都以錢來作衡量的標準，就對比較不花錢的文科造成不利的後果了。

## 行政主導下的教育制度

香港教育所以發展成為今日的困境，是其來有自的。政府一切以行政為主導，又結合群眾路線，根本不尊重學者專家的意見。我們只要回顧一下逼中大四改三的歷史便知端底。當年中大師生一致反對改為三年制，連校長都去參加了示威的燭光晚會，上下齊心誓願護校，場面感人。其實大學四年，是從事高等教育的知識分子的共識。中大的抗議群情激昂，來勢洶湧，政府未便立時下令逼中大改制。但嗣後港大提出基礎年的建議，科大迅即加以響應，政府立刻採取行動，悍然加以封殺。以資源分配為理由，製造大、中學之間的矛盾，激起英、中名校捍衛七年制的決心，企圖左右社會輿論。不久以後即發表報告書，逼中文中學改七年制，這種全面開倒車的措施才造成了今日的怪胎。其實中學要辦好決不在增加年限，必須要把資源集中，努力辦好基礎語文教育，才能培養出可以進一步造就的大學生與一般社會需要的實用人才。這兩年中學畢業生的程度日趨下降，政府反而猛增大學學額，所造成的損害大家有目共睹。政府在策略上玩出高招，表面上從未勉強中大改制，實質上，中大成為維持四年制的孤島，只得被迫改為彈性學分制，也容許學生在三年之內可以畢業，實際上造成了四改三的效果。這樣的情況堪憂，我也是在最近才聽到七位大學校長本之於學術良知所作出的三改四的呼籲。政府當然可以振振有辭加以拒絕，聲稱制度剛改過來，怎麼可以馬上改回去？然而這樣做只能把日益嚴重的問題往後延宕下去而已，這就是殖民地教育行政主導產生的惡果。奇怪的是，在實質和態度上最親英的港大王校長，曾經做過行政立法兩局的雙料議員，竟然也完全不能發生任何影響，後來痛心疾首地向《明報》記者表示，港大未能增設基礎年是他的一大憾事。我在本文發表的言論或者太尖銳了一點，但決不是為了爭權奪利的目的，因為我已進入退休延長服務之年，權利之爭已與我無涉。我只是要在離開崗位之前大聲疾呼、直陳己見，鼓動大家不要再讓自己蒙在鼓裡，要有勇氣來面對香港教育的真相與問題。

——原刊於《明報月刊》第二九卷第一一期，一九九四・一一

# 香港中國文化研究汎論

香港是一個很特別的地方。英國殖民政府對於當地文化採取一種妥協的態度，並沒有要將它勉強徹底改變過來，這樣便產生了一些奇異的效果。在香港，東方與西方，傳統與現代，奇妙地交織在一起。香港人過年要買桃花、金橘，電視藝員開新戲要先到黃大仙廟去拜神；同時香港的交通有最新的地下鐵路系統，香港的銀行已完全電腦化，它不折不扣是個現代的金融中心。香港小孩子學書法、彈鋼琴，華洋雜處，古今並行，外人看來非驢非馬，而香港人並不感覺到自己有什麼矛盾衝突。海峽兩岸如今都通行國語，獨有香港一地講廣東話。正因為香港人是化外之民，生活在一個自由、法治的社會，什麼帽子都不戴，頭頂上只得一片天，所以徹底的沒遮攔。香港民間社會的俗文化，高級知識分子關懷的國家民族文化，分別走它們不同的道路，極難一概而論。

我們現在要談香港的中國文化研究，首先就得問，中國文化研究的範圍是什麼？如果它所指的是中國人所創造與發展的文化，那就也得包括香港文化的研究；當然我們也可以把範圍收窄，專指對於傳統中國文化以及有關海峽兩岸的政治、經濟、社會以及思想、學術、文化的研究。無論範圍廣狹，任何人寫這個題目總不免掛一漏萬，我只能就我自己的角度作出一些觀察，以就正於方家。

既然是要談香港的中國文化研究，重點是放在學術上，也就免不了要談香港的學府。香港有兩間頒授學位的學府，就是香港大學與香港中文大學，這兩間都是公立的大學，但很快第三間科技大學就要招生。另外還有兩間理工學院，其他專上學院則有浸會、嶺南、樹仁、珠海、能仁等等，像理工、浸會等有一些科系也可以修習學位課程，但在大多數的情形之下，只能夠頒發畢業證書。就是港大與中大，也一向以本科教育為主，但兩間大學都設有研究院，包括碩士以及博士的課程。近年來政府似乎有重視研究的傾向，撥下專門做研究的款項，似乎是個轉變的契機。

港大無疑是居於老大哥的地位，這間學府已經有近八十年的歷史。但在前年港大中文系慶祝六十周年的紀念晚宴上，王賡武校長坦承港大過去是一所殖民地學校。如果說殖民地上的大學就叫殖民地學校的話，那就沒有什麼意義了！所以我猜想王校長是指一所脫不了殖民地意識的學校。港大模倣英國的榜樣實行三年制，以英語教學，在中七收生。殖民地政府的公務員除了由英國本土派來、盤踞在上層的官員以外，主要是由港大培養的。現在港大正提議添加一個基礎年，增強語文與文化的訓練，雖然這樣的計畫是否能夠付之實現還在未定之天，但至少說明港大是在努力要走上一個新方向。到目前為止，港大的歷史系還完全以英語教學，哲學系只有一位西方人教東方哲學，而所謂中文系其實不是我們心目中所了解的中文系，它實在是漢學系，舉凡有關中國文學、史學、哲學都塞在這個系裡。這種因襲下來的架構是難以反映香港的現實情況的。這當然不是說港大就不能延聘或者培養學術方面的人才。舉例說，許地山就在港大教學，校友則包括美學家朱光潛以及翻譯中國古典馳名的劉殿爵(D. C. Lau)等等。中文系在林仰山擔任系主任的時代，師資有劉百閔、羅香林、饒宗頤等，牟宗三六〇年代由臺來港，也在港大教過一段時期；錢穆、唐君毅則在港大兼課。與李約瑟合作研究中國科技史的何丙郁也曾擔任過系主任的職務，現在的系主任是趙令揚。錢先生早經港大頒授榮譽學位，最近牟先生也獲頒授榮譽學位，可見港大對於中國文化研究的尊重。自從王賡武校長上任以來，似乎有意拓展中國文化方面的研究，最近也學中文大學的榜樣，捐了一筆錢，成立中國文化研究所。這幾年間，港大在何丙郁、趙令揚等的推動之下，開了不少國際學術會議，譬如：第二屆國際中國科技史研討會（一九八三、十二），中國移民史國際研討會（一九八四、十二），國際明清史研討會（一九八五、十二），中西文化交流研討會（一九八六、三），人的革命研討會：中國現代化中的思想與文化問題（一九八六、十二），臺灣歷史國際會議（一九八六、十二），儒學與中國文化國際研討會（一九八七、十二），康有為、梁啟超與戊戌維新運動學術研討會（一九八

八、十）等等。將來想必會對中國文化的研究以及海峽兩岸的學術交流方面作出更大的貢獻。

中文大學的情形就與港大完全不同了。中大去年慶祝成立二十五週年紀念，自建校以來即實行四年制，強調雙語教學、通識教育，在中六收生。近來教育統籌委員會第三號報告書發表，建議統一學制，以英式為楷模，顯然有意要逼中大改制，中大師生已有強烈的示威反抗活動，不容許體制被破壞。到現階段為止，雖然輿論已經扭轉過來，但還在艱苦的奮鬥過程之中。好在港大如今也要求增設基礎年，為此兩大站在同一陣線，希望學制能與世界潮流看齊。將來究竟如何？塵埃落定，只怕還要一段時間才能揭曉。香港中文大學的名稱，據錢穆先生回憶，的確是與提倡中國文化的理想有所關聯。中文大學成立之初，是由三個基礎成員合併而成。一是新亞書院，由流亡香港的一些知識分子如錢穆、唐君毅、張丕介等組成；一是崇基學院，是十三個教會由大陸撤退以後建立基金所創辦的學校，與臺灣的東海大學是姊妹學校；聯合書院則代表廣州以及本地的一些力量的匯合。三院合併，首先採取聯邦制，由李卓敏博士任首任校長，以後校舍漸漸落成，遷入沙田，學制才趨於統一。但仍保留書院架構，在師生之間，似乎可以維持比較緊密的連繫，最近因為學生人數增加，又增設逸夫書院，成為中大的第四間書院。

在香港的中國文化研究的歷史上，新亞書院無疑寫下了光輝的一頁。新亞書院明年就要慶祝成立四十週年院慶，約莫在四十年前，幾個流亡到香港的中國知識分子，在極艱苦的物質條件之下，創辦新亞，成就了一番教育文化事業，可說是個奇蹟。在五〇年代，由徐復觀主編的

《民主評論》在香港出刊，經常發表錢穆、唐君毅、牟宗三的文章，宣揚中國文化的理想。它和在臺灣出刊由雷震主編的《自由中國》分庭抗禮，後者得到胡適、張佛泉、殷海光的支持，宣傳民主自由的理想。兩個雜誌現在都已不再存在，但卻完成了一個階段的時代使命。一九五八年元旦，張君勱、唐君毅、牟宗三、徐復觀四位先生在《民主評論》上發表「為中國文化敬告世界人士宣言」一文，對於當前的漢學有所批評。宣言反對西方由傳教、考據、現實功利來看中國文化。事實上中國歷史文化自有其精神生命與特色，與西方不同，必對之尊重，其意義才可能顯發出來。中國哲學之智慧結晶於其心性之學之上。中國文化往未來之開展必吸納西方之科學與民主，然傳統有不可棄者在，不可因其在現實上之不振而對之產生一錯誤的視域。宣言所論雖不免過於理想化，但確代表一個形態的思路，現在已成為研究當代新儒學的一篇重要的文獻。《民主評論》在香港出了二十多年才停止。此外，由於得到美國方面的援助，友聯也出版了不少刊物，譬如《祖國》，專門刊登民主人士的言論。友聯還出版了方東美：《中國的人生觀》（英文）一類的論著。香港由於它地理環境的特殊，吸引了一批人才，在一個階段之內，發揮了他們的作用。

但香港長期的安定繁榮必造成一種變局。新亞自得到雅禮的資助之後，渡過了難關，以後更歸併入中大，漸漸發展成為一個現代學府。當然原始的新亞精神必定慢慢減弱，但卻也有許多新的發展。七〇年代中葉由新亞研究所出身的余英時擔任中大副校長，推動中大改制。新亞董事會改組之後聘任的第一位院長金耀基即有不少建樹，譬如說建立錢穆講座，國際知名的學者如李約瑟、狄培瑞、小川・環樹、陳榮捷等應邀來作講座，並出專集，變成了一個國際知名的講座，為中國文化研究的推展盡到了一份力量，錢穆先生應邀回新亞訪問在雲起軒講話的時候，就肯定了這樣的發展的方向。崇基、聯合也不甘後人，有傑出學人講座，三院之間作友誼性的競爭，頗造成了一種真正百花齊放的局面。中大建校以來，延攬的人才頗極一時之盛，如中文系的周法高、饒宗頤、劉殿爵、余光中、孫述宇；歷史系的牟潤孫、嚴耕望、全漢昇、王德昭、孫國棟；哲學系的唐君毅、牟宗三、勞榮瑋（思光）、劉述先、何秀煌等。到了七〇後期，老一輩的學者逐個退休，造成了無可彌補的損失。但新一代的學者漸漸崛起，尤其美國學界不景氣，年輕學者在美國獲得學位以後紛紛回流，造成了一個新的局面。現在各系雖然缺乏像以往那樣大師級的人物，但教員多學有專長，平均的水準著實不弱。現在九七陰影的籠罩下，已經開始出現一些問題，但留在崗位上的同仁，為學術文化教育的工作乃至海峽兩岸的學術交流，仍盡到了自己最大的努力。

在過去十年之間，中大開了不少國際學術會議，就其與中國文化有關的，分門別類，略舉其要如下：

第一屆香港東西比較文學研討會（一九七九、八），第二屆香港東西比較文學會議（一九八二、三），比較文學討論會——中西敘述文體之探討（一九八五、九），中國現代文學研討會（一

九八一、十二），中日文化交流國際研討會（一九七九、十二）。

中國古文字國際研討會（一九八三、九），中國語文的心理研究國際研討會（一九八四、七），漢語社區的語文教育研討會（一九八四、八），國語教學與測試國際研討會（一九八五、五），比較傳播學研討會（一九八三、九）。

國際宋史研討會（一九八四、十二），十六至十八世紀之中國與歐洲國際研討會（一九八七、三），變遷中之香港歷史與社會研討會（一九八一、十二）。

第九屆國際現象學會議（一九八〇、十二），和諧與鬥爭國際哲學研討會（一九八五、三），第九屆退溪學國際學術會議（一九八七、一），國際儒家與基督教神學研討會（一九八八、六），分析哲學和科學哲學研討會（一九八八、十）。

現代化與中國文化國際研討會（一九八三、三），第二屆中國現代化與中國文化國際研討會（一九八五、十二），官僚行為與亞洲的發展地區性會議（一九七八、八）。

第一屆中國法制與國家建設研討會（一九八一、九），第二屆中國法制與國家建設研討會（一九八二、六），第三屆中國法制與國家建設研討會（一九八三、九），中華人民共和國經濟法研討會（一九八四、十與一九八五、十二），中歐法律概念比較研討會（一九八六、三），憲法與基本法研討會（一九八六、十二）。

中國企業管理研討會（一九八二、六），中國式企業管理研討會（一九八四、六），深圳經濟特區之發展研討會（一九八二、七），珠江三角洲資源及發展研討會（一九八三、二），香港及中國環境管理研討會（一九八二、九）。

瑤族研究國際研討會（一九八六、五），道教儀軌及音樂國際研討會（一九八五、十二），當代中國繪畫研討會（一九八六、五），國際中藥研究會議（一九八四、六）。

當代亞洲地區華人社會之教育展望國際研討會（一九八六、三），文化傳統與當代教育國際研討會（一九八八、十）。

由這些會議的名目就可以看到中文大學對於中國文化的研究之廣備。但光由中大本身開的會議還不能完全看出中大的同人對於中國文化研究的貢獻。不只每年中大的學者到外地去參加各式各樣的學術會議，發表論文，並且向各方面提供專家的意見，散佈他們的影響。隨便舉例說，劉述先就曾經為新加坡組織了一個儒家倫理國際研討會（一九八五、八），一九八七年七月國際中國哲學會的雙年會在美國聖地牙哥開會，他恰好是國際中國哲學會的會長，當然也對這一個會議的籌備盡了一份力量。這樣的情形在中大的同人是相當普遍的，也可以說，香港對於中國文化的研究是一個輸出的地區。

中大的出版物方面，最初有《新亞學報》、《崇基學報》、《聯合學報》等等，後來為了避免力量的分散，現在每年定期只出《中國文化研究所學報》一種。但新亞仍不定期出學術集刊，有比較文學、人類學、藝術等專輯，哲學方面曾出儒學專輯，和諧與鬥爭國際哲學的論文集：

《東西和諧／鬥爭觀》（英文）也是另外一個專輯，由中文大學出版社出版。新亞的錢穆講座系列也由中文大學出版社出版，這個出版社已在國際上建立了一定的聲譽。中大出的《譯叢》(*Rendition*) 把中文的作品譯為英文，在這方面作出了相當重要的貢獻。

香港對於中國文化研究的推展自不限於兩間大學，舉例說，浸會、珠海就曾舉辦學術會議，以及一系列的講座。此外，在社會上，像法住學院所提供的課程與講座，影響已經深入民間。香港中華文化促進中心不斷舉辦節目促進對於中國文化的了解。三聯書店最近慶祝四十週年建館，請了海內外的知名學者如余英時、金觀濤、甘陽等作出了一系列的演講，每次都吸引了大批年輕人來聽講。

由於香港是一個國際城市，香港的中國文化研究也得到國際方面的支援。最顯著的是德國文化協會 (Goethe Institute)，兩大有許多學術會議即得到德國文化協會的資助而得以順利進行的。

亞洲研究服務 (Asian Research Service) 屬下的國際亞洲研究中心 (International Center for Asian Studies)，每年都要在香港開一次大型的亞洲研究國際研討會。第十屆國際研討會(10th International Symposium on Asian Studies)已於一九八八年七月在富麗華酒店舉行。亞洲研究共分五個區域：㈠中國、㈡日本和韓國、㈢東南亞、㈣南亞與西南亞、㈤亞洲及其他地區。每次都由世界各地吸引了許多知名學者來香港宣讀中國研究方面的論文。

除了學術方面，香港對於文化方面的推展也是不遺餘力。每年香港藝術節均花費不貲。現在新界的荃灣、沙田等地都有大會堂，各社區都安排一些節目與民同樂。近年來大陸的一些地方戲劇舞蹈都不斷介紹到香港來，去年尤其是具有特別意義的一年。中大頒贈榮譽學位給京崑名家俞振飛先生，這是在梅蘭芳得到榮譽學位過了數十年之後第一位得到此項殊榮的表演藝術家。十月先有臺灣雅音小集的郭小莊率團來香港表演改良京劇，緊接著十月底到十一月為了紀念梅蘭芳，大陸也有京劇團到香港來表演梅派戲目，演員包括梅蘭芳的子女梅葆玖與梅葆玥。海峽兩岸的表演藝術家曾經舉行座談會討論京劇發展的前途問題。

在通俗文化的層次，香港製作的電影在近年來臺灣舉辦的影展差不多可以囊括所有的大獎。而香港製作的電視節目傾銷東南亞各地，幾乎可以壟斷海外有華人集居的地區的市場。但是請勿誤會，我並無意誇耀香港在這些方面的成就，事實上香港的產品也造成了一些不良的後果。譬如說，一九八六年，我在新加坡休假做研究，就在電視上看到香港製作的「諸葛亮」連續劇這樣的節目。諸葛亮竟然被武俠化了，一躍兩三丈就可以上樹，而且愛上小喬，和周瑜變成了情敵，實在是不倫不類。我並不反對完全虛構的武俠劇，有些金庸小說改編的連續劇，可以達到相當不錯的水準。但是現在的華人歷史知識薄弱，處理歷史人物就要十分謹慎，不可離譜太遠，傳播錯誤的印象與信息。《三國演義》即不是歷史，也有一個傳統，不能把諸葛亮、劉關張等人物的形象加以恣意的破壞，這對於中國文化的了解有害無益。電視臺商業化的目標本無可厚非，但毋須破壞自己的歷史文化，一樣可以收到效果。故有一些失準的節目就必須加以譴責，甚至加以杯葛，到時候收視率降低，節目賣不出去，製作的態度就會嚴謹得多。當然我在這裡並不是主張政府在上面運用權力去干預電視節目的製作。而是要利用輿論的力量教育群眾，提高欣賞的品味，自然而然會產生比較好的效果。

香港的出版業也呈現一種奇特的現象。除了大學出版社以外，出版學術方面的書籍並不很多。書局的架子上，除了教科書之外，充斥了武俠、命相、醫術、拳術一類的書籍，再就是言情、科幻的小說，這反映了香港一般人的口味。上層的人士讀西書，市場差不多被辰衝(Swindon)所獨佔。但這幾年不斷辦書展，觀者如堵，似乎有好轉的跡象。

真正能夠表現香港出版物特色的是香港的雜誌和報紙。先由雜誌說起，除了老牌的《明報月刊》為大家所熟悉以外，《九十年代》雖然重點在海峽兩岸的政治、經濟、社會的現實，但也間及思想，是知識分子所喜好的雜誌；《百姓》半月刊比較偏重本港；《爭鳴》是報導大陸的內幕雜誌；財經方面有《信報月刊》，傾向於大陸的有：《鏡報》、《廣角鏡》等，近年來對於大陸也有一些建議與批評。除了像香港這樣的地區，大概很難辦出這一類的雜誌，另外當然還有許多其他的雜誌，不及備載。

香港的報紙更是蔚為奇觀，一個報攤經常賣幾十份報紙。世界上除了香港之外，一個城市大概只能支持幾份報紙，而香港卻形形色色，無奇不有。右派如《香港時報》、《華僑》、《星島》

等，可以銷售到臺灣；中間如《明報》、《信報》，對於海峽兩岸有彈有讚；左派如《大公》、《文匯》等，乃大陸的喉舌；適合小市民口味銷售量最大的有《東方》、《成報》等；英文報則有《南華早報》與星島系的《虎報》。其他還有種種形色的馬經與黃色的報刊。香港的副刊有其他報紙所看不到的特色，一個整版割裂成為許多小小的方塊，同樣的作者每天在上面寫專欄。有的作者可以為好幾家不同的報紙寫專欄，而變成了專業的專欄作家。這樣的辦法顯然有利有弊，老編不需要每天去拉稿子，畫版面，但新的作者不容易擠進來，副刊也不能夠容納不合這樣規格的稿子。現在並且已經慢慢有了關於香港文學的研究。

以上我把香港上層對於中國文化的研究，以及基層中國人的社團文化的表現，大體描繪了一個梗概。不久以前海外還有人稱香港為文化沙漠，結果引起輿論大譁，香港正在形成它自己特殊的文化。回到原來的問題，究竟什麼是中國文化研究的範圍？如果香港文化也是中國文化的一支的話，近年來已越來越多有關香港政治、經濟、社會、文化的研究在進行之中。如果中國文化研究指的是研究中國文化的大傳統，以及海峽兩岸文化的動向，那麼範圍當然就要加以收窄。無論如何，我把香港的情況、氣氛作一番介紹，多少有助於了解香港的中國文化研究的背景。

——原刊於《人文研究集刊》創刊號，一九八九

# 三民叢刊書目

⑥⓪蝴蝶球傳奇　顏匯增著
・真實與虛構
⑥①文化啓示錄　南方朔著
⑥②日本這個國家　章　陸著
⑥③在沉寂與鼎沸之間　黃碧端著
⑥④民主與兩岸動向　余英時著
⑥⑤靈魂的按摩　劉紹銘著
⑥⑥迎向眾聲　向　陽著
・八〇年代臺灣文化情境觀察
⑥⑦蛻變中的臺灣經濟　于宗先著
⑥⑧從現代到當代　鄭樹森著
⑥⑨嚴肅的遊戲　楊錦郁著
・當代文藝訪談錄
⑦⓪甜鹹酸梅　向　明著
⑦①楓　香　黃國彬著
⑦②日本深層　齊　濤著
⑦③美麗的負荷　封德屏著
⑦④現代文明的隱者　周陽山著
⑦⑤煙火與噴泉　白　靈著
⑦⑥七十浮跡　項退結著
・生活體驗與思考
⑦⑦永恆的彩虹　小　民著
⑦⑧情繫一環　梁錫華著
⑦⑨遠山一抹　思　果著
⑧⓪尋找希望的星空　呂大明著
⑧①領養一株雲杉　黃文範著
⑧②浮世情懷　劉安諾著
⑧③天涯長青　趙淑俠著
⑧④文學札記　黃國彬著
⑧⑤訪草（第一卷）　陳冠學著
⑧⑥藍色的斷想　陳冠學著
・孤獨者隨想錄
⑧⑦追不回的永恆　彭　歌著
A・B・C全卷
⑧⑧紫水晶戒指　小　民著
⑧⑨心路的嬉逐　劉延湘著
⑨⓪情書外一章　韓　秀著
⑨①情到深處　簡　宛著
⑨②父女對話　陳冠學著

⑨③陳冲前傳　嚴歌苓著
⑨④面壁笑人類　祖　慰著
⑨⑤不老的詩心　夏鐵肩著
⑨⑥雲霧之國　合山　究著
⑨⑦北京城不是一天造成的　喜　樂著
⑨⑧兩城憶往　楊孔鑫著
⑨⑨詩情與俠骨　莊　因著
⑩⓪文化脈動　張　錯著
⑩①桑樹下　繆天華著
⑩②牛頓來訪　石家興著
⑩③深情回眸　鮑曉暉著
⑩④新詩補給站　渡　也著
⑩⑤鳳凰遊　李元洛著
⑩⑥文學人語　高大鵬著
⑩⑦養狗政治學　鄭赤琰著
⑩⑧烟　塵　姜　穆著
⑩⑨河　宴　鍾怡雯著
⑪⓪滬上春秋　章念馳著
⑪①愛廬談心事　黃永武著
⑪②吹不散的人影　高大鵬著
⑪③草鞋權貴　嚴歌苓著
⑪④是我們改變了世界　張　放著
⑪⑤夢裡有隻小小船　夏小舟著
⑪⑥狂歡與破碎　林幸謙著
⑪⑦哲學思考漫步　劉述先著
⑪⑧說涼　水　晶著
⑪⑨紅樓鐘聲　王熙元著
⑫⓪寒冬聽天方夜譚　保　真著

## ⑫① 儒林新誌

周質平 著

本書是旅美普林斯頓大學周質平教授，將其多年在國內外的華文報章上所發表的四十多篇論述雜文結集成冊。書中呈顯出所謂海外學人的千般樣態，嘲諷中不失幽默，值得您細心體會。

## ⑫② 流水無歸程

白 樺 著

大陸知名作家白樺繼《哀莫大於心未死》之後又一本長篇小說。他的書取材是當代的，是改革開放後大陸所面臨的經濟文化與人慾的衝擊。書中的人物如高幹、富商、少女、情婦、歌星等，在金錢的誘惑下，一一呈顯出深沈黑暗而扭曲的人性面。

## ⑫③ 偷窺天國

劉紹銘 著

善人走完了人生路途上天國，會幸福到什麼程度？天國的幸福，會不會只是塵世快樂的延續？在本書作者引領之下偷窺天國的結果，是否會發覺天國的無趣？永恆實在可怕，幸福和快樂如果遙遙無盡期，一樣會變為無聊、乏味。天國，是否就在當下。

## ⑫④ 倒淌河

嚴歌苓 著

屢獲各大報文學首獎的嚴歌苓，繼《陳冲前傳》、《草鞋權貴》後又一本小說新著。內容包括十個短篇及一部中篇〈倒淌河〉。全書無論在寫景、敘事或對話，都極老練辛辣，辣得幾乎教人流出淚來。

⑫⑤ 尋覓畫家步履

陳其茂 著

出國旅行，是許多人心神嚮往的事。而世界各著名的美術、博物館，更是文人雅士們流連佇足之所。與其走馬看花、對大師們的作品僅留浮光掠影，淺嘗輒止；不如隨著畫家陳其茂教授的引領，在其敏銳且情感深致的筆觸下，一起尋覓畫家們的步履。

⑫⑥ 古典與現實之間

杜正勝 著

在古典與現實之間，一幕幕動人心弦的故事正激盪著你我的心。古典的真貌在不斷的探索中漸漸澄澈而透明。而現實的我們且懷著古典的情愫，在史學家杜正勝院士古典新詮的筆下，淺嘗歷史的滋味。

⑫⑦ 釣魚臺畔過客

彭歌 著

北京釣魚臺之盛名，並非全因這片神祕的迎賓貴地，而是在於它的歷史背景。是緣的牽引，將離去故都半世紀的作者引入這神祕的釣魚臺賓館……本書作者以纖細的筆觸，將自己多年飄泊生涯中的聞見感想，一幕幕真實清晰地展現在您眼前。

⑫⑧ 古典到現代

張健 著

涵泳於中國文學數十寒暑而樂此不疲的張健教授，在本書中除用粗筆勾勒歷代文學抽象的思潮外，更以細筆描述陶淵明、杜甫、孟浩然、王國維、魯迅、張愛玲……等文學家具象的風格與作品。篇篇都以作家的詩文為其依據，引領讀者一覽文學之美。

## ⑫⑨ 帶鞍的鹿

虹影　著

由一幅帶鞍的鹿畫中，牽引出一樁奇異的命案，主角和死者有著什麼樣的糾葛？帶鞍的鹿畫中又暗示了什麼樣的命運？

作者以其深沈的筆調，藉著本書各篇小說，帶領讀者走向人類心靈的深處，去探索深藏於內心的桎梏。

## ⑬⓪ 人文之旅

葉海煙　著

本書作者以「人鏡」自任，用經世的情、關懷的筆，鏡映出人文百態。全書集結作者對自我、社會和文化等面相的諸多觀察及反思。一字一句，皆為知識分子的圓融智慧與淑世熱忱；一言一語，盡是紛乘社會的暮鼓晨鐘。

## ⑬① 生肖與童年

小民　著
喜樂　圖

十二生肖在每個農曆新年來臨時，都為年節的歡樂帶來一股高潮。這些可愛的動物們，為童年的生活增添了無限的趣味。本書紀錄了作者對於十二生肖的情感，和童年難忘的美好時光。加上喜樂先生細膩的插畫，讓生肖與童年的故事，一一鮮活起來。

## ⑬② 京都一年

林文月　著

京都是一個新舊互容的都市，有著高樓矗立及寬敞的街道，又存有古典風味的低矮木屋與不平的石板路。作者在京都的一年中，品味著這古都對文化保存、人情往來及文藝活動的諸般樣態，藉由她的生花妙筆，使讀者沈湎於京都典雅、優閒的情調。

## ⑬③ 山水與古典

林文月 著

山水景致，勾起了幾許文人的多愁善感；而古典文學，又蘊含著多少古人的人生情懷。本書探討著古典作品和詩人之間的關係。筆調輕鬆而不輕浮；題材古典絕不枯燥。且邀您一同進入詩人的筆墨之間，翱遊在山水作品的世界裏。

## ⑬④ 冬天黃昏的風笛

呂大明 著

旅居法國的作者呂大明女士，以其一貫典雅柔美的風格和精致細膩的筆觸，表達出她對生活、自然的樂觀態度。她如詩般的作品，仿如一幅幅精美瑰麗的圖畫，靜靜地訴說著對美好人生理想的浪漫情愫。

## ⑬⑤ 心靈的花朵

戚宜君 著

本書作者一生從事文化的傳播工作，積累數十年的工作經驗及閱讀習慣，創作出一篇篇詞美意深的勵志散文。除了用以傳達理性的知識和感性的情懷外，並深切期望本書能敲開你的心扉、溫暖你的心靈，進而耕耘你的心田，綻放出美麗的心靈花朵。

## ⑬⑥ 親 戚

韓 秀 著

人間真情不分種族國界；世間的溫暖存在每一角落。在有風有雨的日子裡，亦或在恬淡如鏡的歲月中走過，是否有如詩般美麗的故事令人難以忘懷？是否忘了去感激那些曾經陪著你、關懷你的人呢？靜下思慮，就讓韓秀的慈心慧語洗滌你久未感動的心。

## ⑬⑦ 清詞選講

葉嘉瑩 著

清詞之盛，號稱中興，其作者之多、流派之盛，以及其對詞集之編訂整理，對詞學之探索發揚，種種方面之成就，固已為世所共見。作者以其豐富的文學涵養，旁徵博引地賞析其所鍾愛的清詞，相信定能讓讀者流連忘返於清詞的世界中。

## ⑬⑧ 迦陵談詞

葉嘉瑩 著

本書為以詩詞涵養享譽國內外的葉嘉瑩教授，繼《迦陵談詩》之後又一精緻力作。從詩歌欣賞入門到分析溫韋馮李四家詞風，兼論晚唐五代時期在意境方面的拓展等，作者以其細膩的詩心，帶領讀者一起感受詞中的有情天地。

## ⑬⑨ 神樹

鄭義 著

曾以《老井》獲東京影展最佳編劇的作家鄭義，在因八九民運遭當局通緝而流寓異國之後，他以一個村落、一棵「神樹」，具體而微地映現當代中國的重重劫難。形象化的語言，原始潑辣的書寫，在魔幻詭麗的背後，透露出對生命與死亡的真實關懷。

## ⑭⓪ 琦君說童年

琦君 著

每個人都有童年，不管是苦是樂，回憶起來都是甜美的。善於說故事的琦君，與您一起分享她魂牽夢縈的故鄉與童年。篇篇真摯感人，字裡行間充滿了愛心與情義，在欣賞琦君的散文之餘，更別有一番溫馨感受，是一本老少咸宜的好作品。

## ⑭ 域外知音

張堂錡 著

本書作者張堂錡先生歷年來針對世界各國知名漢學家進行訪談，透過感性的筆觸，生動的文字敘述，道盡了這群域外知音漢學研究生涯的甘苦，因這一路執著不渝的採拾和耕耘，呈現繽紛絢麗的色彩，並給予中國人新的研究觀點，重新檢視自己的文化。

## ⑭ 遠方的戰爭

鄭寶娟 著

當地理上應該是遠方的戰爭，而我們已能同步掌握其狀況時，地球村的思維方式已不是口號，而是現實。以更宏大的視野看待這世界，以更深入的態度反省既存的觀念，將曾經事不關己的遠方納入思維，於是你會發現心可以更寬廣，生活也會更豐富。

## ⑭ 留著記憶・留著光

陳其茂 著

作者的刻畫世界總讓人有無盡想像的空間，又傳遞著溫馨美麗的情感。此書收錄作者生活及其於國外遊歷時所記下的作品，點點滴滴，時而讓人會心一笑，時而讓人溫情滿懷，更有異國風光、園野之美呈現在版畫及真摯的文字裏，值得細細品味。

## ⑭ 滾滾遼河

紀　剛 著

那是個遙遠的年代，那是個古老得近乎神話的故事。大時代的洪流中，上演的是一幕幕民族興亡、兒女情長。今日的人們也許早已淡忘，但歷史永遠不會忘記他們。就讓本書來為你溫習，屬於那個時代的中國人以血淚寫成的不朽傳說。

## ⑭⑤ 王禎和的小說世界

高全之　著

以〈嫁妝一牛車〉、〈人生歌王〉等小說及劇本著稱於世的王禎和，擅長描繪臺灣社會中的倫常、愛情，以及患難互助的友情，筆觸真實感人，在臺灣文學史上有很重要的地位。本書以專業的分析及討論，帶您進入這位文學巨擘的筆下世界。

## ⑭⑥ 永恆與現在

劉述先　著

本書為當代思想泰斗劉述先教授，繼《哲學思考漫步》之後又一結集力作。透過文字，讀者不僅可以了解作者如何通過自己的哲學理念去面對當前政治社會的現實；更有甚者，也可在作者哲學思路的引領下，重新思考，再對現實有深一層的體悟。

## ⑭⑦ 東方・西方

夏小舟　著

東方古老神祕而透徹，溫情而淡漠；西方快樂的吉他演奏悲情的歌。長年浪迹於日本與美國的作者，如同一葉小舟，以其豐富的情感，敏銳地觀察異國生活情趣不同面貌，進而以細膩文筆記錄下來，使讀者能藉由閱讀和其心靈有最深切的契合。

## ⑭⑧ 嗚咽海

程明琤　著

作者以行世的闊步、觀想的深情，帶領讀者閱歷世界——一同憑弔瑪亞文明的浩劫災難；吟咏廬山的懸松傲柏；繫情塞歌雜亞的夕輝斜映；漫遊唐吉訶德的故鄉。更以人文的關懷，心靈的透悟來探思文化、體驗人生、拓昇智慧。

⑭⑨

# 沙發椅的聯想

梅新 著

擔任中副總編輯多年，梅新先生經歷了文化界的春去秋來，看多了人事的起伏，由他敏銳的觀察力所發抒成的文字，也更能扣緊時代脈動。本書包含作家訪談、藝文評論、生活自述，透過這些真摯生動的文字，我們彷彿見到一幅筆觸淡雅的文化群相。

國家圖書館出版品預行編目資料

永恆與現在／劉述先著. -- 初版. --
臺北市：三民，85
面；　公分. --(三民叢刊；146)
ISBN 957-14-2513-3 (平裝)

1. 哲學-中國-論文，講詞等　2. 政治-中國-論文，講詞等

120.7　　85012040

國際網路位址 http://sanmin.com.tw

著作人 劉述先
發行人 劉振强
著作財產權人 三民書局股份有限公司
臺北市復興北路三八六號
發行所 三民書局股份有限公司
地　址／臺北市復興北路三八六號
郵　撥／〇〇〇九九九八——五號
印刷所 三民書局股份有限公司
門市部 復北店／臺北市復興北路三八六號
重南店／臺北市重慶南路一段六十一號
初　版 中華民國八十六年一月
編　號 S 85340
基本定價 伍元陸角
行政院新聞局登記證局版臺業字第〇二〇〇號

ISBN 957-14-2513-3 (平裝)